# Das Leben suchen

*Ein Arbeitsbuch*
*für den evangelischen Religionsunterricht*
*im 7. und 8. Schuljahr*
*an Realschulen und Gymnasien*

*Herausgegeben*
*von Volker Fabricius und Hans Heller*



**Verlag Moritz Diesterweg**
*Frankfurt am Main*

# Das Leben suchen

Hrsg. von Volker Fabricius und Hans Heller
Erarbeitet von Volker Fabricius, Frieder Gadesmann, Hans Heller,
Christian Machalet und Monika Machold

Die Zulassung in den einzelnen Bundesländern ist aus den jeweils gültigen Lernmittellisten/Schulbuchlisten zu ersehen. In Zweifelsfällen gibt der Verlag gern Auskunft.

ISBN 3-425-07882-8



Illustrationen: Gisela Häring, Frankfurt am Main, und Albert Wiedenmann, Frankfurt am Main
Layout: Reinhard Schubert, Frankfurt am Main
Satz und Druck: Appl, Wemding
Bindearbeiten: Großbuchbinderei Monheim, Monheim/Schwaben

# Inhaltsverzeichnis

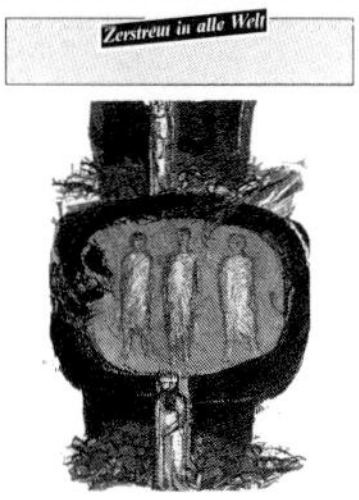

# Inhaltsverzeichnis

# Inhaltsverzeichnis

# Gott begegnen

*Hilde Schürk-Frisch, Begegnung*

## Wer ist das eigentlich – Gott?

### *Zu wem . . .?*

Zu wem
sagt eigentlich einer,
von allen verlassen,
ohne Hilfe und Ausweg:
Aus der Tiefe rufe ich, Gott, zu dir!
Herr, höre meine Stimme?

Zu wem
sagt eigentlich Jesus,
gefoltert und blutend
gehängt an den Schandpfahl:
Vater, vergib ihnen, denn
sie wissen nicht, was sie tun?

Zu wem
sagt eigentlich einer,
auf schwankendem Boden,
ohne Hände, die halten:
Du bist mein Fels und meine Burg,
mein Gott, auf den ich hoffe?

Zu wem
sagt eigentlich einer,
trotz Sorgen des Alltags,
befreit für die Zukunft:
Wenn ich nur dich habe,
dann frage ich nichts
nach Himmel und Erde?

*Hans Heller*

### *Erfahrungen und Meinungen von Schülerinnen und Schülern*

»Ich glaube an Gott, weil ich sonst vollkommen verlassen wäre. Ich glaube daran, daß es irgend etwas gibt, was mich hält, auch wenn alle anderen mich fallenlassen.

»An Gott zu glauben ist schwer, da ich ihn nie leibhaftig gesehen hab' . . . In Situationen, in denen er helfen soll, ist er meist nicht da . . . Gott ist für mich ein Lebensgestalter, der mir in manchen Situationen beisteht und hilft, in anderen sich aber verschmähen läßt.«

»Gott ist erhobener Zeigefinger. (Du sollst nicht . . .) Gott ist aber auch ausgebreitete Arme. (Kommt alle zu mir . . .)«

»Gott ist eine schöne Einbildung, an die man sich hält.«

»Gott ist für mich jemand, mit dem ich reden kann wie mit einem Freund, der sehr gut zuhört.«

### *Gott – was heißt das?*

Das deutsche Wort »Gott« geht zurück auf das germanische »guda« und meint »das (durch Zauberwort) angerufene Wesen« oder auch »das Wesen, dem geopfert wird.« Das Wort war ursprünglich sächlichen Geschlechtes, weil es männliche und weibliche Gottheiten zusammenfaßte. Nach der Christianisierung wurde das Wort im gesamten germanischen Sprachraum als Bezeichnung des Christengottes verwendet.

Das Wort Gott ist eigentlich ein Allerweltswort. Längst vor der Entstehung der Bibel und des Christentums wurde es von Menschen in aller Welt in ihren Sprachen gebraucht und in ihren verschiedenen Religionen mit unterschiedlichen Bedeutungen versehen.

Wer also das Wort »Gott« heute ausspricht, hat damit noch nicht zu erkennen gegeben, was er damit meint. Dazu müßte er schon erklären, was Gott für ihn bedeutet, in seiner Religion, in seinem Kulturkreis und vor allem in seiner persönlichen Lebenssituation.

*Kannst du dich an Situationen erinnern, in denen du so geredet hast oder so hättest reden können?*
*Mit welcher Meinung über Gott kannst du übereinstimmen? Formuliere deine eigene.*

*Ein Schüler:*

»Ich habe kein Bild von Gott. Es ist manchmal sehr schwierig, an ihn zu glauben, da er etwas Unvorstellbares ist. Ich kann ihn auch nicht in Bildern beschreiben, sondern nur als Gefühl in mir.«

*Eine Anfrage*

Wir sind immer wieder versucht, Gott zu beschreiben, ihn uns auszumalen, ihm Eigenschaften zu verleihen (meist »gute«) oder abzusprechen (meist »schlechte«).
Oder wir machen Ihn für alles verantwortlich und kommen zu dem Schluß: das muß ein schlechter Gott sein!

Eine Schulklasse der Möörkenschule in Loga schrieb einen Brief an die Theologin Dorothee Sölle und bat um Beantwortung der Frage, wer denn nun Gott sei, wenn sie ihn sich nicht »vorstellen« könne, wie sie einmal geschrieben habe. Daraufhin schrieb diese an die Kinder folgende Antwort:

*Liebe Schulklasse, herzlichen Dank für Euren Brief, der auf ein paar Umwegen dann doch noch zu mir kam! Ich habe mich sehr gefreut, daß Ihr nachdenkt und nicht alles schluckt, was man Euch vorsetzt.*
*Nun zu Eurer Frage. Ich denke, daß »vorstellen« nicht die richtige Art ist, mit Gott umzugehen. Man kann Gott suchen, ihn hören, ihm antworten, so leben, wie er will, man kann auch traurig sein, weil er so weit fort ist - aber »vorstellen«, das führt eigentlich von der Sache weg. Dann kommt man auf ganz blöde Fragen, wie: Ist Gott groß oder klein? Mann oder Frau? Weiß oder schwarz? Arm oder reich? Mit Bart oder ohne? usw. Ist das wirklich wichtig? Seid ehrlich, glaubt Ihr, daß man Gott näher kommt, wenn man ihn sich irgendwie vorstellt? Aus der Bibel hab' ich gelernt, daß Gott das gar nicht will. Wenn Ihr eine Bibel dahabt, dann schlagt mal nach: 2. Buch Mose, Kapitel 20, Vers 4–6. Es gibt Leute, die »sich ein Bild machen«, und solche, die ihn lieben und seine Gebote halten. Das »Vorstellen« ist also falsch. Kleinen Kindern kann man das aber nicht erklären, sondern nur vormachen, indem man ihnen verschiedene Bilder zeigt, immer wieder andere, damit sie verstehen: Gott ist hier. Er ist in allen Menschen, und am meisten in denen, die traurig sind oder gequält werden. Während der Hitlerzeit sah er aus wie ein alter Jude und heute vielleicht wie ein Kind, das keinen Spielplatz hat und immer still sein muß. Das ist kein »Vorstellen«, sondern ein »Begegnen«. Die schönste Geschichte aus der Bibel über dieses Begegnen steht im Neuen Testament, Matthäus 25, Vers 31–46. Bitte lest diese Geschichte einmal und überlegt Euch, ob sie nicht eine Kritik an der ganzen Vorstellerei - oder der Frage, wie Gott »aussieht« - enthält.*
*Ich persönlich finde, daß Jesus der Sache am nächsten gekommen ist, mit dem was er sagte und tat, und daß Gott lieben etwas anderes bedeutet als sich ihn irgendwie vorstellen, und viel, viel schwerer ist, das ganze Leben braucht man, um auch nur den Anfang zu lernen.*

*Herzliche Grüße*
*Eure Dorothee Sölle*

### *Der Herr lasse sein Antlitz leuchten über dir . . .*

»Niemand hat jemals Gott gesehen«, und doch hat Gott ein Gesicht. Im Ersten Gebot Gottes in der Hebräischen Bibel heißt es: »Du sollst dir kein Gottesbild machen«, keine Götterstatue, wie man sie von anderen Göttern kennt in Tier- oder Menschengestalt. Aber natürlich habe ich – haben die meisten Menschen – ein Bild mit Kopf, ein Bild vor Augen, wenn sie »Gott« sagen.
Die Juden vor vielen tausend Jahren haben sich keine Gottesstatuen gemacht, aber ihr Gott hatte auch ein Gesicht, das Gesicht des Befreiers aus der Sklaverei . . .
Gottes Gesicht ist das Gesicht seines sterbenden Sohnes, der das Schicksal der Opfer geteilt hat. Gottes Gesicht erkennen wir, wenn wir anfangen, nach seinen Lebenszeichen um uns herum zu suchen. Die Lebenszeichen Gottes sind Menschen, nur Menschen, schwache Menschen, zerbrechliche Menschen, die doch zur Liebe begabt sind, deren Kraft ausreicht, die Resignation zu überwinden.

*Luise Schottroff*

*Was heißt: EIN BILD von Gott haben oder sich eines von ihm machen?*
*Worin liegt der Unterschied zu dem im Text beschriebenen Weg, Gottes »Gesicht« zu suchen?*

## Was ist das eigentlich – Glauben?

### *Ein, zwei . . . Seiten*

Der kluge Herr M. grübelte über die Frage, welche Dinge denn bedeutsam seien und kam zu dem Schluß: Jedes Ding hat zwei Seiten.
Und so lief er auf die Straße und rief: Leute, merkt auf, jedes Ding hat zwei Seiten! Und er lief auf den Marktplatz und rief: Leute, merkt auf, jedes Ding hat zwei Seiten! Ein kluger Mann, sagten die Leute, wenn wir den nicht hätten, und begannen darüber nachzudenken. Eines Tages kam der kluge Herr M. zu dem alten Weisen und auch da rief er: Jedes Ding hat zwei Seiten! doch der alte Weise lächelte milde und erzählte: Irgendwo in meinem Wald steht eine alte Madonna, keiner weiß mehr, wer sie geschnitzt hat und weshalb sie dort steht. Kommt ein reicher Kaufmann vorbei und sagt bei sich: Eine gute Kapitalanlage, mindestens 50000,– Mark wert. Danach kommt ein wandernder Schreiner vorbei, er sagt: Eine gute Holzqualität und saubere Arbeit dazu.
Ihm folgt ein frommes Weiblein, sie sieht die Madonna, fällt auf die Knie und betet.
Ein fahrender Künstler steht gebannt vor der Figur. Ihm geht das Herz auf und er sagt: Das ist das schönste, was ich je gesehen habe.
Und der kluge Herr M. begann nun seinerseits nachzudenken.

*Hans Heller*

### *Der Große Duden (Etymologie):*

glauben: althochdeutsch gilouben, geht zurück auf germ. ga-laubjan »für lieb halten, gut heißen«, das zu der weitverzweigten Wortgruppe von »lieb« gehört. Schon bei den heidnischen Germanen bezog sich »glauben« auf das freundschaftliche Vertrauen eines Menschen zur Gottheit. Nach der Christianisierung drückte es dann wie lat. credere (= sein Herz übergeben) das religiöse Verhalten des Menschen zum Christengott aus.

*Was sagt diese Geschichte über »glauben« aus? Ziehe die Aussage des Duden hinzu.*
*Martin Luther sagt: Das nun sage ich, woran du dein Herz hängst und worauf du dich verläßt, das ist eigentlich dein Gott.*

Auch in der Bibel wird keine einzig gültige, unwandelbare Gottesvorstellung übermittelt, es wird vielmehr berichtet: So hat Abraham Gott erfahren, so hat Moses Gott erfahren, so haben Jesaja, Zachäus, Bartimäus ... Gott erfahren, so hat Jesus Gott erfahren.
Und sie sagten uns: Das hat Gott an uns getan, und wir sind fröhlich oder: Das hat Gott an uns getan, und wir sind traurig.
*Über* Gott kann man nicht reden. Das wäre so, als ob ich über ihn redete, wie über irgendein anderes Objekt: neutral, als interessierter Beobachter, ich denke nach, ich analysiere und lege fest: Ja, die und die Züge und Eigenschaften hat es, es hat eine bestimmte Funktion und ist so und so einzuordnen.

*Das ist aber nicht möglich; denn wo überhaupt der Gedanke »Gott« gedacht ist, heißt das: Er ist der »Allmächtige« und bestimmt meine Wirklichkeit, mein Leben, Denken, Reden, Handeln ... Ich lebe von ihm, mit ihm, aus ihm.*
*Deshalb müßte ein Reden von Gott – oder besser aus Gott – wenn es denn möglich wäre, zugleich ein Reden von uns sein.*
*So bleibt das richtig: Wenn gefragt wird, wie ein Reden von Gott möglich sein kann, so muß geantwortet werden: nur als ein Reden von uns. –*

*nach Rudolf Bultmann*

*gotteserörterer ...*

sie örtern
wir örtern
gott
vergeblich
mit wörtern

denn

er ist der
geist
und läßt sich nicht
örtern
er ist das
wort
und läßt sich nicht
wörtern

*Peter Hille*

*Sammelt Aussagen über Gott, z. B.: Gott sieht alles ..., und vergleicht sie mit dem, was Rudolf Bultmann sagt.*
*Versucht einen Gesprächsgang: Wie sieht das für dich aus, von Gott reden und gleichzeitig von dir reden?*

*Emil Nolde, Heilige Nacht*

## *... ich kann gerade noch die Geschichte erzählen*

Wenn Rabbi Israel ben Elieser, der Baal-schem-tow, sein Volk vom Unglück bedroht sah, pflegte er einen bestimmten Teil des Waldes aufzusuchen und dort zu meditieren. Er entfachte ein Feuer, sagte ein bestimmtes Gebet, und das Wunder geschah, das Unglück wurde abgewendet.
Später, als sein Schüler, der berühmte Maggid von Mesritsch, aus den selben Gründen Gelegenheit hatte, beim Himmel Fürsprache für sein Volk einzulegen, ging er an dieselbe Stelle im Wald und sagte: »Herr des Weltalls, höre! Ich weiß nicht, wie man ein Feuer anfacht, aber ich weiß das Gebet noch zu sagen.« Und wieder geschah das Wunder.
Sein Nachfolger, der Mosche Löb von Sasow, sagte, als er in den Wald ging, um sein Volk zu retten: »Ich weiß nicht, wie man ein Feuer entfacht, auch kenne ich das Gebet nicht, aber ich weiß den rechten Ort noch, und das muß genügen.«
Schließlich fiel die Aufgabe, das Unglück abzuwenden, dem Rabbi Israel von Rizin zu, der zu Hause im Lehnstuhl sitzend, den Kopf in die Hand gestützt zu Gott sprach: »Ich kann kein Feuer entfachen und ich weiß das Gebet nicht; nicht einmal die Stelle im Wald kann ich mehr finden. Ich kann gerade noch die Geschichte erzählen, das ist alles, es muß genügen.« Und es genügte.
Gott erschuf den Menschen, weil er Geschichten liebt.

*Der letzte Rabbi erzählt Gott eine Geschichte. Wovon handelt sie?*
*Gott hilft, weil er Geschichten liebt. Wie sollen wir demnach von Gott reden?*

## *Eine Geschichte mit Gott: Auszug – Befreiung*

Exodus, der Auszug aus der ägyptischen Sklaverei (um 1300 v. Chr.) ist die Grunderfahrung des Volkes Israel mit seinem Gott, mit Jahwe. »Laßt uns dem Herrn singen, denn er hat eine herrliche Tat getan, Roß und Mann hat er ins Meer gestürzt«, sang Mirjam und die Frauen Israels feierten die Rettung vor den ägyptischen Verfolgern am Schilfmeer mit Pauken und Geigen (2. Mose 15,20–21).
In unzähligen Wendungen und bei unterschiedlichen Gelegenheiten finden wir im Alten Testament diese Erinnerung, wie etwa bei der Einleitung der Zehn Gebote: ... dein Gott, der ich dich aus Ägypten geführt habe ..., womit jedesmal aufs Neue gesagt wird: Denkt daran! Vergeßt es nicht! So ist unser Gott! Und wir können ergänzen: So erhält er mich auch heute!

*Lest die Geschichte nach in 2. Mose 13,17–22 und 14,1–31.*

So könnte man die Geschichte heute weitererzählen:

*Auszug – Gott zieht mit uns*

So spricht Gott: Ich werde euch trösten, wie einen seine Mutter tröstete.

*Jesaja 66,13*

Wir saßen eines Abends zusammen, meine Mutter, mein Vater, meine Geschwister und ich. Wir waren alle ganz geschafft von der Schinderei den ganzen Tag über. Und Angst hatten wir auch, wir wußten: etwas ging vor, vielleicht kommen wir hier heraus, aber so genau hat das keiner gewußt. Wir wußten nur eines: Still sein und nicht auffallen.

Da klopft es an unsere Tür. Wir halten den Atem an, es klopft nochmals - mehrmals, wer mag das sein? Kommen sie uns abholen? Gut Freund, hören wir dann flüstern. Die Mutter öffnet die Tür, da steht einer - atemlos: Haltet euch bereit für ein großes Fest, läßt euch Moses sagen.

Die Zeit Eurer Sklaverei geht zu Ende. Wir wollen alle miteinander feiern. Dies Fest soll der Anfang unseres neuen Lebens sein.

In jeder Familie soll ein Lamm geschlachtet werden. Das Fleisch soll gebraten und mit Bitterkräutern gegessen werden. Ohne Sauerteig soll das Brot sein und muß am gleichen Tag gebacken und gegessen werden. Heute abend soll das alles geschehen. Während ihr eßt, sollt ihr schon bereit sein aufzubrechen, eure Häuser in Ägypten zu verlassen und in die Steppe zu ziehen.

Wenn wir vom Tisch aufstehen, beginnt eine lange Wanderung. Zum ersten Mal wird dann kein Aufseher hinter euch stehen. Freie Leute werdet ihr sein!

Ich kann euch sagen, das hat uns einen Stich gegeben, es soll losgehen - heute - endlich -

Und wer ist Mose? hörte ich meinen Vater fragen, kann man dem trauen? Er will uns führen, er hat das alles eingefädelt, war die Antwort.

Und so haben wir dann gefeiert, genau nach Vorschrift, mit Freude im Herzen und in großer Spannung: Hoffentlich geht nichts schief!

Es ist nichts schiefgegangen, wir gingen aus dem Haus, auf den Weg, ich habe nicht zurückgeblickt, kein Heimweh gehabt. Ich habe nur gedacht: es geht los, nichts wie weg hier, zurück in die Heimat, von der die Alten immer erzählen. Neu anfangen, im Land, da Milch und Honig fließen.

Und so sind wir denn losgezogen, ein langer, langer Zug. Mose ging an der Spitze. Dann kamen die Familien und ihre Kinder. Wir größeren liefen immer wieder nach vorn, wo Mose war.

Woher weißt du den Weg? fragten wir Mose. Wir sind nicht allein, sagte er, Gott zieht mit uns. Da, schaut.

Und dann blickten wir nach oben und sahen warum es so hell war. Ich sah eine Wolke, sie zog vor uns her, und in der Wolke leuchtete es wie von einem Feuer.

Und plötzlich brannte es auch in uns, wir wußten: Gott ist da, er zieht mit uns. Und wir rannten den ganzen Zug zurück und schrien und sangen: Gott ist da, er zieht mit uns! Und alle fingen an zu rufen und zu singen: Gott ist da, er zieht mit uns.

Ich kann euch sagen, das war vielleicht ein Gefühl, das werde ich nie vergessen.

Eines Tages - als wir so dahinzogen - dachte ich: Komisch, die Luft ist plötzlich so anders, so feucht und schmeckt so salzig auf der Zunge.

Das kommt vom Meer, sagte meine Mutter, jetzt wirst du bald das Meer sehen, das Schilfmeer. Das Meer, freute ich mich, zum ersten Mal das Meer sehen!

Und da - ich weiß es noch wie jetzt - Geschrei und Getümmel am Ende unseres Zuges. Es pflanzt sich fort, erreicht uns - wir können es verstehen und schreien mit - entsetzt - voller Angst: Die Ägypter sind hinter uns! Sie sind da mit ihrer ganzen Armee! Mit Schwertern und Streitäxten! Die Ägypter mit ihren Kampfwagen! Wir sind verloren! Rette sich, wer kann!

Und einige Männer rufen: Auf zu Mose, der ist schuld, der soll was tun!
Und da bin ich dann mitgegangen und hab zugehört.

Weshalb hast du uns in die Wüste geführt, schrien sie Mose an, gibt es in Ägypten nicht Friedhöfe genug, wo man uns hätte begraben können! Mußten wir in die Wüste kommen, nur um hier zu sterben? Haben wir nicht immer schon gesagt, daß wir uns lieber in Ägypten totarbeiten wollten, als unsere Frauen und Kinder solchen Gefahren auszusetzen? Jetzt seid ihr am Ende, du und dein Gott.

Und Mose hat gar nichts gesagt. Ganz ruhig hat er die Hand gehoben und nach oben gezeigt zu der Wolke. Aber ihr könnt euch unseren Schreck vorstellen, die Wolke war nicht mehr da.

Gott ist nicht mehr bei uns! hörte ich mich da schreien. Gott ist nicht mehr bei uns! Gott zieht nicht mehr mit uns! schrien plötzlich alle durcheinander. Wo ist dein Gott, Mose! Wir sind verloren, vor uns das Meer und hinter uns die Ägypter!

Und da hab ich Angst gekriegt und bin losgelaufen, den ganzen Zug zurück, und hab geheult: Ich will zu meinem Vater und zu meiner Mutter. Ich habe an nichts anderes mehr denken können, hab nichts mehr gesehen und gehört.

Da – plötzlich hat mich jemand aufgefangen und in die Arme genommen, und ich hab gleich gespürt – meine Mutter.

Ist ja gut, hat sie gesagt, ist ja alles gut, hat mir die Tränen abgetrocknet und mich fest an sich gedrückt. Ist ja alles gut, hat sie nochmals gesagt und mich in ihren Armen sachte hin und hergewiegt. Da schau!

Und da bin ich dann auch ganz ruhig geworden und hab die Augen aufgemacht: Seltsam – alle andern waren auch ruhig, keiner hat mehr geschrieen. Da schau, hat meine Mutter nochmal gesagt.

Und dann hab ich's gesehen: Die Wolke war da, hinter uns riesengroß wie eine dicke, schwarze Nebelwand zwischen uns und den Ägyptern. Von denen hat man nichts mehr gesehen und nichts mehr gehört.

*Gottes Wunder beim Auszug aus Ägypten*

Als Israel aus Ägypten zog, / das Haus Jakob aus dem fremden Volk, da wurde Juda sein Heiligtum, / Israel sein Königreich. Das Meer sah es und floh, / der Jordan wandte sich zurück. Die Berge hüpften wie die Lämmer, / die Hügel wie die jungen Schafe. Was war mit dir, du Meer, daß du flohest, / und mit dir, Jordan, daß du dich zurückwandtest? Ihr Berge, daß ihr hüpftet wie die Lämmer, / ihr Hügel, wie die jungen Schafe? Vor dem Herrn erbebe, du Erde, / vor dem Gott Jakobs, der den Felsen wandelte in einen See und die Sterne in Wasserquellen! *Psalm 114*

*Hast du selbst schon Situationen von Bedrohung und Angst erlebt, auf die das große Aufatmen, die Befreiung erfolgte? Erzähle!*
*Überlegt euch Unterdrückungssituationen, die einige von euch darstellen. Tröstet und befreit sie mit Worten und Gesten.*
*Von Gott wird in dieser Geschichte in verschiedenen Bildern geredet: Gott ist wie . . . Welche Erfahrungen verbindest du mit diesen Bildern?*
*Welches käme deiner Einstellung am nächsten?*

*Marc Chagall, Kirchenfenster in der St. Stephanskirche, Mainz*

***Ungenaue Auskunft***

*Wo die Liebe wächst*

So spricht Gott: Ihr werdet euch geborgen fühlen wie ein Kind, das von seiner Mutter auf der Hüfte getragen und auf den Knien gewiegt wird.

*Jesaja 66,12*

Das Wort habe ich nicht gekannt in der Vorschulzeit: Gott.
Der Vater verstand sich als Freigeist. Der Großvater hielt nichts von der Kirche, war für die Armen in Moabit da. Ob er verlernt hat, einem Wort zu trauen, das ihm verstellt war durch ein anderes? Zuwandererfamilie, proletarische Anfänge in Berlin. Not. Immer wieder Not.
Und die Frauen, die Urgroßmutter, die Großmutter und die Mutter lehrten das Kind zwar flüsternd beten: Ich bin klein mein Herz ist rein – soll niemand drin wohnen als Jesus allein – ohne Erklärung, Abend für Abend leicht hergesagt. Warum?

Im ersten Schuljahr im Religionsunterricht die Karfreitagsgeschichte. Das Kind fiebert mit. Tränen strömen über sein Gesicht bei dem Ausruf oder dem trocken hingewürgten Satz: Mein Gott, mein Gott, warum hast du mich verlassen? Ungenaue Auskunft zu Hause. Aber da war das Wort und ließ sich nicht mehr auslöschen.

*Ingeborg Drewitz*

Ich denke, die erste Sorge der Pfarrer und Lehrer ist, daß die Schulkinder ja das richtige Glaubensbekenntnis eingeprägt bekommen. Und schon die Eltern sollen es den Kleinkindern beibringen, noch ehe sie danach fragen können:
Gott hat die schöne Blume gemacht.
Gott hat den Mond in den Himmel gestellt.
Gott läßt die Sonne scheinen.
Gott hat die Tiere gemacht und die Menschen.
Wird mit solchen Erklärungen nicht an den Anfang eine Antwort gesetzt, für die noch gar keine Frage im Kind vorhanden war, Antworten, die es gar nicht verstehen kann?
Was ist es, das Erwachsene drängt, mit dem Wort »Gott« die Wunder wegzuerklären, daß aus einem Kirschkern ein großer Kirschbaum erwachsen kann, daß die Erde Mineralien und Stoffe in sich birgt, die dieses Wachstum bewerkstelligen?
Warum wird Kindern mit diesen vorschnellen »Gott«-Antworten das Staunen verdorben, das später einmal zu der Frage führen könnte, ob es hinter all diesen Phänomenen in der Welt noch eine Macht geben könnte, die sich Millionen über Millionen Jahre Zeit läßt, um Entwicklungen hervorzubringen?
Warum diese unduldsame Ungeduld, Kinder von vier, fünf, sechs Jahren über Gott belehren zu müssen?
Warum kann man nicht geduldig abwarten?
Warum haben Erwachsene eigentlich soviel Angst um den Gottesglauben ihrer Kinder?
Warum gelingt es ihnen nicht, ihren Kindern zuerst das Vertrauen in die Vorgänge der Natur, das Vertrauen in die Entwicklung der Welt und in einen Sinn dieser Entwicklung einzupflanzen, damit sie von daher eine Erfahrungsbasis für einen Gott mitbringen, der lebendig macht?

*nach Felicitas Betz*

*Erinnere dich an deine Kindheit: In welchen Situationen hast du zum ersten Mal das Wort »Gott« oder »Jesus Christus« gehört?*
*Welche Gefühle hattest du dabei?*
*Vergleiche die beiden Texte:*
*Welche Erfahrungen werden für wichtig gehalten, welche für schädlich?*
*Hast du ähnliche Erfahrungen gemacht?*
*Vergleiche die Texte mit dem Lied.*

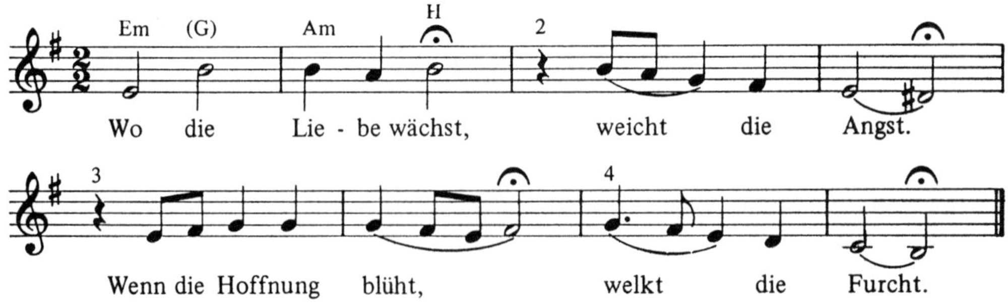


*Text und Musik: Siegfried Macht*

Ich habe meine Großmutter nicht als besonders fromme Frau in Erinnerung. Gewiß, sie ging ab und an in die Kirche, besonders an Festtagen. Im übrigen schien es mir aber so, daß sie den Herrgott einen guten Mann sein ließ und sich mehr ums Praktische kümmerte. Und das nicht zu knapp, auf unserem Bauernhof hatte sie das Regiment geführt und selbst im hohen Alter blieb die Küche ihr Reich (mit Extragerichten für unsere Kinderwünsche!).

»Man muß halt sehen, was sich machen läßt«, pflegte sie oft zu sagen und handelte danach. Als ich älter war, habe ich erfahren, daß sie die wenigen im Dorf verbliebenen Juden heimlich mit Nahrungsmitteln versorgte. Sie selbst hat uns nie davon erzählt. »Mach kein Wesen darum,« sagte sie, als ich sie danach fragte.

Und dann eines Winters, sie war gerade 86 Jahre alt geworden, konnte sie nicht mehr so, wie sie wollte. Immer häufiger blieb sie im Bett und konnte schließlich gar nicht mehr aufstehen. Aber sie war sich gleich geblieben: »Macht kein Wesen darum, so gehts halt, wenn man alt wird«, sagte sie. Und ehrlich gesagt, etwas anderes hätten wir von ihr auch nicht erwartet.

Aber so blieb es nicht. Es kam der Tag, an dem sie nichts mehr tun konnte und nur noch auf uns angewiesen war, und es kam der Tag, an dem sie uns manchmal nicht mehr erkannte, und es kam der Tag, an dem sie nicht mehr zusammenhängend sprechen konnte. Still lag sie da und verfolgte uns nur noch mit den Augen.

Dann eines Tages – ich werde das nie vergessen – höre ich sie leise singen. Ich ging zu ihr hin, sie schaute mich an, bewegte ihre Hand zu mir hin. Und ich hörte, was sie sang und konnte es kaum glauben, voller Ruhe war sie, und wie ein Leuchten ging von ihr aus:

Gott, mein Trost und mein Vertrauen,
ewig meine Zuversicht.
Deine Hilfe werd' ich schauen,
seh' ich sonst auch nirgends Licht.
Auch auf rauhen, dunklen Wegen
find' ich Freude, find' ich Segen.
Deiner Führung folg' ich still,
wie du willst, nicht wie ich will.

*Hans Heller*

***B**esprecht in Zusammenhang mit der Geschichte den Psalmvers: Von allen Seiten umgibst du mich und hältst deine Hand über mir (Psalm 139,5).*

## *Wenn Menschen Leid erfahren*

Unser Sohn Aaron hatte gerade seinen dritten Geburtstag begangen, als unsere Tochter Ariel geboren wurde. Aaron war ein heiteres, glückliches Kind; er konnte schon, bevor er zwei Jahre alt war, ein Dutzend verschiedener Dinosaurier unterscheiden und erklärte den Erwachsenen geduldig, daß die Dinosaurier schon ausgestorben seien. Meine Frau und ich hatten uns Sorgen um seine Gesundheit gemacht, als er im Alter von nur acht Monaten aufhörte zu wachsen, und seine Haare schon nach dem ersten Lebensjahr auszufallen begannen. Berühmte Ärzte hatten ihn sich angesehen, komplizierte Namen für seinen Zustand gefunden und uns versichert, er würde zwar nicht besonders groß, aber sonst in jeder Hinsicht normal werden.

Kurz vor der Geburt unserer Tochter zogen wir von New York in einen Vorort von Boston, wo ich Rabbiner der Ortsgemeinde wurde. Wir erfuhren, daß der dort ansässige Kinderarzt wissenschaftlich über kindliche Wachstumsprobleme arbeitete; wir konsultierten ihn wegen Aaron. Zwei Monate später - an dem Tag, als unsere Tochter geboren wurde - besuchte er meine Frau im Krankenhaus und erklärte uns, der Zustand unseres Sohnes würde »Progerie« (=schnelles Altern) genannt. Und er eröffnete uns, Aaron würde niemals größer als etwa einen Meter werden und keine Haare an Kopf und Körper haben. Er würde auch als Kind wie ein kleiner alter Mann aussehen und nicht viel älter als zehn, zwölf Jahre werden.

Wie ist jemandem zumute, wenn eine solche Nachricht über ihn hereinbricht? Ich war ein junger, unerfahrener Rabbiner, mit Kummer und Leid dieser Welt noch längst nicht so vertraut wie später. Was ich an jenem Tag am heftigsten verspürte, war ein tiefes, schmerzhaftes Gefühl der Ungerechtigkeit. Es war alles so sinnlos; ich war doch kein schlechter Mensch gewesen! Ich hatte zu tun versucht, was Gott wohlgefällig war. Mehr noch - ich führte ein Leben, das weit mehr an den Leitlinien unserer Religion ausgerichtet war als das von anderen Leuten - Leuten mit großen, glücklichen Familien. Ich glaubte, Gottes Wegen zu folgen und Sein Werk zu tun. Wie konnte gerade meiner Familie dies widerfahren? Wenn es Gott wirklich gab und Er nur im geringsten Gerechtigkeit übte - von Liebe und Vergebung ganz zu schweigen - wie konnte Er mit das antun?

Und selbst wenn ich mich zu der Überzeugung hätte durchringen können, daß ich Strafe verdiente für irgendeine Sünde oder Nachlässigkeit, deren ich mir nicht bewußt war - aus welchem Grunde sollte Aaron so leiden müssen?

*Harold S. Kushner*

*Welche Möglichkeiten siehst du, mit Schmerz und Leid leben zu lernen?*
*Der junge Rabbiner Harold S. Kushner fragt nach dem »Warum« des Leides und beklagt die Ungerechtigkeit. Würdest du auch so fragen? Oder gehört Leid nicht einfach zum menschlichen Leben?*
*Berichtet über Fälle bei euch selbst oder in eurer Umgebung, in denen Menschen Ähnliches erlebt oder ähnlich empfunden haben.*

### *Eine Erklärung:*

*Das Dunkle*

Wir sind nach Gottes Ebenbild geschaffen. Wenn wir also etwas von Gott erfahren wollen, dann müssen wir uns selbst betrachten. Wenn wir es nun wagen, das hebräische Wort für Ebenbild »Zelem« von »Zel« - Schatten abzuleiten, so ergibt sich, daß der Mensch im Schatten Gottes erschaffen wurde. Der Schatten aber ist die dunkle Seite, die Nachseite, so daß wir sagen können, der Mensch sei nach der Nachtseite Gottes hin erschaffen worden. Dafür gibt es Beispiele in der Bibel und so erfahren wir es in unserem Leben: So sind wir, so erfahren wir es.

*nach Schalom Ben Chorin*

*Lest aus der Geschichte vom Bundesschluß am Sinai die Stellen 2. Mose 19,16-19 und 20,18-21. Findet ihr Entsprechungen zu der Erklärung von Ben Chorin?*

### *Antworten:*

*Paul Gerhardt, 1607-1676:*

Auf, auf, gib deinem Schmerze / und Sorgen gute Nacht, / laß fahren, was das Herze / betrübt und traurig macht; / bist du doch nicht Regente, / der alles führen soll, / Gott sitzt im Regimente / und führet alles wohl.

*Ein Schüler:*

»Ich glaube nicht an Gott, denn ich habe schon so viel Schreckliches erlebt: Unfälle, wobei gute Freunde gestorben sind, Katastrophen usw.; das geht einfach über meinen gedanklichen Horizont, daß solche Dinge passieren, ohne daß dieser Gott eingreift und den Leuten hilft.«

*Welche Antwort steht dir näher? Kannst du dir auch andere denken? Klärt in einem Streitgespräch eure Positionen.*

### *Geschichten von Hiob*

In der Bibel ist ein ganzes Buch - das Hiobbuch - den Fragen menschlichen Leides gewidmet.
Die Geschichte von Hiob, dem guten Mann, dem unverdientes Leid widerfährt, läßt sich in ihren Anfängen mindestens 3200 Jahre zurückverfolgen und wurde im Verlauf von eintausend Jahren immer wieder verändert und den unterschiedlichen Zeiten entsprechend durch neue Erfahrungen und Antworten ergänzt, bis sie in der heutigen schriftlichen Fassung vorlag.

Literarisch besteht das heute vorliegende Hiobbuch aus zwei Teilen: Aus einer älteren, lange Zeit mündlich überlieferten Volkssage, die um das Jahr 650 vor Christus aufgeschrieben worden ist. Sie bildet den Anfang (Kapitel 1 und 2) und den Schluß (Kap. 42,11-15) des heutigen Buches. Dazwischen wurden lange Redeteile eingefügt (Kap. 3-42,10), die um das Jahr 400 v. Chr. aufgeschrieben worden sind.

## Hiob - Wo ist der Vater?

### *Einer wehrt sich*

Im Lande Uz lebte einmal ein Mann namens Hiob. Er war ein frommer Mann, führte ein vorbildliches Leben und achtete sorgfältig darauf, nichts Unrechtes zu tun, weil er Gott ernst nahm. Hiob war ein reicher Scheich. Er hatte sieben Söhne und drei Töchter und einen großen Viehbesitz: 7000 Schafe und Ziegen, 3000 Kamele, 1000 Rinder und 500 Esel. Dazu kamen sehr viele Knechte und Mägde. An Wohlstand und Ansehen übertraf Hiob alle Männer des Steppenlandes im Osten.

Ein Raubzug feindlicher Völker, Räuberbanden und ein Gewitter brachten ihn von einem Tag auf den anderen um seine ganze Habe. Ein zusammenstürzendes Haus erschlug alle seine Kinder bei einem Fest.

Doch damit nicht genug: Er wurde auch noch von Lepra befallen. Schmerzgequält saß er auf der Erde und kratzte seine Geschwüre mit einer Scherbe.

Als Hiobs Freunde von seinem Unglück hörten, besuchten sie ihn, um ihm ihr Mitleid zu zeigen. Sprachlos vor Entsetzen sahen sie ihn im Staub liegen, den Körper voller Wunden und eiternder Geschwüre. Sie setzten sich zu ihm, und blieben bei ihm sieben Tage und sieben Nächte lang. Hiob brach schließlich das Schweigen, er schrie, fragte und klagte:

*Hiobs Frage und Klage:*

Warum gibt Gott den Menschen Licht und Leben, ein Leben so wie meins, voller Bitterkeit und Mühe. Ich warte auf den Tod, doch bleibt er aus. Warum gibt Gott mir nicht, was ich erbitte? Wenn er sich doch entschlösse, mich zu töten und mir den Lebensfaden abzuschneiden.

*Hiob 3,20, »Gute Nachricht«*

*Und seine Freunde antworten auf Hiobs Klagen und Fragen. In langen Monologen versuchen sie, Hiob sein Leid zu erklären (Kapitel 4–37 des Hiobbuches), unterbrochen von immer neuen Klagen und Anklagen Hiobs.*

*Dies ist der jüngste Teil des Hiobbuches (um 400 v. Chr.). Im nachfolgenden Dialog sind die wesentlichen Standpunkte aus diesen Kapiteln zusammengefaßt. Es handelt sich dabei um Originaltexte aus den Kapiteln 4–37.*

*Lest mit verteilten Rollen:*

*1. Freund:* Denk einmal nach: Ging je ein Mensch zugrunde, der treu und ehrlich war und ohne Schuld?

*2. Freund:* Des Menschen Unglück wächst nicht aus der Erde. Aus eigenem Wesen kommt das Leid.

*Hiob:* Wer so am Boden liegt, braucht treue Freunde, daß er nicht aufhört, sich an Gott zu halten. Doch ihr enttäuscht mich. Belehrt mich doch, dann will ich gerne schweigen. Wo hab ich mich vergangen? Sagt es nun!

*3. Freund:* Wie sollen wir das sagen können. Denk selber nach, mein Freund! Du mußt dein Herz zu Gott hinwenden.

*2. Freund:* ... und deine Hände ihm entgegenstrecken. Doch reinige sie zuerst von allem Unrecht und laß in deinem Haus nichts Böses zu.

*1. Freund:* Wie glücklich ist der Mensch, den Gott zurechtweist, wenn er dich jetzt erzieht, lehn dich nicht auf!

*Hiob:* So ist's recht, was seid ihr doch für kluge Leute, mit euch stirbt ganz be-

stimmt die Weisheit aus. Obwohl ich mir nichts vorzuwerfen habe, muß ich mir diesen Hohn gefallen lassen.
*2. Freund:* Wer schuldlos ist, den läßt Gott nicht im Stich, doch Übeltätern steht er niemals bei.
*1. Freund:* Wie lange willst du solche Reden führen? Denkst du im Ernst, daß Gott das Recht verdreht?
*Hiob:* Ach was, ich such doch keinen Streit mit euch! Mit Gott dem Mächtigen hab ich zu reden. Von ihm kann ich ja nur den Tod erwarten. Doch erst will ich vor ihm mein Recht behaupten.
*2. Freund:* Soll dieser Unsinn ohne Antwort bleiben? Hat einer Recht, nur weil er dauernd redet?
*3. Freund:* Du hast behauptet, was du sagst, sei wahr, vor Gottes Augen seist du ohne Schuld.
*1. Freund:* Ich wünschte nur, daß Gott jetzt selber spräche und dir darauf die rechte Antwort gäbe!
*2. Freund:* Er würde dir sein Handeln offenbaren, das unserem Wissen unbegreiflich ist.
*3. Freund:* Hör endlich auf, in Gott den Feind zu sehen, und söhne dich doch wieder mit ihm aus!
*1. Freund:* Erheb doch Klage! Nimmt sie einer an? An welchen Engel könntest du dich wenden? Du bringst dich um mit deinem Aufbegehren!

*Hiob 23,13-17* *Heinz Tetzner, Hiob*

*Hiob:*

Wenn ich nur wüßte, wo sich Gott befindet und wie ich dann dorthin gelangen kann! Ich würde ihm schon meine Lage schildern, ihm meine Gründe und Beweise nennen. Ich bin gespannt, was er dann sagen würde, wie er mir darauf seine Antwort gäbe. Ob er mich seine Allmacht fühlen ließe? Nein, hören würde er auf meine Worte. Ich würde meinen Rechtstreit mit ihm führen als einer, dem nichts vorzuwerfen ist. Das müßte auch mein Richter anerkennen.

*Hiob 23,3-7*

*Hiobs Verhalten zeigt zwei Möglichkeiten auf, mit eigenem Leid umzugehen. Dies wird besonders in seinen Reden am Anfang und am Schluß deutlich.*
*Hiobs Freunde wollen das Leid erklären. Wie tun sie das? Würdest du das als Trost empfinden? Was soll Hiob ihrer Meinung nach tun?*
*Gibt es heute noch solche Erklärungen für Leid?*
*Beschreibt die Haltung Hiobs und seiner Freunde Gott gegenüber. Mit welcher Haltung könntest du dich identifizieren?*

## Gott antwortet

Im Hiobbuch finden sich zwei Antworten Gottes auf Hiobs Klagen und Anklagen. Im jüngeren Teil des Buches gibt Gott folgende Antwort:

### *Ich bin der Herr - Gottes eine Antwort*

Dann sprach der Herr selbst aus einem Sturm heraus:
Wer bist du, daß du meinen Plan anzweifelst, von Dingen redest, die du nicht verstehst!

Wo warst du denn, als ich die Erde machte?
Wenn du es weißt, dann sage es mir doch!
Wer hat bestimmt, wie groß sie werden sollte?
Wer hat das mit der Meßschnur festgelegt?
Du weißt doch alles! Oder etwa nicht?
Wer hat das Meer mit Toren abgesperrt, als es hervorbrach aus dem Schoß der Erde?
Ich sagte ihm: »Bis hierher und nicht weiter!
Hier hört der Hochmut deiner Wellen auf!«

Hast du je einen Tag heraufbefohlen,
der Morgenröte ihren Platz bestimmt,
und ihr gesagt, der Erde Saum zu fassen,
und alle Bösen von ihr abzuschütteln?
In ihrem Licht erheben sich die Berge,
wie Kleiderfalten traten sie hervor.
Warst du schon unten bei den Meeresquellen?
Den Grund des Meeres, hast du ihn durchstreift?
Hast du am Tor der Totenwelt gestanden,
dort, wo die ewige Finsternis beginnt?
Weißt du, wie weit die Erde sich erstreckt.?
Wenn du das alles kennst, dann sag es mir. . . .

*Hiob antwortet Gott*

»Ich weiß jetzt, daß dir nichts unmöglich ist;
denn alles, was du planst führst du auch aus.
Du fragst, warum ich deinen Plan anzweifle
und rede ohne Wissen und Verstand.
In meinem Unverstand hab ich geredet
von Dingen, die mein Denken übersteigen.
Du hast mich aufgefordert, zuzuhören
und dann auf deine Fragen zu erwidern.
Ich kannte dich ja nur vom Hörensagen;
jetzt aber hat mein Auge dich geschaut.
Ich schäme mich für alles, was ich sagte:
in Staub und Asche nehm ich es zurück.«

*Hiob 42,2-6*

*Wie wird in dieser Rede Gott dargestellt?*
*Was fordert er?*
*Hiobs Antwort zeigt, welche Haltung im Leid Gott gegenüber in diesem jüngeren Teil des Hiobbuches als vorbildlich gilt. Könntest du dich dieser Haltung anschließen?*

Im älteren Teil des Buches antwortet Gott so:

### *Ich will dir begegnen - Gottes andere Antwort*

Am Schluß des Hiobbuches besuchen ihn die Freunde, jedoch nicht, um kluge Reden zu halten:
Alle seine Brüder und Schwestern und die früheren Freunde besuchten Hiob und feierten mit ihm in seinem Haus. Sie bekundeten ihm ihr Mitgefühl und trösteten ihn wegen all des Unglücks, das der Herr über ihn gebracht hatte. Jeder schenkte ihm eine große Silbermünze und einen goldenen Ring.
Der Herr segnete Hiob während der nun folgenden Zeit seines Lebens noch mehr als vorher.

*Vergleiche die beiden Antworten Gottes:*
*Welche ist dir am nächsten?*
*Welche Antwort hilft zum Weiterleben, gibt Hoffnung?*

*Schreibe deine Gedanken zum Kapitelbild auf Seite 1 auf.*
*Tauscht eure Gedanken untereinander aus, und bringt sie in eure Überlegungen zu den Texten auf dieser und den beiden nachfolgenden Seiten ein.*



***Darin zeigt sich die Liebe Gottes ...***

Liebe Freunde!
Wir wollen uns lieben, denn die Liebe kommt von Gott. Wer liebt, ist ein Kind Gottes und bleibt mit ihm verbunden. Wer nicht liebt, kennt Gott nicht, denn Gott ist Liebe. Darin zeigt sich die Liebe Gottes zu uns: er schickte seinen einzigen Sohn in die Welt und gab uns durch ihn das Leben. Das ist Liebe: nicht wir haben Gott geliebt, sondern er hat uns geliebt. Er schickte seinen Sohn, der unsere Sünden von uns nahm.
Liebe Freunde!
Wenn Gott uns so sehr geliebt hat, sollten auch wir einander lieben. Niemand hat jemals Gott gesehen. Aber wenn wir uns lieben, ist Gott in uns lebendig. Dann kommt seine Liebe in uns zur Vollendung. ...
Er hat uns seinen Geist gegeben. Daran können wir erkennen, daß wir mit ihm verbunden sind und er mit uns. ....
Gott ist Liebe. Wer in der Liebe lebt, der lebt in Gott, und Gott lebt in ihm. ....
Die wahre Liebe vertreibt die Angst. Wer Angst hat und vor der Strafe zittert, in dem ist die Liebe noch nicht zur Vollendung gekommen.
Wir lieben, weil Gott uns zuerst geliebt hat. Wer behauptet, Gott zu lieben, aber seinen Bruder haßt, ist ein Lügner. ....
Christus gab uns diesen Befehl: Wer Gott liebt, muß auch seinen Bruder lieben.

*Gute Nachricht, 1 Joh 4,7–13;16;18;21*

*Ernst Barlach, Anno Domini MCMXVI Post Christum Natum*

*Auf den Seiten 12–16 hast du erfahren, wie Menschen über Jahrtausende hinweg die Frage nach Gott im Leid umgetrieben hat und welche Antworten sie für sich fanden, z. B.:*
*Gott hat auch dunkle Seiten, er schickt Gutes und Böses, er ist unbegreiflich, allmächtig, er regiert die Welt, er bestraft die Schuldigen, aber auch:*
*er begegnet mir im Leid, schickt Menschen, die uns im Leid begegnen, und:*
*Gott kann man anklagen, mit ihm rechten.*
*Um das Jahr 140 schrieb ein gewisser Johannes den nebenstehenden Brief an eine frühchristliche Gemeinde.*
*Er zeichnet wieder ein anderes Bild von Gott. Diskutiert seine Schlußfolgerungen.*
*Welche Erfahrungen können dahinterstehen? Bezieht den Zusammenhang von Schuld – Strafe – Erlösung in eure Überlegungen ein.*

**Gott – hilflos**

Eine Szene; aus der verriegelten Hölle des Konzentrationslagers Birkenau:
Als wir eines Tages von der Arbeit zurückkamen, sahen wir auf dem Appellplatz drei Galgen. Antreten. Ringsum die SS mit drohenden Maschinenpistolen, die übliche Zeremonie. Drei gefesselte Todeskandidaten, darunter ein Kind mit feingeschnittenen schönen Gesichtszügen, der Engel mit den traurigen Augen, wie wir ihn nannten.
Die SS schien besorgter, beunruhigter als gewöhnlich. Ein Kind vor Tausenden von Zuschauern zu hängen, war keine Kleinigkeit. Der Lagerchef verlas das Urteil. Alle Augen waren auf das Kind gerichtet. Es war aschfahl, aber fast ruhig und biß sich auf die Lippen. Der Schatten des Galgens bedeckte es ganz.
Diesmal weigerte sich der Lagerkapo, als Henker zu dienen. Drei SS-Männer traten an seine Stelle.
Die drei Verurteilten stiegen zusammen auf ihre Stühle. Drei Hälse wurden zu gleicher Zeit in die Schlinge eingeführt.
»Es lebe die Freiheit!« riefen die beiden Erwachsenen. Das Kind schwieg.
»Wo ist Gott, wo ist er?« fragte jemand hinter mir.
Auf ein Zeichen des Lagerchefs kippten die Stühle um.
Absolutes Schweigen herrschte im ganzen Lager. Am Horizont ging die Sonne unter.
»Mützen ab!« brüllte der Lagerchef. Seine Stimme klang heiser. Wir weinten.
»Mützen auf!«
Dann begann der Vorbeimarsch. Die beiden Erwachsenen lebten nicht mehr ... Aber der dritte Strick hing nicht reglos: der leichte Knabe lebte noch ...
Mehr als eine halbe Stunde hing er so und kämpfte vor unseren Augen zwischen Leben und Sterben seinen Todeskampf. Und wir mußten ihm ins Gesicht sehen. Er lebte noch, als ich an ihm vorüberschritt. Seine Zunge war noch rot, seine Augen noch nicht erloschen.

Hinter mir hörte ich denselben Mann fragen: »Wo ist Gott?«
Und ich hörte eine Stimme in mir antworten: »Wo er ist?
Dort hängt er, am Galgen ...«
Das war das Universum der Einsamkeit.

*Elie Wiesel*

*Max Beckmann, Kreuzabnahme*

***S**precht über die Antwort »Dort hängt er am Galgen«.*
*Bringt eure Überlegungen zum Bild auf Seite 1 ein.*

### *Ich muß heimlich weinen ...*

Wir wissen, daß Gott leidet. Er hat seine Kinder in die Verbannung begleitet, um in ihrer Einsamkeit und Verzweiflung bei ihnen zu sein. Einsam, wie Gott unwiderruflich ist, litt er mit ihnen in ihrer Einsamkeit.

*Lest Jeremia 13,17, und vergleicht das sich dort zeigende Gottesbild mit den Vorstellungen von einem allmächtigen Gott. Bringt auch hier eure Überlegungen zum Bild auf Seite 1 ein.*

### *Friede*

Das ganz andere von mir
ist Gott
und doch ein Teil von mir
ein Lächeln da,
wo einer traurig ist
ein Streicheln da,
wo einer einsam lebt.
Gott, du meine Sehnsucht
nach dem ganz anderen.

Das ganz andere von mir
ist Gott
und doch ein Teil von mir
ein Führen da,
wo einer nicht mehr weiter weiß,
ein Schenken da,
wo einer etwas braucht.
Gott, du meine Sehnsucht
nach dem ganz anderen.

Das ganz andere von mir
ist Gott
und doch ein Teil von mir
ein Reden da
wo einer sprachlos ist,
ein Zuhören da,
wo keiner hören will.
Gott, du meine Sehnsucht
nach dem ganz anderen.

Das ganz andere von mir
ist Gott
ein Trösten da,
wo einer traurig ist,
gerecht sein da,
wo alle Unrecht tun.
Gott, du meine Sehnsucht
nach dem ganz anderen.

*Hans Heller*

## Ist Gott tot?

### *Wir haben ihn getötet!*

Habt ihr nicht von jenem tollen Menschen gehört, der am hellen Vormittage eine Laterne anzündete, auf den Markt lief und unaufhörlich schrie: »Ich suche Gott! Ich suche Gott!« – Da dort gerade viele von denen zusammenstanden, welche nicht an Gott glaubten, so erregte er ein großes Gelächter.
Ist er denn verlorengegangen? sagte der eine. Hat er sich verlaufen wie ein Kind? sagte der andere. Oder hält er sich versteckt? Fürchtet er sich vor uns? Ist er zu Schiff gegangen? Ausgewandert? – so schrien und lachten sie durcheinander. Der tolle Mensch sprang mitten unter sie und durchbohrte sie mit seinen Blicken. »Wohin ist Gott?« rief er »ich will es euch sagen! Wir haben ihn getötet – ihr und ich! Wir sind seine Mörder!
Hören wir noch nichts vom Lärm der Totengräber, welche Gott begraben?
Riechen wir noch nichts von der göttlichen Verwesung? – Auch Götter verwesen! Gott ist tot! Gott ist tot! Gott bleibt tot! Und wir haben ihn getötet!

*Friedrich Nietzsche*

*»Gott ist tot« – eine ungeheuerliche Behauptung. Was damit gemeint sein könnte, soll der Text »Friede« zusätzlich verdeutlichen. Bezieht beide Texte aufeinander. Was kann der »tolle Mensch« nicht finden, der schreit: »Ich suche Gott«? Was haben wir in uns oder in anderen getötet?*
*Möchtest du nach diesem »Tod Gottes« weiterleben?*

## *Der Vater hat meinen Traum gerettet*

Ich weiß nicht, was mit mir ist.
Ich sollte längst bei der Arbeit sein.
Ich lehne am Baum vor unserem Haus
und träume vor mich hin.
Das ist das Haus,
der Hof, meine Welt. –
Und doch fühle ich:
Ich gehöre nicht mehr dazu.
Manchmal sehe ich mir selber zu:
wie ich aufstehe und esse
und rausfahre auf's Feld
und wieder esse
und schlafen gehe
und dann wieder von vorn –
und noch einmal –
und noch einmal – morgens
und nächste Woche
und nächstes Jahr.
Ich denke, ich kann meine
Lebenserinnerungen schreiben,
bevor ich selbst gelebt habe.

Nein!
Ich mach nicht mehr mit!
Ich will hier raus,
bevor ich werde wie ihr!
Ich habe einen Traum.
Ich sehe sie vor mir:
die großen Städte voller Menschen,
voller Leben,
voller Gedanken, noch nie gedacht,
voller Taten, noch nie getan.
Und ich werde dabei sein!
Ich werde frei sein,
werde meine Gedanken denken,
meine Taten tun,
mein Leben leben!
Er ist groß – mein Traum –
ihr werdet mich nicht um ihn betrügen.
Ihr werdet mich nicht halten.
Ihr begreift nichts.

Ich höre euch schon reden:
»Man muß seine Pflicht tun,
auf die Treue im Kleinen kommt's an.
Wo wärst du ohne unsere Arbeit –
ist das denn gar nichts,
unsere tägliche Schufterei?
Wovon bist du denn satt geworden?

Und ich weiß,
am Ende werdet ihr drohen,
mir Angst machen:
›Du bist ahnungslos,
es ist schon mancher gegangen und
in der Gosse gelandet!‹

Ich will nicht mehr zuhören,
sie hängt mir zum Hals raus,
diese Litanei der Feiglinge.
Diesmal werden sie es nicht schaffen!

Der Vater –
wenn der Vater nicht wäre,
seine verdammte Großmut.
Ich krieg' kaum Luft
bei soviel Verständnis.

Dabei habe ich ihn gern.
Neulich:
Ich hab' ein Gedicht gemacht
über die Liebe.
»Ein unanständiges Gedicht!«
sagt der Große.

Der Vater hat mir zugezwinkert. –
Ich kann's ihm nicht ersparen –
ich gehe – heute noch – jetzt!

---

Das ist nun wohl das Ende.
Weiter runter geht's wohl kaum.
Hier gehe ich drauf.
Oder ich kriech' zu Kreuze.

Nein! Ich gehe nicht zurück.

Ich ertrag' das Gesicht
des Großen nicht!
Ich halte das nicht aus:
»Nun bist du wieder da?
War wohl nichts mit deinem Leben,
deinem Traum?
Was willst du hier,

hier ist alles zu eng, zu muffig,
hier kriegst du doch keine Luft!«

Nein, ich ertrag' das nicht,
er hat wieder recht behalten,
und ich hasse ihn dafür!

Nein, er hat nicht recht!
Er war kostbar, mein Traum vom Leben.
Ich habe ihn verplempert.
Es war ein großer Traum,
ich war zu klein für ihn!
Heute weiß ich es,
jetzt, wo es zu spät ist.

Nein, ich gehe nicht wieder zurück,
ich verrate meinen Traum
nicht noch einmal!

Den Vater
möchte ich noch einmal sehen.
Ich denke jetzt oft an ihn.
Nachts träume ich von ihm –
von Kindertagen –
wie er mich aus dem Teich gefischt,
ich wäre ertrunken.
Wie er mich in den Arm genommen:
»Du verdammter Strolch!« –
hat er gesagt
mit zärtlicher Stimme.
Seltsam, diese Kinderträume –
ich bin kein Kind mehr,
und das war kein Kinderstreich.
Was er wohl sagen würde,
wenn ich ...

Ich begreif's noch nicht.
Ich bin zu Hause!
Ich begreif's noch nicht.
Der Vater – keine Vorwürfe,
keine Anklagen, nichts.
Nur offene Arme,
Freude, daß ich da bin!

Ich begreif's noch nicht
Ich bin zu Hause!
Der Lärm da,
das ist ein Fest, für mich.
Das Gewand hier, für mich.
Der Ring, für mich.

Ich begreif's noch nicht:
Ich bin zu Hause!
Bin glücklich.
Der Vater hat meinen Traum gerettet.
Eines Tages
werde ich ihm gewachsen sein –
meinem Traum!

*Siegfried Biernoth*

---

***Hast du auch schon einmal so gewünscht,** geträumt, gehofft wie dieser Sohn? Wie hat es bei dir geendet? Besprecht die Geschichte unter dem Gesichtspunkt: Eine neue Chance bekommen. Die Geschichte ist eine Nacherzählung des Gleichnisses vom verlorenen Sohn. Lest nach Lukas 15,11–32: Wo liegen die Entsprechungen? Von wem redet Jesus im Gleichnis? Was zeichnet den Vater aus? Erzählt den Schluß des Gleichnisses in ähnlicher Weise weiter.*

*Marc Chagall*

*Du hast in diesem Kapitel in vielfältiger Weise gelesen und gesehen, wie Menschen von ihren Erfahrungen mit Gott erzählt und gesungen und wie sie ihre Erfahrungen verarbeitet haben.*
*Denke an die einzelnen Bilder, mit denen Leute sagen: Gott ist für mich wie ein Fels, wie Feuer, wie eine Mutter, wie ein Vater, der Allmächtige, der Unbegreifliche, der Strafende; und: Gott ist Liebe, der Erlösende, der mir in Menschen Begegnende, der mit mir Ziehende und Befreiende . . . Welches dieser Bilder ist dir am nächsten? Du kannst auch verschiedene Antworten miteinander kombinieren.*
*Schreibt auf einen Zettel »Gott ist für mich wie . . .«, und heftet ihn für alle sichtbar an. So erfahrt ihr eine Menge über euch und über die Vielfalt von Gottesvorstellungen.*
*»Gott liebt Geschichten« meint auch: Gott begegnet mir in Situationen meines Lebens ganz unterschiedlich, meist durchaus nicht mächtig und riesengroß, sondern eher in kleinen, oft unscheinbaren, Begebenheiten und Begegnungen.*
*Schreibt eine eigene »Gottesgeschichte«.*

## *Am Ende die Rechnung*

Einmal wird uns gewiß
die Rechnung präsentiert
für den Sonnenschein
und das Rauschen der Blätter,
die sanften Maiglöckchen
und die dunklen Tannen,
für den Schnee und den Wind,
den Vogelflug und das Gras
und die Schmetterlinge,
für die Luft, die wir
geatmet haben, und den
Blick auf die Sterne
und für alle die Tage,
die Abende und die Nächte.

Einmal wird es Zeit,
daß wir aufbrechen und
bezahlen:
bitte die Rechnung.
Doch wir haben sie
ohne den Wirt gemacht:
Ich habe euch eingeladen,
sagt der und lacht,
soweit die Erde reicht:
Es war mir ein Vergnügen!

*Lothar Zenetti*

# Wer bist du, Jesus von Nazareth?

*Christus im Elend*

***König der Juden***

Da nahmen die Soldaten des Statthalters Jesus mit sich in das Prätorium und sammelten die ganze Abteilung um ihn.
Und zogen ihn aus und legten ihm einen Purpurmantel an und flochten eine Dornenkrone und setzten sie ihm aufs Haupt und gaben ihm ein Rohr in seine rechte Hand und beugten die Knie vor ihm und verspotteten ihn und sprachen: Gegrüßet seist du, der Juden König! und spien ihn an und nahmen das Rohr und schlugen damit sein Haupt.

*Sie haben meine Hände und Füße durchgraben . . . Sie teilen meine Kleider unter sich und werfen das Los um mein Gewand.* *Psalm 22,17 u. 19*

Und als sie ihn verspottet hatten, zogen sie ihm den Mantel aus und führten ihn ab, um ihn zu kreuzigen.

*Ich bot meinen Rücken dar denen, die mich schlugen, und meine Wangen denen, die mich rauften. Mein Angesicht verbarg ich nicht vor Schmach und Speichel.* *Jesaja 50,6*

Und als sie hinausgingen, fanden sie einen Menschen aus Kyrene mit Namen Simon; den zwangen sie, daß er ihm sein Kreuz trug.
Und als sie an die Stätte kamen mit Namen Golgatha, das heißt: Schädelstätte, gaben sie ihm Wein zu trinken mit Galle vermischt; und als er's schmeckte, wollte er nicht trinken.

*Sie gaben mir Gift zu essen, für den Durst reichten sie mir Essig.* *Psalm 69,22*

Als sie ihn aber gekreuzigt hatten, verteilten sie seine Kleider und warfen das Los darum.
Und sie saßen da und bewachten ihn.
Und oben über sein Haupt setzten sie eine Aufschrift mit der Ursache seines Todes: Dies ist Jesus, der Juden König.
Und da wurden zwei Räuber mit ihm gekreuzigt, einer zur Rechten und einer zur Linken.

*Verflucht ist, wer am Holze hängt.* *5. Mose 21,23*

Die aber vorübergingen, lästerten ihn und schüttelten ihre Köpfe und sprachen: Der du den Tempel abbrichst und baust ihn auf in drei Tagen, hilf dir selber, wenn du Gottes Sohn bist, und steig herab vom Kreuz!

*Alle, die mich sehen, verspotten mich, sperren das Maul auf und schütteln den Kopf.* *Psalm 22,8*

Desgleichen spotteten auch die Hohenpriester mit den Schriftgelehrten und Ältesten und sprachen:
Andern hat er geholfen und kann sich selber nicht helfen. Ist er der König von

*Ist der Gerechte Gottes Sohn, so wird er ihm helfen und ihn erretten aus der Hand seiner Widersacher.* *Das Buch der Weisheit: 2,18*

Israel, so steige er nun vom Kreuz herab. Dann wollen wir an ihn glauben.
Er hat Gott vertraut; der erlöse ihn nun, wenn er Gefallen an ihm hat; denn er hat gesagt: Ich bin Gottes Sohn.
Desgleichen schmähten ihn auch die Räuber, die mit ihm gekreuzigt waren.
Und von der sechsten Stunde an kam eine Finsternis über das ganze Land bis zur neunten Stunde.
Und um die neunte Stunde schrie Jesus laut: Eli, Eli, lama asablani? das heißt: Mein Gott, mein Gott, warum hast du mich verlassen?
Einige aber, die da standen, als sie das hörten, sprachen sie: Der ruft nach Elia.
Und sogleich lief einer von ihnen, nahm einen Schwamm und füllte ihn mit Essig und steckte ihn auf ein Rohr und gab ihm zu trinken.
Die andern aber sprachen: Halt, laß sehen, ob Elia komme und ihm helfe!
Aber Jesus schrie abermals laut und verschied.

*Matthäus 27,27–50*

*Matthäus schrieb sein Evangelium für jüdische Christen. Er war davon überzeugt, daß Jesus Christus der im Alten Testament angekündigte Retter Israels ist.*
*Wie will er dem Leser seinen Glauben vermitteln?*
*(Das Buch der Weisheit zählt zu den Spätschriften des Alten Testaments, die nicht in alle Bibelausgaben übernommen wurden.)*

Fürwahr, er trug unsere Krankheit und lud auf sich unsere Schmerzen …

*Jesaja 53,5*

*Er soll die Starken zum Raube haben, dafür, daß er sein Leben in den Tod gegeben hat, und den Übeltätern gleichgerechnet ist.* *Jesaja 53,12*

*Mein Gott, mein Gott, warum hast du mich verlassen?* *Psalm 22,1*

*Er war der Allerverachtetste und Unwerteste, voller Schmerzen und Krankheit.*
*Als er gemartert ward, litt er doch willig und tat seinen Mund nicht auf wie ein Lamm, das zur Schlachtbank geführt wird; und wie ein Schaf, das verstummt vor seinem Scherer, tat er seinen Mund nicht auf.* *Jesaja 53,3–7 (gekürzt)*

*Alfred Manessier, Dornenkrone, 1952*

**Spurensuche**

Mit Jesus von Nazareth wurde kurzer Prozeß gemacht. Eine Nacht - und das war sehr ungewöhnlich - genügten Juden und Römern, um ihn zum Tode zu verurteilen.
Dieser kurze Prozeß ist jedoch bis heute nicht zu Ende. Mit ihm und der Berichterstattung darüber begann der Leidensweg des jüdischen Volkes durch die Jahrhunderte.
»Wer den Sohn Gottes tötet, ist auch zu allen anderen Schandtaten fähig«, war ein freches und schreckliches Motiv zugleich. Bis in die jüngste Zeit hinein kein Gedanke daran, daß Jesus Jude war, jüdisch dachte und jüdisch lebte, kein Gedanke an die gemeinsame Wurzel von Juden und Christen: Du sollst deinen Nächsten lieben wie dich selbst.
Gebrandmarkt als Gottesmörder wurden die Juden von ihren christlichen Brüdern für alles Unglück, für alle Katastrophen, ja selbst für persönliche Mißerfolge verantwortlich gemacht und unbarmherzig verfolgt bis hin zum Höhepunkt des nazistischen Holocaust.

*Die Anklage*

Jesus war wegen Tempelschändung, wegen Anstiftung zu Steuerverweigerung und wegen der Anmaßung, Gottes Sohn zu sein, angeklagt.
Nach Lukas 22,70 wird Jesus gefragt: Bist du denn Gottes Sohn? Er sprach zu ihnen: »Ihr sagt es, ich bin's.«
In den Evangelien fragt Pilatus: Bist du der König der Juden? Und Jesus antwortet: Du sagst es. (hebr.: atha amartha)

*Lest nach in Markus 14,61-63 und 15,1-5, welche Gründe für die Verurteilung übrig geblieben sind.*
*Sind die Antworten Jesu eindeutig? Versucht, durch verschiedene Betonungen oder auch durch Wortumstellungen die unterschiedlichen Bedeutungen dieser Antwort herauszufinden.*

*Die Interessenlagen der Beteiligten*

*Die Sadduzäer* und die führende Priesterschicht in Jerusalem arbeiteten eng mit den Römern zusammen, waren in leitenden Stellungen, verwalteten den Kult und den Tempel (ein gutes Geschäft bei drei Wallfahrten im Jahr), kassierten darüberhinaus mit Genehmigung der Römer die Tempelsteuer, von der sie lebten und auch reich wurden.

*Die Pharisäer* gehörten dem gebildeten Bürgertum an. Sie vertraten ursprünglich eine tiefe und lebendige Volksfrömmigkeit unter strenger Einhaltung der Gebote Gottes. Als ehrliche Leute standen sie in hohem Ansehen und erwarteten die Befreiung vom römischen Joch durch den verheißenen Abgesandten (den Messias) Gottes.
*Die Römer* waren die Besatzungsmacht, die den Juden eine gewisse Selbstverwaltung ließ, im übrigen aber das erwartete, was jede Besatzungsmacht erwartet: Ruhe und pünktliche Bezahlung von Steuern. Mit den Juden hatten sie da schon schlechte Erfahrungen gemacht.
*Die kleinen Leute* hatten bei den damaligen Mißernten, bei den hohen Steuern und Zöllen genug mit sich selbst zu tun und wünschten sowohl die Römer als auch die eigene Priesterkaste zum Teufel und hofften auf den Messias, von dem sie ihre Befreiung erwarteten.

*Macht euch in arbeitsteiliger Gruppenarbeit die Standpunkte der verschiedenen beteiligten Gruppen zu eigen, und beurteilt die folgenden Fakten. Aus welchen Gründen würdet ihr Jesus verurteilen oder freisprechen?*

*Was bedeutet die Kreuzesinschrift »König der Juden« (INRI - Iesus Nazarenus Rex Iudaeorum = Jesus der Nazarener, König der Juden) für die Juden und was für den Römer Pontius Pilatus? Wer hatte Jesus und seine Anhänger mehr zu fürchten?*

## Mühselige und Beladene

»Kommt her zu mir alle, die ihr mühselig und beladen seid, ich will euch erquicken.« Das ist der Ruf des Wanderpredigers Jesus von Nazareth und zugleich sein Programm. Wir sind heute geneigt, diesen Ruf im übertragenen Sinn – also eher geistig oder geistlich – zu verstehen. Bei den wirtschaftlichen Verhältnissen von damals war er aber sehr real und handfest gemeint.

Naturkatastrophen wie Dürren, Mißernten, Seuchen, Orkane, Erdbeben waren die Ausgangspunkte für einschneidende wirtschaftliche Veränderungen, die fast ausschließlich zu Lasten der Ärmsten und der kleinen Leute gingen:

- Israel war zur Zeit Jesu ein dicht besiedeltes Land. Jedes fruchtbare Stück Erde wurde zum Anbau genutzt. Das Land war arm, geriet aber erst jetzt ins Elend.
- Eine doppelte Steuerlast drückte die Juden:
  Zum einen mußten sie an die Römer eine so hohe Steuer zahlen, die all jene bedrückte, die bis dahin wenigstens etwas besaßen. Kein Wunder, daß die Zollunternehmer – wie z.B. Zachäus – besonders verhaßt waren. Sie trieben mit ihren Gehilfen für die Römer die Steuern ein und wurden auf Kosten des Volkes selbst reich dabei.
  Zum anderen hatten die Juden nach biblischem Recht auch noch eine religiöse Steuer zu zahlen, den Zehnt. Er war die wichtigste Einkommensquelle der Priester.
  Während die Römer ihre Abgaben notfalls mit Gewalt eintrieben, konnten die Priester nur mit dem Ausschluß aus dem Volk Gottes drohen. In einer solchen Lage verschuldeten sich immer mehr Familien. Ein Ende des Kreislaufs war nicht in Sicht.
- Kleinere und mittlere Bauern, Kaufleute oder Handwerker, also solche, die etwas besaßen und deren Existenz gesichert schien, begannen nun zu verarmen. Stück für Stück ihres Eigentums mußten sie aufgeben oder verkaufen, um ihren Lebensunterhalt zu bestreiten. Ihr Abstieg war unvermeidlich.
- Bei den Ärmsten, die sich und ihre Familien nur durch Gelegenheitsarbeiten im Taglohn spärlich ernähren konnten, war das Existenzminimum ohnehin schon unterschritten. Nun kam es zur Katastrophe: Um ihr Leben fristen zu können, verließen sie ihre Heimat, wanderten umher, immer auf der Suche nach Arbeit und Verdienst – wo es sich gerade anbot – und oft bot sich nichts an.
- Die Großgrundbesitzer des Landes, die meistens auch die fruchtbarsten Gebiete besaßen, konnten in dieser Zeit ihren Wohlstand weiter ausbauen. Sie kauften von denen, die verkaufen mußten, hinzu. Auf ihren Ländereien wurde fast nur noch für den Export produziert: Getreide, Öl, Balsam.

*Otto Pankok, »Mein Gott, mein Gott, warum hast Du mich verlassen?« Aus dem Zyklus »Die Passion«, 1933, Kohlezeichnung*

- Wanderprediger sammelten Anhänger um sich. Sie predigten radikale Umkehr und erinnerten an den verheißenen Tag Gottes, an dem er seinen Retter schicken werde. Gott wird eingreifen, so wie es in den alten Schriften vorhergesagt war.

Zu diesen Wanderpredigern gehörten auch Johannes der Täufer und Jesus von Nazareth.
Immer wieder kam es zu bewaffneten Aufständen, die von den Römern grausam niedergeschlagen wurden.

## *Erlaßt die Schuld*

Jesus hat diese Situation von Verschuldung und drohender Schuldknechtschaft in einer ganzen Reihe von Gleichnissen zum Thema gemacht. Beherrschend dabei ist das Anliegen »Erlaßt die Schuld« und »Geht menschenfreundlich mit Besitz um.«

*Lest als Beispiele dazu »Das Gleichnis vom untreuen Haushalter«, Lukas 16,1–9, und »Das Gleichnis vom Schalksknecht«, Matthäus 18,23–25.*
*Welche realen Lösungen bietet Jesus an? Was sagen diese Lösungen über das Reich Gottes aus?*

## *Gott ist auf unserer Seite*

**Er ist auferstanden.**

Etwa 20 Jahre nach Jesu Tod bekannte der Apostel Paulus:

Was sollen wir noch weiter sagen? Gott ist auf unserer Seite, wer kann uns dann noch etwas anhaben? Er verschonte nicht einmal seinen eigenen Sohn, sondern ließ ihn für uns alle sterben. Wird er uns dann mit ihm nicht alles schenken? Niemand kann die Menschen anklagen, die Gott erwählt hat. Denn Gott selbst spricht sie frei. Niemand kann sie verurteilen. Jesus Christus ist ja für sie gestorben. Mehr noch: er ist vom Tod erweckt worden. Er sitzt an Gottes rechter Seite und tritt für uns ein. Kann uns dann noch etwas von Christus und seiner Liebe trennen? Etwa Leiden, Not, Verfolgung, Hunger, Entbehrung, Gefahr oder Tod? Ich bin gewiß, daß uns nichts von dieser Liebe trennen kann: weder Tod noch Leben, weder Engel noch andere Mächte, weder Gegenwärtiges noch Zukünftiges, weder etwas im Himmel noch etwas in der Hölle. Durch Jesus Christus, unseren Herrn, hat Gott uns seine Liebe geschenkt. Darum gibt es in der ganzen Welt nichts, was uns jemals von Gottes Liebe trennen kann.

*Römer 8,31–35; 38–39.*

Was war geschehen, daß in der Schar der Jesusanhänger so geredet werden konnte – zumal der Verbrechertod Jesu am römischen Galgen für sie überraschend gekommen war und sie in Verzweiflung und Resignation getrieben hatte? »Da verließen ihn alle Jünger und flohen«, lesen wir bei den Evangelisten. »Wenn diese aufgescheuchte, verängstigte Apostelschar, die eben dabei war, alles wegzuwerfen, um in heller Verzweiflung nach Galiläa zu flüchten; wenn diese Bauern, Hirten und Fischer, die ihren Meister verrieten, verleugneten und dann kläglich versagten, plötzlich über Nacht sich in eine selbstsichere und heilsbewußte, überzeugte Missionsgesellschaft verwandeln konnten, die viel erfolgreicher nach Ostern als vor Ostern wirkte, so genügt keine Vision oder Halluzination, um solch einen revolutionären Umschlag zu erklären . . . .«.

*Pinchas Lapide*

*Woher bezieht Paulus seine Sicherheit?*
*Wodurch kommt sein neues Selbstbewußtsein zum Ausdruck?*
*Sucht im Text nach Begründungen für »Gott ist auf unserer Seite«. Wodurch drückt sich nach Paulus Gottes Liebe aus? Diskutiert in diesem Zusammenhang das Wort »Entlastung«. Bezieht das Bild auf Seite 27 in eure Überlegungen ein.*

## *Auf dem Weg nach Emmaus*

*Lest Lukas 24,12–35, und vergleicht mit Johannes 20,19–31.*
*Wodurch entsteht nach dieser Geschichte der Auferstehungsglaube?*
*Diskutiert die Frage, weshalb sich die Jünger nach dieser Erfahrung befreit fühlen konnten zu einem neuen Anfang!*
*Wie war das bei dir, als du »neu anfangen« konntest?*

*Caravaggio, Das Mahl in Emmaus*

**Bekenntnisse**

Über den auferstandenen Jesus Christus haben Christen und Nichtchristen von altersher nur in Bekenntnissen reden können, sie konnten sagen: Was bedeutet sein Leben, sein Sterben und seine Auferstehung für mein Leben und für das Leben anderer?

*Das apostolische Glaubensbekenntnis . . .*

. . . gilt seit ungefähr 1650 Jahren:
Ich glaube an Jesus Christus, seinen eingeborenen Sohn, unsern Herrn, empfangen durch den heiligen Geist,
geboren von der Jungfrau Maria,
gelitten unter Pontius Pilatus,
gekreuzigt, gestorben und begraben,
hinabgestiegen in das Reich des Todes,
am dritten Tag auferstanden von den Toten,
aufgefahren in den Himmel:
er sitzt zur Rechten Gottes, des allmächtigen Vaters;
von dort wird er kommen,
zu richten die Lebenden und die Toten.

*Christus als Weltherrscher*

*Ein persönliches Glaubensbekenntnis*

Ich glaube an jesus christus
der aufersteht in unser leben,
daß wir frei werden
von vorurteilen und anmaßung
von angst und haß
und seine revolution weitertreiben
auf sein reich hin.

*Dorothee Sölle*

*Ein Jude über Jesus*

Jesus ist für mich der ewige Bruder, nicht nur der Menschenbruder, sondern mein jüdischer Bruder. Ich spüre seine brüderliche Hand, die mich faßt, damit ich ihm nachfolge. Es ist nicht die Hand des Messias, diese mit den Wundmalen gezeichnete Hand. Es ist bestimmt keine göttliche, sondern eine menschliche Hand, in deren Linien das tiefste Leid eingegraben ist.

*Schalom Ben-Chorin*

*Vergleicht diese Aussagen über Jesus - auch ein Bild drückt ein Bekenntnis aus! Welches ist dir am nächsten? Schreibe für dich selbst ein Bekenntnis.*

**Andere Nichtchristen über Jesus**

*Jesus, das Zeichen, das widerspricht*

»... Jesus ist selber bei den Hilflosen anwesend, als Element dieser Niedrigkeit, im Dunkel stehend, nicht im Glanz: »Was ihr getan habt einem unter diesen meinen geringsten Brüdern, das habt ihr mir getan« (Mt 25,40) ... Jesus ist genau gegen die Herrenmacht das Zeichen, das widerspricht, und genau diesem Zeichen wurde von der Welt mit dem Galgen widersprochen: das Kreuz ist die Antwort der Welt auf die christliche Liebe zu den Letzten, die die Ersten sein werden. *Ernst Bloch*

*Ein Marxist über Jesus*

... Ich würde den Untergang der Religion als solcher nicht bedauern. Aber falls ich in einer Welt leben sollte, die die »Sache Jesu« absolut vergessen könnte, dann möchte ich gar nicht mehr leben ... Es scheint mir, daß in einer solchen Welt ohne die »Sache Jesu« auch der richtig verstandene Sieg der »Sache von Karl Marx« unmöglich wäre ... *Milan Machovec*

*Gandhi über Jesus*

Wer sich aus reiner Hilflosigkeit umbringen läßt, von dem kann man keineswegs sagen, er habe die Probe bestanden. Jener ist wahrhaft gewaltlos, der, während er getötet wird, dem Mörder nicht zürnt und sogar Gott um Verzeihung für ihn bittet. Die Geschichte berichtet das von Jesus.

*Mahatma Gandhi*

*Welchen dieser Aussagen kannst du zustimmen?*
*Worin unterscheiden sich diese Aussagen von den Bekenntnissen der Christen?*

***Johannes der Täufer***

**Kehrt um!**

Die Römer und ihre jüdischen Helfer mußten ständig auf der Hut sein vor Aufrührern, vor allem, wenn das Volk in seinen Führern den von Gott verheißenen Messias sah.
Um die Jahre 27/28 n. Chr. kam ein solcher Aufrührer und Aufrüttler aus der Wüste an den Jordan. Er trugt ein »Gewand aus Kamelhaaren und einen ledernen Gürtel« – gekleidet wie ein Beduine – und ernährte sich »von Heuschrecken und wildem Honig«. Er lebte asketisch nur von dem, was die Wüste hergab. Radikal waren seine Sprache und seine Botschaft, ein Ruf zur Umkehr an alle, an Arme und Reiche, an Fromme und Gottlose, an Mächtige und Ohnmächtige – das war neu: »Tut Buße, denn das Himmelreich (die Zeit Gottes) ist nahe herbeigekommen«.

*Matthäus 3,1–5*

**... alle dachten in ihren Herzen von Johannes, ob er vielleicht der Christus wäre ...**

*Lukas 3,15*

Johannes sammelte eine feste Anhängerschar um sich, die nach ihrer Taufe streng nach seinen Forderungen lebte. Man kann annehmen, daß der junge Jesus von Nazareth eine Zeitlang auch zu dieser Gruppe um Johannes gehörte, weil die Evangelisten an vielen Stellen von den engen Verbindungen zwischen den Jesus- und den Johannesleuten und zwischen Jesus und Johannes selbst berichten.

*Lest Lukas 3,7–15.*
*Was hat Johannes unter Buße verstanden?*
*Was will er seinen Zuhörern mit dem Bild vom Baum sagen?*
*In der Predigt des Johannes gibt es keinen Aufruf zu gewaltsamem Vorgehen. Trotzdem wird er später verhaftet und enthauptet. Weshalb konnte er von den Mächtigen als Gefahr empfunden werden?*

## *Wiedergeboren - neugeboren*

*Aufatmen sollt ihr!*

*Ein neuer Mensch*

Über der Vorgeschichte Jesu bis zu seinem öffentlichen Auftreten liegt ein Schleier. Erst von einem bestimmten Zeitpunkt an schien Jesu Leben und Wirken wichtig zu werden. Dieser Zeitpunkt wird in allen Evangelien genau angegeben:
Es ist die Taufe Jesu durch Johannes. Wie wichtig dieses Ereignis war, zeigt der Evangelist Markus. Sein Evangelium ist das älteste (um 70 n.Chr. geschrieben), es beginnt ohne jegliche Vorgeschichte mit Johannes dem Täufer und der Taufe Jesu. Von seinem Glauben an den auferstandenen Jesus Christus her kann er schreiben:

*Und da geschah eine Stimme vom Himmel: Du bist mein lieber Sohn, an dir habe ich Wohlgefallen.*

*Markus 1,11*

Jesus von Nazareth mag dreißig Jahre alt gewesen sein, als er an den Jordan kam, um wie andere seiner Zeitgenossen das Reinigungsritual des Tauchbades unter der Leitung des Johannes zu vollziehen. Diese Taufe des Johannes war nichts Neues im Judentum, sondern ein damals geübtes und bis heute bei den Juden praktiziertes Reinigungsritual. [...] Das Untertauchen stellt aber auch den Akt der Wiedergeburt dar, denn der Untertauchende wird von den Wellen begraben, er geht symbolisch unter, um dann als neuer Mensch, gereinigt von seinen Sünden, wieder aufzuerstehen.
Auferstehen als neuer Mensch, mit neuem Bewußtsein, mit neuem Auftrag, mit der Bereitschaft zu neuem Handeln.
Offenbar ist Jesus im Akt der Taufzeremonie sein eigenes Selbstbewußtsein, sein eigenes Sendungsbewußtsein erwacht. Erst von diesem Augenblick an wird er uns sichtbar. Herkunft und Geburt, Kindheit und Lehrjahre versinken ins Wesenlose in dieser Stunde der Wiedergeburt.

*nach Shalom Ben Chorin*

*Ein altes hebräisches Wort für Tauchbad heißt Mikwe. Es bedeutet Tauchbad und Hoffnung zugleich. Bedenkt dies im Blick auf die Taufe Jesu.*
*Wie erfährt Jesus den Augenblick seiner »Wiedergeburt« nach der Schilderung Markus 1,9–11?*

## *Vorbereitung*

Mit der Taufe tritt Jesus in die Geschichte ein. Aber noch steht er im Schatten des Johannes.
Vierzig Tage lang zog er sich danach in die Wüste zurück, um mit sich selber und mit Gott ins Reine zu kommen. Auch dies hat symbolischen Charakter: Israel ist einst nach vierzigjähriger Wanderung aus der Wüste gekommen, dort in der Wüste ist es seinem Gott nachgefolgt, ihm ganz nahe gewesen. Mose war vierzig Tage auf dem Berg Sinai, um Jahwes Gebote zu empfangen, Elia wanderte vierzig Tage durch die Wüste zum Horeb, dem Gottesberg. In die Wüste geht man zurück, um Gott nahe zu sein. Jesus tritt in die Fußstapfen des Propheten, er bereitet sich in der Wüste, allein mit Gott, bewußt auf seine Sendung vor.
Nach vierzig Tagen verläßt er die Wüste und nachdem Johannes gefangengesetzt worden war, predigt er von Umkehr und vom nahen Reich Gottes.

## *Kommt her zu mir alle, die ihr mühselig und beladen seid, ich will euch erquicken*

Jesus beginnt sein Wirken jedoch nicht am Jordan, sondern in seiner Heimat Galiläa, rund um den See Kinnereth. Hier zog er als Wanderprediger von Dorf zu Dorf und von Stadt zu Stadt: »Und es begab sich danach, daß er durch Städte und Dörfer zog und predigte und verkündigte das Evangelium vom Reich Gottes; und die Zwölf waren mit ihm, dazu einige Frauen ...«

*(Lukas 8,1-2)*

*Und so predigte Jesus:*
Selig seid ihr Armen; denn das Reich Gottes ist euer.
Selig seid ihr, die ihr jetzt hungert; denn ihr sollt satt werden.
Selig seid ihr, die ihr jetzt weint; denn ihr werdet lachen.
Selig seid ihr, wenn euch die Menschen hassen und euch ausstoßen und schmähen und verwerfen euren Namen als böse um des Menschensohnes willen.
Freut euch an jenem Tage und springt vor Freude; denn siehe, euer Lohn ist groß im Himmel. Denn das gleiche haben ihre Väter den Propheten getan.

*Lukas 6,20b-23*

*Oskar Kokoschka, Christus speist die hungernden Kinder, 1946*

***Wie beschreibt Jesus Gottes neue Welt?***

*An wen wendet er sich?*
*Wie betrifft das die Leute, die mit ihm zogen, und wie kann sich diese Botschaft bei ihnen auswirken? Zieht die Texte auf den Seiten 41 und 43 hinzu.*
*Beschreibt die Rolle der Frauen in dieser Gruppe.*

## *Und nun komme ich ....*

Jesus von Nazareth tritt die Nachfolge des Johannes an, aber zu der entsagungsvollen Lebensführung des Johannes bestehen beträchtliche Unterschiede:

Jesus sagt:
Johannes der Täufer ist gekommen und aß kein Brot und trank keinen Wein; so sagt ihr: Er ist besessen.
Der Menschensohn ist gekommen, ißt und trinkt; so sagt ihr: Siehe, dieser Mensch ist ein Fresser und Weinsäufer, ein Freund der Zöllner und Sünder!

*Lukas 7,33-34*

***Lest zur Einhaltung des Fastens***

*Markus 2,8-20. Arbeitet die Unterschiede zu Johannes heraus.*

## *Er ist von Sinnen*

*Jesus tritt als ganz »neuer Mensch« auf:*

Und er ging in ein Haus. Und da kam abermals das Volk zusammen, so daß sie nicht einmal essen konnten.
Und als es die Seinen hörten, machten sie sich auf und wollten ihn festhalten; denn sie sprachen: Er ist von Sinnen

## *Jesus, der Narr*

*Sieger Köder, Jesus, der Narr*

Und es kamen seine Mutter und seine Brüder und standen draußen, schickten zu ihm und ließen ihn rufen.
Und das Volk saß um ihn. Und sie sprachen zu ihm: Siehe, deine Mutter und deine Brüder und deine Schwestern draußen fragen nach dir.
Und er antwortete ihnen und sprach: Wer ist meine Mutter und meine Brüder?
Und er sah ringsum auf die, die um ihn im Kreise saßen, und sprach: Siehe, das ist meine Mutter und das sind meine Brüder!
Denn wer Gottes Willen tut, der ist mein Bruder und meine Schwester und meine Mutter.

*Markus 3,20-21; 31-35*

*Beschreibt das neue Verhältnis Jesu zu seiner Familie.*
*Könnt ihr die Familie verstehen, wenn sie sagt: »Er ist von Sinnen«?*
*Bezieht das Bild und die Bildunterschrift auf diesen und die folgenden Texte.*

## *Sag dich los - folge mir nach!*

*Jesus forderte viel:*

Und ein anderer unter den Jüngern, sprach zu ihm: Herr, erlaube mir, daß ich zuvor hingehe und meinen Vater begrabe. Aber Jesus spricht zu ihm: Folge du mir, und laß die Toten ihre Toten begraben!

*Matthäus 8,21-22*

Wenn jemand zu mir kommt und haßt nicht seinen Vater, Mutter, Frau, Kinder, Brüder, Schwestern und dazu sich selbst, der kann nicht mein Jünger sein.

*Lukas 14,26*

Ist jemand in Christus, so ist er eine neue Kreatur; das Alte ist vergangen, siehe, Neues ist geworden

*2. Korinther 5,17*

Und als er ein wenig weiterging, sah er Jakobus, den Sohn des Zebedäus, und Johannes, seinen Bruder, wie sie im Boot die Netze flickten.
Und alsbald rief er sie, und sie ließen ihren Vater Zebedäus im Boot mit den Tagelöhnern und folgten ihm nach.

*Markus 1,19-20*

Die Füchse haben Gruben, und die Vögel unter dem Himmel haben Nester; aber der Menschensohn hat nichts, wo er sein Haupt hinlege.

*Matthäus 8,20*

*Ich sende euch wie Schafe mitten unter Wölfe*

Jesus sandte seine Jünger aus mit dem Auftrag: »Verkündet, daß Gott jetzt seine Herrschaft aufrichten und sein Werk vollenden will, und heilt die Kranken! Nehmt nichts auf den Weg mit, keinen Wanderstock, keine Vorratstasche, kein Brot, kein Geld und auch kein zweites Hemd. Wenn jemand euch aufnimmt, dann bleibt in seinem Haus, bis ihr von dort weiterzieht. Wo man euch nicht aufnehmen will, da verlaßt den Ort und schüttelt den Staub von den Füßen.«

*Lukas 9,2–5*

*Wer ist mit den Wölfen gemeint?*
*Welche Risiken bringt es mit sich, ohne Ausrüstung durch das Land zu ziehen?*
*Warum verbietet Jesus den Wanderstab?*
*Was bedeutete der Auftrag Jesu für seine Jünger?*
*Für manche waren solche radikalen Forderungen leicht zu erfüllen, weil sie ohnehin nichts mehr zu verlieren hatten, für andere mochte es sogar würdevoller sein, freiwillig auf den letzten Besitz zu verzichten, und für wiederum andere waren sie gar nicht zu erfüllen. Arbeitet die möglichen Positionen von Freunden und Gegnern Jesu zu seinen Forderungen heraus.*
*Versucht, in einem Rollenspiel die Haltungen zu Familie, Besitz und Gewaltanwendung zu verdeutlichen. Die Rollen: ein gänzlich Armer, ein »Kleiner Mann«, ein Reicher.*

**Komm mit!**

## *Und ich wäre so gerne mit ihm gegangen*

*Lest Matthäus 19,16–22 und Lukas 5,27–32.*

Warum nur mußte er mir so harte Bedingungen stellen?
Verkaufe alles, was du hast, hat er gesagt, und dann komm mit.
Das hat mir die Kehle zugeschnürt.
Und ich wäre doch so gerne mitgegangen!

Und nun das hier.
Ich weiß nicht mehr, was ich denken soll:
Da sitzt er nun, er und seine ganze Gesellschaft zusammen mit diesem Zöllner und seinem Anhang.
Was ist nur an diesem Zöllner dran?
Komm mit, hat er zu ihm gesagt,
ganz einfach, komm mit,
und setzt sich zu ihm,
ißt mit ihm,
trinkt und lacht mit ihm und seinesgleichen.
Warum nur macht er's dem so leicht?
Warum er und nicht ich?

Wer ist er denn schon, dieser Zöllner,
was hat der denn mit anderen vor?
Ja, andere ausnehmen,
nach dem Motto:
Erst komm ich, dann noch mal ich
und dann lang, lang nichts, und:
Wenn nur ich habe, und:
Eine Hand wäscht die andere ...

Ein Ist-Nichts
ein Habenichts
Beutelschneider,
Lügner,
Betrüger,
Gesindel,
Pack!
Die kalte Wut kommt in mir hoch:

Warum nur macht er's dem –
ausgerechnet dem – so leicht?
Warum er und nicht ich?
Warum nur alles in der Welt nicht ich?
Ich stehle nicht,
betrüge nicht,
ich helfe, wo Not am Mann ist,
auf mich kann man sich verlassen.
Ich habe mit den anderen was vor,
ich habe mit Gott was vor!

Eher geht ein Kamel
durch ein Nadelöhr,
als daß ein Reicher
ins Reich Gottes kommt,
hat er zu mir gesagt.
Und ich wäre so gern mit ihm gegangen.

Warum nur mußte er mir so harte Bedingungen stellen!
Und warum nur macht er's dem so leicht!

Ein Zöllner müßte man sein.

*Schreibe selbst über eine Situation, in der von dir zuviel verlangt wurde oder ein anderer dir »zu Unrecht« vorgezogen wurde.*

**Verhaltensmaßstäbe Jesu**

***Jesus – so oder so?***

*Grenzenlose Liebe*

»Ich aber sage euch: Ihr sollt euch überhaupt nicht gegen das Böse wehren. Liebet eure Feinde und bittet für die, die euch verfolgen.«
Petrus fragt: »Herr, wie oft muß ich meinem Bruder vergeben? Ist es genug siebenmal?« Jesus antwortete: »Ich sage dir, nicht siebenmal, sondern siebenmal siebzigmal.«

*Kämpferische Leidenschaft*

»Und das Passafest der Juden war nahe, und Jesus zog hinauf nach Jerusalem.
Und er fand im Tempel die Händler, die Rinder, Schafe und Tauben verkauften, und die Wechsler, die da saßen.
Und er machte eine Geißel aus Stricken und trieb sie alle zum Tempel hinaus samt den Schafen und Rindern und schüttete den Wechslern das Geld aus und stieß die Tische um und sprach zu denen, die die Tauben verkauften: Tragt das weg und macht nicht meines Vaters Haus zum Kaufhaus!« *Johannes 2,13–16*

*Bertel Thorwaldsen, Segnender Christus, 1821*

*Diese Jesusstatue entstand zu Beginn des 19. Jahrhunderts und war über hundert Jahre lang die am weitesten verbreitete Darstellung Jesu.*

*Führt ein Streitgespräch zu folgenden Fragen:*
*Wie passen die Beispiele in das Bild vom freundlichen Heiland, der allen zuhörte und allen half?*
*Wie passen sie zum uneingeschränkten Liebesgebot?*
*Welcher Maßstab gilt für Jesus im uneingeschränkten Liebesgebot, welcher in dem Text, in denen er »unwillig« wurde?*

*Entspricht das Bild einer der beiden Auffassungen?*
*Führt das Streitgespräch in folgenden Rollen:*
*- Ankläger: Jesu Taten und Worte stimmen nicht überein.*
*- Kritischer Verteidiger des uneingeschränkten Liebesgebotes.*
*- Verteidiger des Grolls Jesu bei der Tempelreinigung.*

**Er wird abwischen alle Tränen.**

### *Heil den Kranken*

Jesus sagt: Das Reich Gottes ist nahe herbeigekommen. Wie er sich diese Herrschaft Gottes vorstellt, hat er jedoch zunächst nicht gesagt. An seinem Handeln kann man erkennen, was er damit meint.
»Heil der Kranken« könnte man sein Wirken in Galiläa überschreiben. Für Kranke gab es damals keine Vorsorge, unheilbar Kranke hatten keine Zukunft. Sie galten als unrein und wurden vom normalen Leben ausgeschlossen, dies galt besonders für Aussätzige.
Leid und Sorge und die Hoffnung auf Heilung verbinden Menschen. Deshalb erreicht Jesus auch in Galiläa alle Kreise der Bevölkerung: Fromme Juden und solche, die in Diensten des Herodes oder als Zöllner in Diensten der Römer standen, von der Kanaaniterin bis zum Hauptmann einer römischen Kohorte. Jesus heilt sie, er nimmt Partei für die gequälte Kreatur. Er gibt ihnen menschenwürdiges Leben zurück, und sie folgen ihm nach.

### *Ein Traum wird wahr*

Kannst Du Dir vorstellen, wie das ist,
aussätzig zu sein?
Nein? Ich weiß es, ich kanns Dir sagen!
Tiefe Wunden, Geschwüre, Blut,
anfangs wenig
dann jeden Tag mehr,
dann überall, am ganzen Körper.
Deine Füße sind wund.
Du kannst keinen Finger mehr rühren.
Deinen Arm nicht heben
vor Schmerzen, vor Angst
Dein Körper gehört der Krankheit -
nicht Dir.
Aber das ist nicht das Schlimmste.
Du bist jetzt ansteckend,
unrein bist du,
die anderen haben Angst vor Dir.
Sie jagen Dich aus der Stadt - aus dem Dorf.
Sie wollen
Deine Krankheit nicht haben,
sie wollen Dich nicht mehr haben.
Du lebst in einer Höhle vor der Stadt.
Aber, was heißt hier leben!

Kannst Du Dir vorstellen, wie das ist,
keinen Traum
vom Leben mehr zu haben?
Nein? Weißt Du, ich auch nicht, denn noch habe ich
ein Stück von meinem Traum!
Ich habe noch Hoffnung!
Ich will wieder bei euch sein,
ihr Menschen in der Stadt,
ich will wieder mit euch reden -
mit euch denken,
mit euch singen und tanzen
mit euch feiern und fröhlich sein.

Ich will mit euch leiden und traurig sein
- nicht mehr
für mich allein!
Ihr Menschen in der Stadt,
ich brauche euch!
Ich will mit euch schaffen und schuften,
mit euch meine Taten tun - unsere Taten tun.
Ich will wieder sagen können:
Hallo, wie gehts?
Ich will wieder antworten können:
Danke gut - und wie stehts mit Dir.

Du siehst, er ist schön, mein Traum,
sie sind groß meine Wünsche.

Kannst Du Dir vorstellen, wie das ist,
einen solchen Traum zu haben?
Nein? Ich weiß es. Ich kanns Dir sagen!
Ohne diesen Traum hältst Du's nicht aus.
Ohne diesen Traum
kannst Du nicht leben.
Ohne diesen Traum
ist Dein Leben zu Ende.

Kannst Du Dir vorstellen, wie das ist,
wenn ein
Traum wahr wird?
Nein! Ich weiß es, ich kanns Dir sagen!
Schon der Tag, an dem alles passierte,
hat ungewöhnlich
begonnen:
In der Ferne ging einer vorbei, blieb tatsächlich einen
Moment stehen und rief:
Hallo, ihr da drinnen! Ich muß euch was sagen,
vielleicht hilfst euch
Jesus, der Prediger,
Jesus, der Armenfreund,
Jesus, der Krankenfreund
kommt hier vorbei.
Vielleicht kann der was für euch tun!

Und so haben wir auf ihn gewartet.
In der Ferne haben wir ihn schließlich
kommen sehen
mit noch ein paar Leuten dabei.
Das Herz hat uns vor Erwartung im
Halse geklopft.
Jetzt, haben wir gedacht, jetzt oder nie mehr,
jetzt gilt's.
Wir sind ihm in den Weg getreten und haben
gerufen und geschrien:
Herr schau uns an!
Du siehst, wer wir sind,
was die Krankheit aus uns gemacht hat,
was die anderen aus uns gemacht haben.
Wir wissen, du hast vielen geholfen, solchen
wie uns und anderen,
die nicht ganz so schlimm dran waren.
Wir wissen: Du bist unsere Hoffnung.
Wir wissen: Du kannst uns wieder zu
Menschen machen.

Er hat uns angeschaut.
Wir haben gemerkt, er hat uns
verstanden.
Wir haben gemerkt, er weiß etwas
von unserem Traum vom Leben.
Er hat uns gesagt:
»Geht wieder in die Stadt«!
Wie denn? - Was denn? haben wir
gedacht.
Das dürfen wir doch nicht, die jagen
uns doch wieder fort.
Aber - wir wissen noch nicht warum:
Wir sind gegangen.

Kannst Du Dir vorstellen, wie das ist,
wenn ein Traum
wahr wird?
Nein? Ich habs erlebt,
ich kanns Dir sagen.
Keiner hat sich nach uns umgedreht,
keiner hat geschrieen:
Hinaus, Aussätzige!
Wir haben uns angesehen und gemerkt:
Wir sind wieder Menschen unter Menschen.
Da hab' ich zum erstenmal nach vielen
Jahren wieder gelacht.
Bin gehüpft und gesprungen,

habe gesungen und wie irr getanzt vor Freude.
Ich habe gewußt
mein Traum vom Leben wird wahr – jetzt!
*(Hans Heller – nach Lk. 17,11–16)*

*Was hält die Aussätzigen am Leben?*
*Wie geschieht Heilung in dieser Geschichte?*
*Wie könnte das neue Leben der Geheilten weitergehen?*
*Versuche die verschiedenen Fragen des Textes »Kannst Du Dir vorstellen, wie das ist . . .« für dich selbst zu beantworten.*
*»Ich war einmal draußen«: Schreibe deine Erfahrungen und Hoffnungen in einer solchen Situation auf. Wie war das, als du wieder »hinein«kamst? Und wie ging es dann weiter?*
*Beschreibe deinen »Traum von einem gelingenden Leben«.*
*Setzt diese Geschichte in ein Schattenspiel um: Das Draußensein, das Leben in den Straßen, den Traum vom Leben, die Heilung, das Wieder-dazu-Gehören.*

*Max Beckmann, Christus und die Sünderin, 1917*

## Wer bin ich?

***Was sagen die Leute, wer der Menschensohn sei?***

Und Jesus ging fort mit seinen Jüngern in die Dörfer bei Cäsarea Philippi. Und auf dem Wege fragte er seine Jünger und sprach zu ihnen: Wer sagen die Leute, daß ich sei?
Sie antworteten ihm: Einige sagen, du seist Johannes der Täufer; einige sagen, du seist Elia; andere, du seist einer der Propheten!
Und er fragte sie: Ihr aber, wer sagt ihr, daß ich sei? Da antwortete Petrus und sprach zu ihm: Du bist Christus!
Und er gebot ihnen, daß sie niemandem von ihm sagen sollten.

*Markus 8,27–30*

***Eine Frage und viele Antworten***

Ich bin der Meinung, daß Jesus sich nicht für den Messias gehalten hat.

*Rudolf Bultmann, evangelischer Theologe*

Jesus hat sich nicht für den Gottessohn ausgegeben, sondern das Reich Gottes verkündet.

*Higgins, amerikanischer Theologe*

Jesus weiß, daß er der von Gott gesandte Messias ist. Er befürchtet, daß seine Jünger ihn öffentlich zum Messias proklamieren könnten und fragt sie nach ihrem eigenen Erkenntnisstand und dem anderer Leute. Nach der Antwort des Petrus verbietet er diese Proklamation.

*H. Baumann, überzeugter Christ*

## *Jesus – der Menschensohn*

In den Evangelien spricht Jesus von sich selber als dem »Menschensohn«. Das erscheint uns heute rätselhaft und geheimnisvoll.
»Barnasch« heißt in der aramäischen Umgangssprache, die auch Jesus gesprochen hat, der »Menschensohn«. Barnasch meint jedermann, der Mensch wie du und ich, der menschlich mit Freuden und Leiden, mit Fehlern und Schwächen lebende Mensch.
Im religiösen Denken der damaligen Zeit konnte der Menschensohn jedoch auch der von Gott gesandte Retter seines Volkes sein. In Zeiten höchster Bedrängnis wurde diese Hoffnung stets aufs neue wach.
Wie Jesus sich selbst verstanden hat, ist nicht zu entscheiden. Durch alle Bezeichnungen, die wir aus den Evangelien kennen, scheint der Glaube der frühen Christen durch, die nach der Verzweiflung und der Düsternis der Kreuzigung erfahren hatten: Jesus ist der Christus Gottes, der Gesalbte Gottes, er ist auferstanden, nichts war umsonst, er ist mitten unter uns.
Und dies bekannten sie, davon lebten sie.

*Lies einige Menschensohnaussagen Jesu über sich selbst, z. B. Matthäus 8,20; 17,22; 18,11 und 20,28. Beziehe dein Wissen über das Leben Jesu und seine Botschaft mit ein, und entscheide dich für eine Deutung.*

## *Im Reich Gottes wird es so zugehen ...*

**Von der Güte Gottes –**

*Lest Matthäus 20,1-16.*

Bearbeitet dieses Gleichnis Jesu in Rollenspielen!

*Gruppe 1:*

Schreibt den Text von Vers 1 bis Vers 7 in einen Dialog um, so daß ihr ihn vor der Klasse vorspielen könnt!
Zusatzaufgabe: Dialogisiert auch eine Unterhaltung der Arbeiter im Weinberg über ihre Arbeitsbedingungen. Auch dies soll vor der Klasse gespielt werden.

*Gruppe 2:*

Setzt den Vers 8 in ein Gespräch zwischen dem Weinbergbesitzer und seinem Verwalter um! Dabei soll der Verwalter eine Gegenposition einnehmen, nämlich die, den gleichen Lohn zu zahlen. Ihr sollt diesen Dialog vor der Klasse vorspielen.

*Gruppe 3*

... Setzt die Verse von Vers 8 (Zusammenrufen) bis Vers 15 (Ende) in ein Gespräch um, das ihr später der Klasse vorspielt!

*Gruppe 4*

4 Arbeiter (2 der zuerst Gekommenen, 1 zuletzt Gekommener, 1 von den Arbeitern dazwischen) treffen sich auf dem Nachhauseweg. Versucht den vermutlichen Verlauf eines Gesprächs dieser vier Arbeiter aufzuschreiben, und zwar so, daß ihr es später vor der Klasse vorspielen könnt!

*Gruppe 5*

Ein Arbeiter, der nur 1 Stunde gearbeitet, aber den vollen Lohn erhalten hat, kommt nach Hause in seine Familie (Frau, Opa usw.) und erzählt dort die Geschichte, die er heute erlebt hat. Überlegt euch einen Gesprächsverlauf, den ihr der Klasse vorspielen könnt!

*Gruppe 6*

Ein Reporter (einer von euch spielt ihn) hört von dem Fall und macht Interviews unter den Leuten über deren Meinung zum Verhalten des Weinbergbesitzers. Überlegt euch Fragen, die er spontan nachher einigen Schülern der Klasse stellt (nicht eurer Gruppe)!

## *Die Arbeiter*

*In der folgenden Geschichte hat Lothar Zenetti das Gleichnis umerzählt. Vergleicht sie mit der von Matthäus überlieferten Fassung.*

*Diskutiert beide Fassungen unter dem Leitthema »Die Güte Gottes und die Solidarität der Menschen«.*

**. . . und der Solidarität der Menschen**

Und Jesus erzählte die Geschichte von einem Gutsherrn. »Ja«, sagte er, »da war ein Gutsherr, der verließ früh am Morgen sein Haus, um Arbeiter für seinen Weinberg anzuwerben. Bald fand er einige, die bereit waren. Und nachdem er mit ihnen einen Denar als Tageslohn vereinbart hatte, wie es üblich war, schickte er sie zur Arbeit in seinen Weinberg. Um die dritte Stunde, das ist soviel wie 9 Uhr am Morgen, traf er auf dem Markt andere, die noch keine Arbeit gefunden hatten. ›Geht auch ihr in meinen Weinberg‹, sagte er ihnen, ›ich werde euch geben, was recht ist.‹ Und sie gingen an die Arbeit. Um die sechste und neunte Stunde, also um 12 und um 3 Uhr, ging er wieder hinaus, und wieder schickte er die Arbeitsuchenden in seinen Weinberg. Am späten Nachmittag, also um 5 Uhr, zur elften Stunde, begegnete er weiteren Männern, die am Marktplatz standen: ›Was steht ihr untätig hier herum?‹ fragte er. ›Niemand hat uns Arbeit gegeben‹, sagten sie. Da hieß er auch sie in seinen Weinberg zu gehen.

Als nun der Abend kam, trug der Gutsherr seinem Verwalter auf: ›Rufe jetzt die Leute zusammen, zahle ihnen den Lohn aus. Und bedenke wohl: Einige waren den ganzen Tag über fleißig, andere haben erst am Nachmittag angefangen, und ein paar haben nur eine einzige Stunde gearbeitet. Rechne das genau aus und gib jedem den Lohn, der ihm zusteht, je nach der Leistung, die er erbracht hat!‹

Da erhielten die, die am Morgen schon im Weinberg angefangen hatten, den vereinbarten Denar, die anderen entsprechend weniger. Der Lohn wurde ganz gerecht ausbezahlt, und so waren alle zufrieden. Freilich sprang für die, die nur eine einzige Stunde beschäftigt waren, so wenig heraus, daß sie davon nicht einmal ein Brot kaufen konnten, um ihrer Familie daheim ein karges Essen zu bereiten. Da sagte einer der Arbeiter, die für die Arbeit eines ganzen

Tages mit einem Denar entlohnt worden waren: ›Jetzt soll sich zeigen, was wir Arbeiter unter Solidarität verstehen und daß unserer Meinung nach nicht die Arbeitsleistung, sondern der Mensch gilt. Ich schlage deshalb vor: Wir legen alle zusammen. Und dann soll jeder von uns den gleichen Anteil erhalten!‹ Das fanden alle richtig. Und sie teilten, was sie hatten. Und jeder erhielt genau den gleichen Betrag. Das sprach sich alsbald herum in der kleinen Stadt. Natürlich gab es böses Blut, und manche sagten: ›So geht das nicht! Wo kommen wir denn hin, wenn die Letzten den Ersten gleichgestellt werden? Wenn die Leistung nichts mehr gilt?‹ Und da sprachen die Arbeiter: ›Wir wollen, daß alle gleich viel haben, die Letzten genausoviel wie die Ersten. Oder dürfen wir mit unserem Geld nicht machen, was wir wollen? Seid ihr neidisch, weil wir gut sind zueinander und Solidarität üben?‹ «

Und Jesus schloß seine Erzählung mit den Worten: »Seht ihr, so, genau so wird es im Himmel Gottes sein: Da sind die Letzten zusammen mit den Ersten. Und alle werden wie Brüder sein und Söhne eines einziges Vaters!«

*Lothar Zenetti*

***Und wenn wir zu schwach sind?***

**Das Reich Gottes empfangen**

Die kleine Schar der Jesusanhänger konnte sich oft fragen: Wir sind so wenige, was können wir denn bewirken, selbst wenn wir alle unsere Kräfte einsetzen? Wir sehen nicht, daß sich irgendetwas bewegt. Wir wissen, auf uns kommt es an, und fühlen zugleich, daß unsere Kräfte nicht ausreichen.

Diese Mutlosen und an sich selbst zweifelnden erinnerten sich an das Gleichnis Jesu:

Ein anderes Gleichnis legte er ihnen vor und sprach: Das Himmelreich gleicht einem Senfkorn, das ein Mensch nahm und auf seinen Acker säte; das ist das kleinste unter allen Samenkörnern; wenn es aber gewachsen ist, so ist es größer als alle Kräuter und wird ein Baum, so daß die Vögel unter dem Himmel kommen und wohnen in seinen Zweigen. *Matthäus 13,31–32*

*Wenn Jesus vom Himmelreich spricht, meint er das Reich Gottes? Unter welchen Bedingungen wächst es nach diesem Gleichnis?*
*Ist das Reich Gottes auch hier »mitten unter uns«?*
*Was sagt das Gleichnis den Mutlosen?*
*Worin zeigt sich die Güte Gottes?*
*Spielt das Gleichnis pantomimisch nach: Aus fast nichts wird etwas Großes und Anziehendes.*

# Weil der Mensch den Menschen braucht: Diakonie

**Organisationen sind da überflüssig.**

### *Der Traum vom gemeinsamen Leben*

Es ist der Traum
von einer anderen Wirklichkeit:
Alles ist neu –
Himmel und Erde,
die Not vergessen
und kein Gedanke mehr
an Ungerechtigkeit und Leid.

Es ist der Traum
einer versöhnten Schöpfung:
Löwe, Schaf, Wolf fressen gemeinsam
das saftige Gras,
der Schlange wird vertraut,
Dornen und Disteln verletzen nicht.

Es ist der Traum
von der Aufhebung der Ungleichheit:
der Mensch wird Mensch
sich und dem Nächsten,
in liebevollem Verständnis
wird beraten und geteilt.
Solidarität ist kein Fremdwort.

Es ist der Traum
der weggewischten Tränen:
Alte und Junge
spielen gemeinsam,
Gebrechen heilen,
Krankheiten sind besiegt,
der Kreis der Armut durchbrochen.

Es ist der Traum
vom Stillstand der Zeit:
Der Augenblick
ist allein wichtig,
das Lachen bleibt Sieger,
und der Jubel verstummt nicht
über das, was ER geschaffen hat.

*Frieder Gadesmann*

Sie blieben aber beständig in der Lehre der Apostel und in der Gemeinschaft und im Brotbrechen und im Gebet.
Es kam aber Furcht über alle Seelen, und es geschahen auch viele Wunder und Zeichen durch die Apostel.
Alle aber, die gläubig geworden waren, waren beieinander und hatten alle Dinge gemeinsam.

*Apostelgeschichte 2,42–44*

Ein Mann aber mit Namen Hananias samt seiner Frau Saphira verkaufte einen Acker,
doch er hielt mit Wissen seiner Frau etwas von dem Geld zurück und brachte nur einen Teil und legte ihn den Aposteln zu Füßen.
Petrus aber sprach: Hananias, warum hat der Satan dein Herz erfüllt, daß du den Heiligen Geist belogen und etwas vom Geld für den Acker zurückbehalten hast?
Hättest du den Acker nicht behalten können, als du ihn hattest? Und konntest du nicht auch, als er verkauft war, noch tun, was du wolltest? Warum hast du dir dies in deinem Herzen vorgenommen? Du hast nicht Menschen, sondern Gott belogen.
Als Hananias diese Worte hörte, fiel er zu Boden und gab den Geist auf. Und es kam eine große Furcht über alle, die dies hörten.
Da standen die jungen Männer auf und deckten ihn zu und trugen ihn hinaus und begruben ihn.
Es begab sich nach einer Weile, etwa nach drei Stunden, da kam seine Frau herein und wußte nicht, was geschehen war.
Aber Petrus sprach zu ihr: Sag mir, habt ihr den Acker für diesen Preis verkauft? Sie sprach: Ja, für diesen Preis.
Petrus aber sprach zu ihr: Warum seid ihr euch denn einig geworden, den Geist des Herrn zu versuchen? Siehe, die Füße derer, die deinen Mann begraben haben, sind vor der Tür und werden auch dich hinaustragen.
Und sogleich fiel sie zu Boden, ihm vor die Füße, und gab den Geist auf. Da kamen die jungen Männer und fanden sie tot, trugen sie hinaus und begruben sie neben ihrem Mann.
Und es kam eine große Furcht über die ganze Gemeinde und über alle, die das hörten.

*Apostelgeschichte 5,1–11*

*Nennt Gründe, die einer Verwirklichung des Traumes von einem gemeinsamen Leben entgegenstehen. Welche Voraussetzungen müßten gegeben sein? Diskutiert, wie man sie schaffen könnte.*
*Zu welchem Zweck wurde die Geschichte von Hananias und Saphira in urchristlichen Zeiten erzählt?*

*Elisabeth von Thüringen, Kirchenfenster in Marburg*

In diesen Tagen aber, als die Zahl der Jünger zunahm, erhob sich ein Murren unter den griechischen Juden in der Gemeinde gegen die hebräischen, weil ihre Witwen übersehen wurden bei der täglichen Versorgung.
Da riefen die Zwölf die Menge der Jünger zusammen und sprachen: Es ist nicht recht, daß wir für die Mahlzeiten sorgen und darüber das Wort Gottes vernachlässigen.
Darum, ihr lieben Brüder, seht euch um nach sieben Männern in eurer Mitte, die einen guten Ruf haben und voll heiligen Geistes und Weisheit sind, die wir bestellen wollen zu diesem Dienst.
Wir aber wollen ganz beim Gebet und beim Dienst des Wortes bleiben.
Und die Rede gefiel der ganzen Menge gut; und sie wählten Stephanus, einen Mann voll Glaubens und heiligen Geistes, und Philippus und Prochorus und Nikanor und Timon und Parmenas und Nikolaus, den Judengenossen aus Antiochia.
Diese Männer stellten sie vor die Apostel; die beteten und legten die Hände auf sie.
Und das Wort Gottes breitete sich aus, und die Zahl der Jünger wurde sehr groß in Jerusalem. Es wurden auch viele Priester dem Glauben gehorsam.

*Apostelgeschichte 6,1–7*

*Konflikte in den frühchristlichen Gemeinden forderten Organisationsformen. Das griechische Wort Diakon heißt übertragen Diener, Krankenpfleger, Gemeindehelfer. Diakonie ist der Dienst, der notwendig ist, damit Benachteiligungen in einer Gesellschaft gemildert oder beseitigt werden.*
*In der Geschichte der Kirche haben sich immer wieder Menschen für den Traum vom gemeinsamen Leben eingesetzt.*
*Wie dies Franz von Assisi gelebt hat, kannst du in diesem Buch nachlesen. Fallen dir weitere Personen ein?*

**Vorurteile**

*Kennst du weitere Vorurteile, die dazu führen, daß Menschen bei uns ausgegliedert werden?*

## Not durch Fortschritt

1769 wurde in England die Spinnmaschine erfunden
1786 erfand ein englischer Landpfarrer den mechanischen Webstuhl
1769 erfand James Watt die Dampfmaschine, die zuerst im Bergbau eingesetzt wurde, seit 1785 auch in der Baumwollindustrie und seit 1790 in der eisenverarbeitenden Industrie
Zu Beginn des 19. Jahrhunderts wurde in rasendem Tempo mechanisiert und technisiert. Eine gewaltige Produktionssteigerung war die Folge.
1814 erfand Stevenson die Lokomotive
1818 fand die erste Fahrt eines Dampfschiffs von New York nach Liverpool statt
Zu Beginn des 19. Jahrhunderts lebten die meisten Menschen in Deutschland auf dem Lande. 1810 wurde die Leibeigenschaft aufgehoben. Damit war eine schlimme Zeit zu Ende gegangen. Aber was folgte, war für die meisten nicht viel besser. Tausende von Bauern, die in die Selbständigkeit entlassen worden waren, konnten nicht von den Erträgen ihrer kleinen Ländereien existieren. So blieb ihnen nichts anderes übrig als sich für geringen Lohn als Landarbeiter zu verdingen oder in der Industrie wie z. B. im Ruhrgebiet ihr Glück zu versuchen. Dort wurden Arbeiter für die neuen Fabriken gebraucht. Dort gab es nicht genügend Wohnraum. Die Wohnverhältnisse waren teilweise unbeschreiblich, die Löhne niedrig, und oft mußte die ganze Familie mitverdienen - auch die Kinder! Viele Menschen gerieten in Not.

## *Johann Hinrich Wichern*

Unter denen, die sich darüber Gedanken machten, wie man dem Elend Abhilfe schaffen konnte, war auch Johann Hinrich Wichern. Er lebte von 1808 bis 1881.

In seiner Kindheit wurde Wichern stark durch das pietistisch geprägte Elternhaus bestimmt.

Nach dem Tod seines Vaters mußte er – gerade 15 Jahre alt – für den Lebensunterhalt der Familie mitsorgen.

Während des Studiums der Theologie nahm die Lektüre der Schriften Luthers und der Kirchenväter einen breiten Raum ein. Dabei gewann er für sich die Erkenntnis,

»daß ein Verstehen des Christentums nicht möglich ist ohne das Leben in demselben, und daß dieses jenem vorangeht, so daß beide, Leben und Erkennen, in Wechselwirkung tretend sich gegenseitig bedingen und ergründen. So schafft auch das Leben im Glauben für uns Objekte, an denen wir seinen inneren Gehalt und seinen göttlichen Ursprung zu erkennen imstande sind.«

*(Johann Hinrich Wichern)*

*1833 gründete Wichern in Hamburg eine Rettungsanstalt für verwahrloste Jugendliche: Das Rauhe Haus in Hamburg-Horn.*

Für Wichern war christlicher Glaube nicht von äußeren Formen abhängig, sondern er muß mit dem alltäglichen Leben verbunden werden. Ein Christ, der für sich selbst die rettende Liebe Gottes erfahren hat, muß sie an Notleidende weitergeben. Der Glaube drängt zur rettenden Tat. So wird die Liebe zum Erkennungszeichen eines lebendigen christlichen Glaubens.

Dieser Grundsatz prägte das Lebenswerk Wicherns. Die Rettung von in Not geratenen Menschen war das Ziel seines Handelns.

Rettungsmittel war ihm die Botschaft der Bibel. Nur dort, wo das Evangelium im Leben eines Menschen bestimmend wird, kann für Wichern dieses Leben in Ordnung kommen.

## *Wichern berichtet über den Anfang:*

»Nachdem ich zum 1. November 1833 das von alters her sog. Rauhe Haus mit meiner Familie bezogen hatte, traten am 8. desselben Monats die ersten drei Knaben ins Rettungshaus. Ganz allmählich sammelten sich bis zum 31. Dezember desselben Jahres zwölf Knaben in dem Alter von 5–18 Jahren, zu denen später noch zwei hinzu kamen. Bis auf einen waren sie sämtlich in gänzlicher Verwahrlosung und Verwilderung aufgewachsen. Acht von diesen vierzehn waren außer der Ehe geboren; die ehelichen aber, bis auf zwei, unter dem Einfluß verbrecherischer oder frevelhafter und trunkfälliger Eltern oder sonst in einem unehrbaren Hauswesen groß geworden. Durch Bettelei und andere Anleitung hatten mehrere es bis zur Gewohnheit des hartnäckigen Lügens und im Stehlen bis zu dem Grade gebracht, daß einer derselben sich schon zu 92 Diebstählen vor der Polizei bekannte. Mit sieben von diesen Knaben hatten Eltern, Armenpfleger und Schullehrer oder sonst die Obrigkeit vergebens versucht, sie zu bändigen und zum Gehorsam zu bringen. Die roheste, übermütigste Kraft, gepaart mit dem entschiedensten Willen, frei zu sein, und geübt in den kühnsten Versuchen, sich diese Freiheit zu verschaffen, kam auch dadurch in unmittelbare Berührung mit den halb getöteten, entnervten, von allem Bösen völlig abhängigen Naturen. Einer dieser Burschen hatte bereits in einer Kette gelegen und sich von ihr zu befreien gewußt, während ein anderer, der mit sieben anderen zusammen gestohlen hatte, durch stumme Sünden bereits halb blödsinnig geworden, hier ankam. Nur wenige hatten früher nicht auf Steinhaufen, Blockwagen, Stalltreppen viele ihrer Nächte zugebracht.«

Und die Kinder selbst? Manch einer der Jungen trat scheu und mißtrauisch über die Schwelle des Rauhen Hauses. Wollte man ihn einsperren, hinter – wenn auch unsichtbare – Gitter bringen? Wichern spürte die Zweifel. »Ja, ich will dich an eine Kette binden, aber diese Kette heißt Liebe und Geduld.«

## *Wie es weiterging*

Mit neuen Kleidern begann dann ein neues Leben. Wenn einer rückfällig wurde, ging Wichern ihm nach und suchte sein ›verlorenes Schaf‹. »Vor Jesus sind und bleiben wir alle Lehrlinge«; mit solchen Worten half er seinen Jungen, immer wieder von neuem zu beginnen.

Die Anerkennung Wicherns, die Gemeinschaft mit anderen und die Arbeit in Haus und Garten gab ihnen Selbstvertrauen. Jeder von ihnen kam zu einem Handwerksmeister in die Lehre. Bald hatten sie alle so viel gelernt, daß sie neben dem alten Bauernhaus neue Häuser bauen und einrichten konnten, immer für 12–15 Jugendliche. Den einen oder anderen von ihnen bildete Wichern zum ›Hausvater‹ für andere Kinder aus, von denen es ja noch so viele in den Straßen Hamburgs gab.

Im Jahre 1845 war das »Rauhe Haus« zu einem ansehnlichem Gebäudekomplex herangewachsen und beherbergte 93 Kinder. Schon über 100 Jugendliche hatten das Haus wieder verlassen können. Manche aber blieben und arbeiteten für die Anstalt. Mit der Zeit entwickelte sich das »Rauhe Haus« zu einem Unternehmen und einer großen Ausbildungsstätte. Dazu gehörte ein Verlag, der eine eigene Zeitung herausgab und eine Druckerei. Auch die ersten Sozialarbeiter (man nannte sie »Brüder«) wurden hier ausgebildet.

Wichern hätte zufrieden sein können. Warum war er es nicht, was beunruhigte ihn? Er war von der Idee besessen, daß die Menschen sich ändern müßten. Vor allem aber die Christen. Wenn jeder, der sich als Christ bekannte - jeder Lehrer, Richter, Geschäftsmann, Gutsherr, Dienstbote, Vater oder Mutter - wenn also jeder die Liebe, die er durch Christus erfahren hat und von der er lebt, liebend an andere weitergeben würde - das Elend vieler Menschen könnte gemildert oder beseitigt werden. Aber auch die Kirche als Institution müßte etwas tun. Sie bemüht sich außerhalb Europas um die Mission von Heiden, und hier, innerhalb ihres Bereiches, wußten und erfuhren getaufte Menschen nichts von Gottes Liebe. Ist innere Mission nicht genauso wichtig? Der Gedanke ließ Wichern nicht mehr los. Mit Hilfe der Zeitung wurde die Idee einer »Inneren Mission« bald überall bekannt. Auf Bitten der Regierung fährt Wichern 1848 mit acht »Brüdern« in das Hunger- und Typhusgebiet nach Oberschlesien und richtet dort Rettungsstationen ein. Im gleichen Jahr hält er auf dem Kirchentag in Wittenberg eine Rede über die soziale Not in Deutschland. Anders als Marx und Engels sah er den eigentlichen Grund dafür nicht in den gesellschaftlichen Verhältnissen. Wichern beklagte, daß sich die Kirche nicht um die Arbeiter sorgt und demzufolge auch die Arbeiter sich nicht um die Kirche scherten. Nächstenliebe sollte wieder glaubhaft werden. Die 500 Delegierten waren tief beeindruckt und beschlossen die Gründung eines »Centralausschusses für die Innere Mission«.

1855 wird Wichern von der preußischen Regierung nach Berlin berufen. Er soll das Gefängniswesen reformieren. Seine Pläne konnte er aber nur teilweise durchsetzen. Im Grunde wollte die Bürokratie nichts von Veränderungen wissen. 1858 gründet Wichern in Berlin das Johannisstift, das noch heute Mittelpunkt der diakonischen Arbeit in Berlin ist.

Wichern stirbt nach einer schweren Krankheit im Jahr 1881.

***Ein Politiker über Wichern***

»Johann Hinrich Wichern war die großartigste und wirkungsvollste Erscheinung im evangelischen Deutschland des 19. Jahrhunderts. Wenn er neben die Wortverkündigung und Seelsorge die organisierte Liebestätigkeit stellte und damit Bereich und Verantwortung der Kirche oder doch der christlichen Gemeinschaft ausweitete, so war er in solchem Beginnen nicht der erste und nicht der einzige. Da sind Löhe und Fliedner, da ist Gustav Werner in Württemberg mit seinem Versuch der ›christlichen Fabrik‹ ...«

*Theodor Heuss, erster Bundespräsident der Bundesrepublik Deutschland*

*Auch katholische Christen gab es, die wie Wichern die Verhältnisse ändern wollten. Informiere dich über Wilhelm Emanuel Ketteler und Adolf Kolping.*
*Heute spricht man nicht mehr von »Innerer Mission«, wenn man soziale Aktivitäten der evangelischen Kirche meint, mit denen Menschen geholfen wird, die sich selbst nicht helfen können. Der Zusammenschluß aller dieser Anstalten und Einrichtungen trägt jetzt den Namen »Diakonisches Werk«.*
*Stell fest, welche Häuser des »Diakonischen Werkes« es in deiner Umgebung gibt. Wenn eins in der Nähe eurer Schule oder deiner Wohnung liegt, kannst du hingehen und erfragen, wie dort für Leute gesorgt wird, die Hilfe brauchen.*

*Hungrige speisen*

*Dürstende erquicken*

*Nackte kleiden*

*Tote begraben*

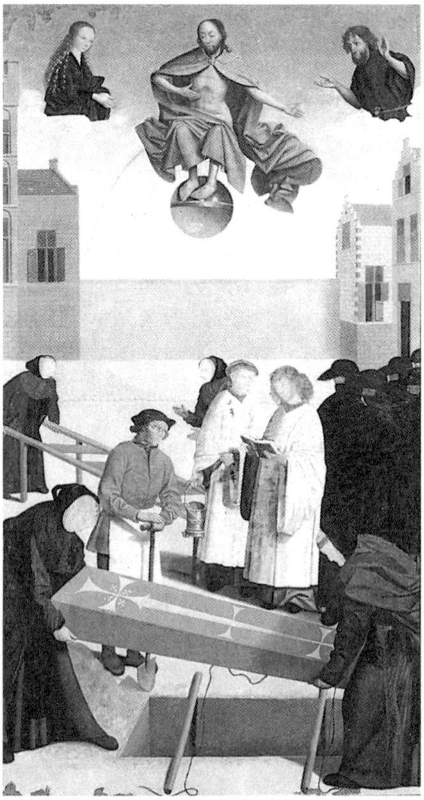

*Heimatlose beherbergen*

*Kranke besuchen*

*Meister von Alkmaar, Die sieben Werke der Barmherzigkeit, 1504*
*Holz, 120 × 472 cm, Amsterdam, Rijksmuseum*

*Gefangene trösten*

*In der hebräischen Zahlensymbolik ist die Zahl sieben ein Zeichen der Vollkommenheit. Auf den Weg zur Vollkommenheit begibt sich in dieser Vorstellung der, der sich öffnet um Liebe zu schenken, damit er Liebe erfährt. Die christliche Vollkommenheit in der Nachfolge Christi hat der Meister von Alkmaar, ein holländischer Maler um 1500, in seinem Tafelwerk »Die sieben Werke der Barmherzigkeit« dargestellt. Sechs Szenen beziehen sich auf Mt 25,31-46. Eine Szene ist ein Motiv aus dem apokryphen Buch Tobias aus alttestamentlicher Zeit.*
*Christus wird auf den Bildern als jemand dargestellt, der beobachtet. Wird Jesus bei dem Evangelisten Matthäus anders dargestellt?*

## Ein Baum mit vielen Zweigen

**Tätigkeits-felder**

In der Diakonie in Deutschland arbeiten heute rund 245000 Menschen in mehr als 22000 rechtlich selbständigen Einrichtungen. Das dichte Netz von Hilfsangeboten in Form von stationären, halboffenen und offenen Einrichtungen und Diensten reicht von Krankenhäusern und Altenheimen, Gemeindediensten und Diakoniestationen über Beratungsstellen in Adoptionsfragen, bei Eheschwierigkeiten, bei Familienproblemen und bei Suchtkranken bis hin zu Kindergärten und Ausbildungsstätten für soziale Berufe.

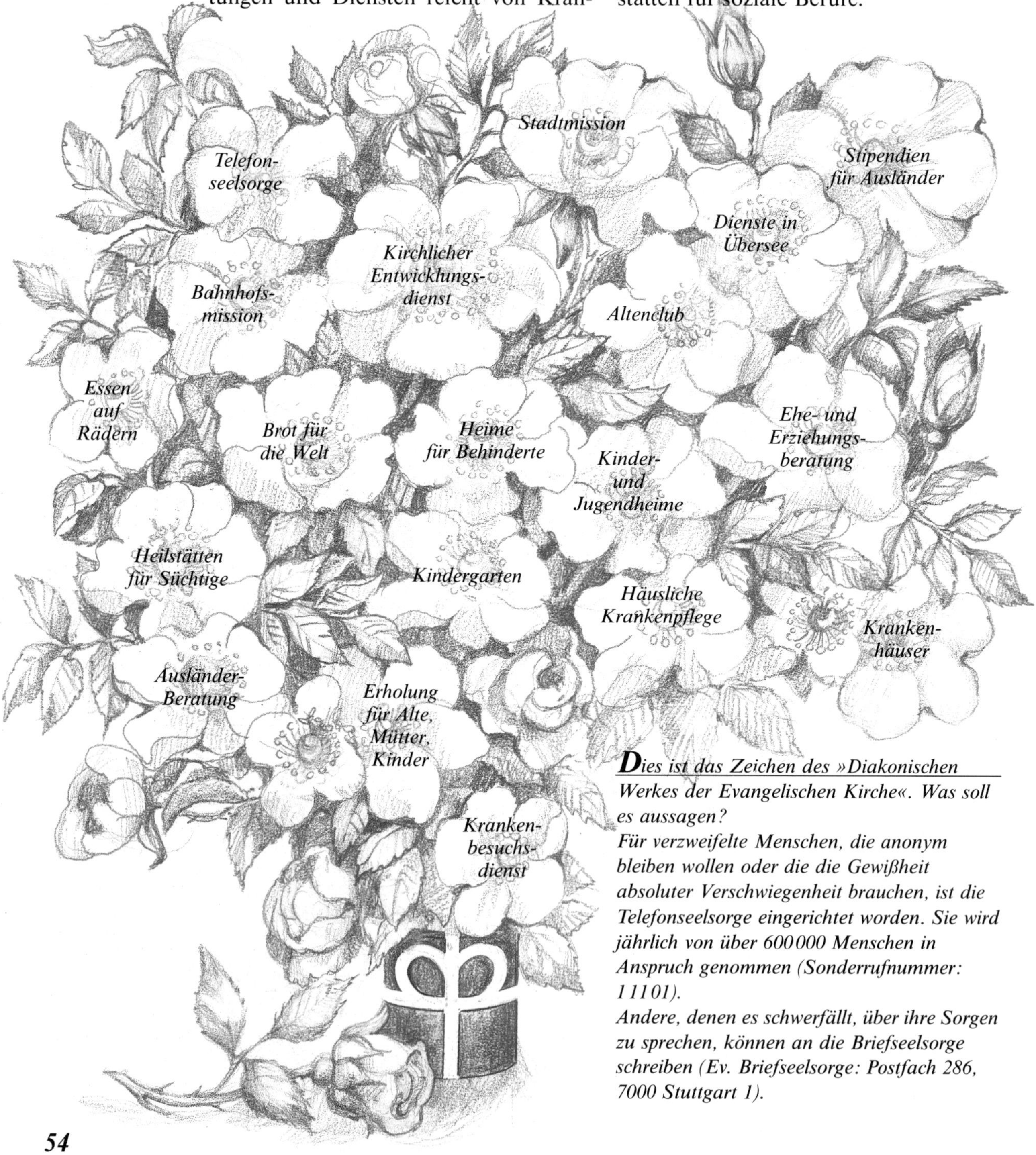


***Dies ist das Zeichen des »Diakonischen Werkes der Evangelischen Kirche«. Was soll es aussagen?***

*Für verzweifelte Menschen, die anonym bleiben wollen oder die die Gewißheit absoluter Verschwiegenheit brauchen, ist die Telefonseelsorge eingerichtet worden. Sie wird jährlich von über 600000 Menschen in Anspruch genommen (Sonderrufnummer: 11101).*

*Andere, denen es schwerfällt, über ihre Sorgen zu sprechen, können an die Briefseelsorge schreiben (Ev. Briefseelsorge: Postfach 286, 7000 Stuttgart 1).*

# Die lieben Jungs vom Broadway

Als die Arbeiter den Richtkranz am Dachstuhl befestigten, strahlten sie. Wochenlang hatten sie geschuftet, um das Haus für den »Verein der Selbsthilfe Behinderter« instandzusetzen. Der Oberbürgermeister, sichtlich beeindruckt, sagte in seiner Festansprache: »Liebe Jungs vom Broadway, zu dem hier Geleisteten möchte ich euch herzlich gratulieren. Ihr, die ihr es im Leben schwerer habt als andere, habt etwas sehr Konstruktives bewirkt.«

Die »lieben Jungs vom Broadway« wurden früher meist »Penner« genannt. Auf dem »Broadway«, wie sie selbst die Göttinger Fußgängerzone nennen, trafen sie sich – sehr zum Ärger der Geschäftsleute – jeden Tag. Sie betranken sich, pöbelten Passanten an, schliefen ihren Rausch auf dem Pflaster aus. Sie hatten nicht mehr viel zu verlieren: Alle waren arbeitslos, viele lebten schon jahrelang auf der Straße. Die Hoffnung auf ein anderes, ein besseres Leben hatten sie längst aufgegeben. Das änderte sich, als vor zwei Jahren – am 1. Mai 1983 – das »Projekt Straßensozialarbeit« gegründet wurde. Initiatoren waren die Stadt Göttingen und die evangelische Kirche. Die Stadt stellte fünf »Streetworker« ein, die Kirche übernahm Raum- und Sachkosten.

Erste Kontakte knüpften die Streetworker in der Fußgängerzone. Schon nach ein paar Tagen kamen die »Jungs vom Broadway« ganz von selbst in den »Innenstadttreff« der Straßensozialarbeiter. Dieser Treff am Jacobikirchhof hat nichts von einer Amtsstube. Gemütliche Sessel und Sofas stehen in den Aufenthaltsräumen und im Beratungsbüro, Poster hängen an den Wänden, Bücher und Zeitungen liegen herum. In der Küche stehen noch ein paar ungespülte Kaffeetassen und Töpfe. Zum Treff gehören auch eine Waschküche und ein Duschraum.

Er ist jeden Tag, auch am Wochenende, von 9 bis 18 Uhr geöffnet. Hierher kommen die »Broadway-Jungs«, wärmen sich auf, essen für 1,20 Mark eine Mahlzeit, duschen, waschen ihre Wäsche. Und sie erzählen den Sozialarbeitern ihre Probleme.

Die Streetworker betreuen inzwischen über 100 Klienten zwischen 15 und 75 Jahren. Es sind Dauerarbeitslose, Nichtseßhafte, Alkohol- und Medikamentenabhängige. Viele haben eine typische Heimkarriere hinter sich oder kommen aus kaputten Familienverhältnissen. »Persönliche Schicksalsschläge und die Arbeitsmarktlage sind meistens daran schuld, daß die Leute straucheln«, sagt Streetworker Werner Massow.

Therapeutische Gespräche allein helfen da nicht weiter. »Arbeit ist das beste Mittel, die Leute zu festigen«, meint Sue Wilcox. Und das »Bedürfnis nach sozialer Anerkennung durch Arbeit« sei bei den »Broadway-Jungs« sehr groß, »jedes Angebot wrid begierig aufgenommen«.

Für sieben Klienten finanziert das Sozialamt Arbeitsstellen beim »Projekt Straßensozialarbeit«. Die »Broadway-Jungs« bekommen 1200 Mark im Monat. Dafür machen sie unter der Aufsicht der Streetworker »alles, was anfällt«. Sie bauten das Haus vom »Verein der Selbsthilfe Behinderter« um, sanierten das Clubhaus und die Übungshallen des »Nikolausberger Sportvereins«, beschnitten Obstbäume im Garten des städtischen Altersheims und bepflanzten Grünanlagen.

Zur Zeit wird der »Innenstadttreff« renoviert. Der 37jährige Bernd K. verlegt Fliesen im Duschraum. Vier Jahre war er arbeitslos, »aus Langeweile hing ich jeden Tag auf dem Broadway und ließ mich vollaufen«. »Mit besoffenem Kopf« knackte er Autos, kam für ein Jahr ins Gefängnis. Bernd fingert an seinem Overall. Ernst sagt er: »Jetzt, wo ich arbeite, komme ich nicht mehr auf dumme Ideen.« Und er trinkt »höchstens freitags noch ein Bierchen«. Alkohol war und ist für fast alle »Jungs vom Broadway« ein großes Problem. Die Rückfallquote nach den Entziehungskuren ist hoch.

Deshalb, so meinen die Streetworker, sollten weitere Arbeitsstellen beim Projekt eingerichtet werden. Anwärter gibt es genug. So zum Beispiel die 20 Klienten, die zur Zeit noch für ein Taschengeld von 100 Mark in der Woche arbeiten. Allen fällt es schwer, nach jahrelanger Beschäftigungslosigkeit wieder Durchhaltevermögen und Arbeitsdisziplin zu entwickeln. Und manche »schmeißen« den Job nach ein paar Tagen. Die Mehrheit aber hält durch. »Das Gefühl, gebraucht zu werden, ist ihnen sehr wichtig«, weiß Werner Massow.

Zu den Anwärtern auf einen festen Arbeitsplatz gehört der 42jährige Rocky, der im »Innenstadttreff« für seine Kumpel kocht. Heute gibt es Würstchen mit Sauerkraut. Geschickt hantiert Rocky mit Töpfen und Pfannen.

Viel Kopfzerbrechen bereitet den Streetworkern die Wohnungsproblematik. Einige der »Broadway-Jungs« übernachten im Freien, andere kommen allein in ihrer Wohnung nicht zurecht. Die Sozialarbeiter planten ein Bauernhof-Projekt, das ihren Klienten Unterkunft und Beschäftigung bieten sollte. Es scheiterte bislang hauptsächlich an der Finanzierung. Doch die Idee, versichert Werner Massow, »geben wir nicht auf«.

Als Übergangslösung trafen die Streetworker mit dem Einwohnermeldeamt eine Sondervereinbarung: Wer keinen festen Wohnsitz hat, kann sich bei der Straßensozialarbeit anmelden. Das sichert vielen ein Minimum an Geld, denn mit der amtlichen Anmeldung können sie Sozialhilfe beantragen.

Einer von ihnen ist der 26jährige »Indianer« – so wird er wegen seiner langen Haare genannt. Auf dem Weg zur »Arbeit« – »In der Fußgängerzone die Hand aufhalten« – schaut er im Treff herein und fragt nach Post. Jeans und Lederjacke sind an vielen Stellen zerfetzt, die langen Haare verfilzt, ein Rucksack baumelt auf seinem Rücken. Zwei junge Hunde laufen hinter ihm her. Sue Wilcox gibt ihm einen Brief und fragt: »Schläfst du eigentlich immer noch in der Holzhütte auf dem Berg?« »Klar«, grinst der »Indianer«, »was meinst du, warum ich hierherkomme, muß mich erst mal aufwärmen.« Er setzt sich auf den Boden und spielt mit seinen Hunden. »Ich mag Hunde. Oben auf dem Berg habe ich noch einen.«

Viele »Broadway-Jungs« besitzen einen Hund. Und einige behaupten, daß sie nicht arbeiten können, weil sie auf den Hund aufpassen müssen. Als bloße Ausrede tun die Streetworker das nicht ab. Deshalb wollen sie einen »Hundegarten« einrichten – und der »Indianer« soll Hundegärtner werden.

Die Streetworker sind jedoch an den Grenzen ihrer Leistungsfähigkeit. »Wir arbeiten eher 80 als 40 Stunden in der Woche«, sagt Werner Massow. Er hält personelle Verstärkung für »unbedingt erforderlich«. Denn die Perspektiven sind nicht gut. In Anbetracht der wachsenden Arbeitslosigkeit wird sich der zu betreuende Personenkreis eher noch erweitern. Gegen diese Entwicklung sind die Streetworker machtlos. Werner Massow: »Wir verwalten das Elend nur.«

*Christine Mattauch*

## Ver-strickungen

### *Ein Spiel zum Nachdenken (für 4 Personen)*

*Spielregel:*

(Material: Würfel, Knöpfe)
Die gewürfelten Werte werden gesetzt. Wird auf einen Anknüpfungspunkt gesetzt, so wird zum Gespräch über Fragen, die jeweils für ein Symbol stehen, angehalten. Jeder Verzicht tut weh, er erfordert Kraft: Wer auf ein Symbol trifft, setzt nach dem Gespräch eine Runde aus.

Zeichenerklärung und Fragen zum Gespräch:

 *= Textilien, Kleider*
*Kleider machen Leute! Wirklich? Wieviel Geld geben wir für neue Kleider aus? Wie bewußt kaufen wir? (Jute statt Plastik, kein Kauf von Produkten aus Ländern mit Unrechtssystemen)*

 *= Reichtum, Wohlstand*
*Uns geht es gut! Wirklich? Was ist Lebensqualität? Kennen wir arme Menschen? Warum sind sie in Armut geraten?*

 *= Umgang mit Medien*
*Die Welt ist klein geworden. Bewegt uns diese Nachricht noch? Was macht uns betroffen? Läßt der »Welt-Lärm« noch Raum für Stille und Ruhe? Wie können wir Nachrichten für unser Leben deuten?*

 *= Konsum*
*Wie gut und teuer essen wir? Was bedeutet für uns Verzicht, fasten? Können wir im Überfluß leben, während andere hungern?*

 *= Geld teilen*
*Macht Geld glücklich, mächtig? Sind wir bereit, zu teilen? Verschaffen wir uns mit Spenden nur ein ruhiges Gewissen? Oder wollen wir mehr?*

 *= Gemeinschaft*
*Wie gehen wir miteinander um? Wieviel Zeit haben wir füreinander? Wie ehrlich und offen begegnen wir uns?*

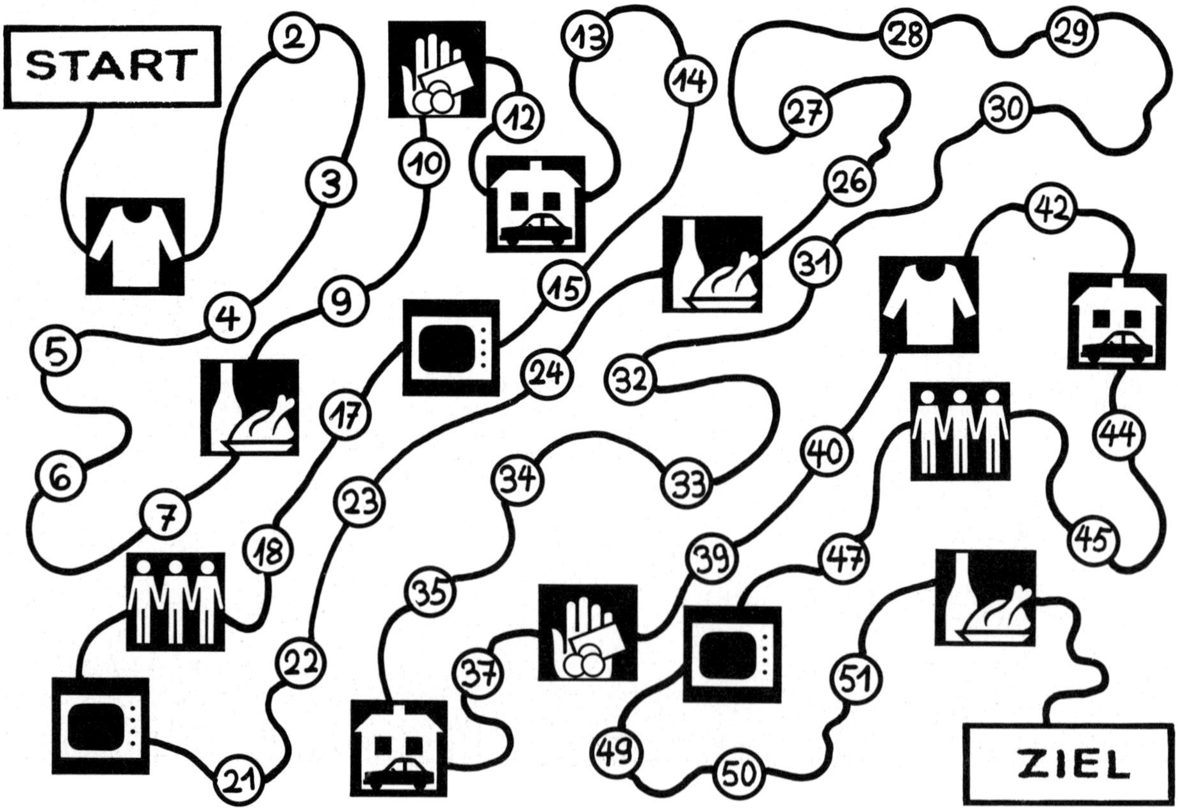

# »Ich kann euch nicht mehr riechen!« (Amos)

*Gustave Doré, Amos*

# DER SAMARIA BOTE

## Wir haben unsere Chance genutzt!

**Soeben haben wir durch einen Eilmelder von unserem Berichterstatter aus dem Kampfgebiet erfahren, daß der Widerstand der Stadt Karnajim gebrochen wurde. Sie wurde von unseren Soldaten im Sturm genommen und befindet sich inzwischen fest in unserer Hand.**

Dieser Sieg ist der überlegenen Taktik unserer Heerführung zu verdanken. Das Heer, das sich nach dem Fall von Ramot-Gilead geteilt hatte, wurde in einer Zangenbewegung von Westen und Süden nach Karnajim geführt und dort mit vereinigter Wucht eingesetzt. Nunmehr kontrollieren unsere Truppen das gesamte Baschan-Gilead.

### *Mit spitzer Feder*

*Nun heißt es Farbe bekennen!*
Unser Königreich Israel ist wieder ein Land, mit dem man rechnen muß. Wer hätte das noch vor wenigen Jahren zu glauben gewagt! Was waren wir doch für ein zerstückeltes und zerrissenes Land! Außenpolitisch ohne Bedeutung, und innenpolitisch von Krisen geschüttelt. Philister, Phönizier, Edomiter, Amoriter, Moabiter und wer weiß noch wer, haben uns beliebig überfallen und ausgeplündert. Mit unserem entwaffneten Heer mußten wir ohnmächtig zusehen, wie unsere Ostgebiete von den Aramäern geraubt wurden. Hunger und Seuchen drohten uns den Rest zu geben.
Doch da erweckte der HERR uns einen weisen und starken König, und unseren Feinden einen Feind. Starke Kräfte der Aramäer sind durch die Assyrer gebunden. Dies nutzt unser König mit unserem kleinen Heer geschickt aus.
Auch die ersten wirtschaftlichen Erfolge zeigen sich deutlich. Wir sind im Aufschwung!
Laßt uns alle Kraft sammeln, und laßt uns bekennen: Wir sind stolz auf dich, König Jerobeam; denn der HERR ist mit dir.

**KÖNIG JEROBEAM IN GILGAL**
Zu einem prunkvollen Für- und Dankgottesdienst hat sich unser König Jerobeam II. mit einem großen Gefolge nach Gilgal begeben. Dort soll dem HERRN für seine überall sichtbaren Zeichen des Beistandes beim Wiederaufstieg Israels gedankt werden.

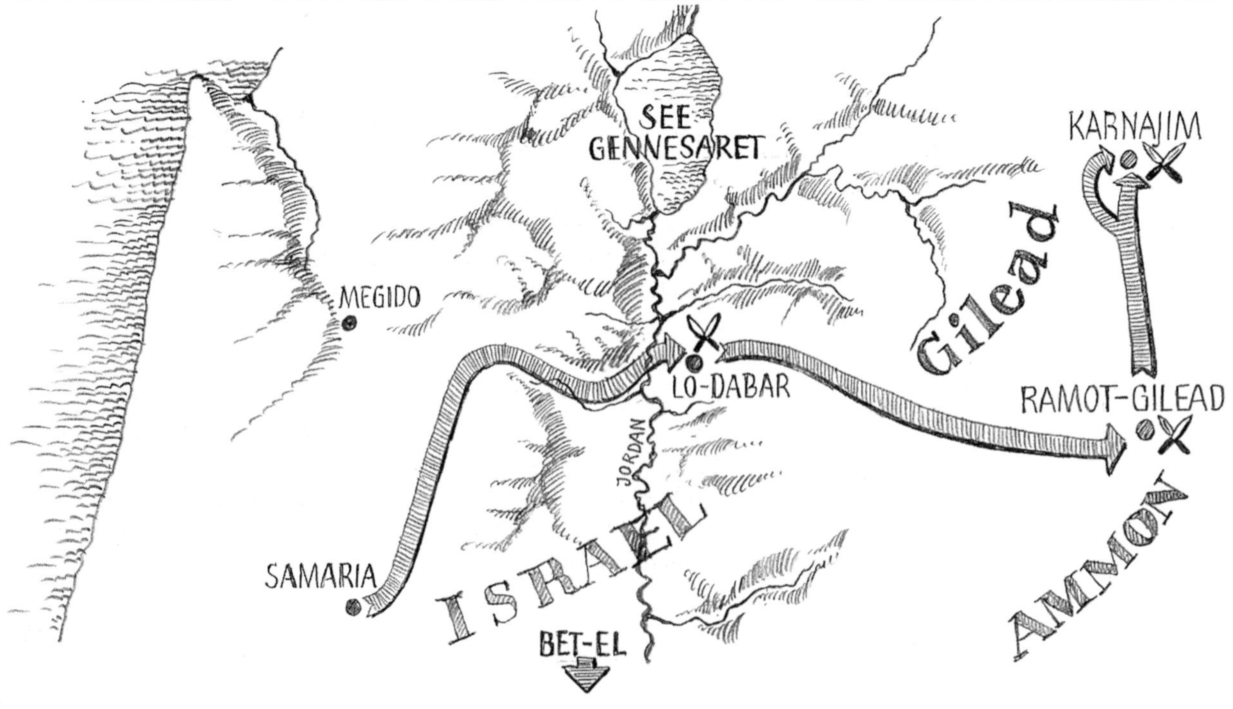

*1. Szene: Gewürzstand*

(Im Hintergrund Verkäufer, die ihre Waren ausrufen und anpreisen.)

| | |
|---|---|
| *Abischua* | Friede sei mit dir, Ephraim. Wie geht es dir? |
| *Ephraim* | Danke. Die Geschäfte laufen gut! |
| *Abischua* | Ach, ja, du hast es gut! Ich renne mir den ganzen Tag die Füße wund. Bei meiner neuen Arbeit werde ich nicht so glücklich. Aber ... ich brauche, mein (zögernd) Herr schickt mich, Gewürze zu kaufen. Für 5 Silberlot Lorbeer und für 8 Silberlot Safran! Kannst du mir das geben? |
| *Ephraim* | Natürlich. Allerbeste Qualität. Sonst noch einen Wunsch? |
| *Abischua* | Ach, wie das duftet. Ja. Einen Becher Salz brauchen wir auch noch. |
| *Ephraim* | Wär das alles? |
| *Abischua* | Das wär alles. |
| *Ephraim* | Das macht dann 20 Silberlot. |
| *Abischua* | Mensch, das sind ja Preise! Aber es ist ja nicht mein Geld. (Im Abgehen:) Wenn ich doch früher selbst so viel Geld gehabt hätte. |
| *Ephraim* | (Wendet sich an den Nachbarstand:) He, Secharja, komm doch mal! |
| *Secharja* | Was gibt es? |
| *Ephraim* | Hast du den Sklaven gesehen? |
| *Secharja* | Den Sklaven? Meinst du den, der eben bei dir die Gewürze gekauft hat? |
| *Ephraim* | Ja, das war Abischua, der arme Hund. Er konnte seine Schulden nicht bezahlen und wurde als Sklave an den Richter Esri verkauft. So etwas hat es früher nicht gegeben, daß ein Israelit verkauft werden konnte. |

*2. Szene: Teppichstand*

(Wieder verstärkt im Hintergrund Marktgeräusche. Im Vordergrund preist Joschafat seine Teppiche an.)

| | |
|---|---|
| *Joschafat* | Kommt zu Joschafat! Teppiche erster Qualität! Nur allerbeste Muster und Farben! Schaut nur, welch herrliche Arbeit! Kommen Sie her! Ich lade Sie ein zu einer kostenlosen Besichtigung! |
| *Micha* | Guten Tag, Joschufat. |
| *Joschufat* | Guten Tag, Micha, wie geht es dir? |
| *Micha* | Sehr gut. Danke. Du, ich muß dir sagen, deine Teppiche! Ich bin sehr zufrieden. Du hast zwar die teuersten, aber auch die besten. – Übrigens, herzlichen Glückwunsch zu dem Urteil. Das war schon toll, wie du den Richter um den Finger gewickelt hast. |
| *Joschufat* | (Lacht hämisch:) Da siehst du einmal, für was man Teppiche alles gebrauchen kann! |

*Micha* (Lacht ebenfalls. Dann:) Ja, ja, mit Geld und Menschen konntest du schon immer gut umgehen. Mach's gut, Joschufat, ich will noch zu Eva. Ich hab heute einen Privat-Termin mit ihr im Dampfbad. Sie wurde mir von Abner empfohlen.

*Joschufat* Na dann, viel Vergnügen!

*3. Szene: Getreidestand*

(Wieder verstärkt Marktgeräusche. Im Vordergrund preist Joab Getreide an.)

*Joab* Hirse, Weizen und Hafer. Aus den goldenen Tälern Israels. Kauft, Leute, kauft. Hallo, Verehrteste, so billig war die Hirse noch nie. Nein? Wer heute nicht zugreift, ist selber schuld. Sehen Sie selbst, bei mir stimmen die Gewichte. Richterlich überprüft und beurkundet! Jawohl, ich stelle mich freiwillig einer ständigen Kontrolle durch unsere königlichen Behörden. – Nanu, was ist denn da drüben los? Da drängen sich ja nur so die Leute. Das sieht ja wie ein Aufruhr aus! (Man hört immer deutlicher erregte Rufe.)

*Zwischenrufe* Was redet denn der für dummes Zeug?
Der will sich nur wichtig machen!
Das ist doch einer aus Juda!
Verfluchtes Ausländerpack!
Gotteslästerer!
Stopft dem Kerl das Maul!

*Helmut Bauer/Dorothee Kern/Sabine Sturm*

*Lest Amos 2,6–8; 5,11.12; 8,4–6.*
*Welche Angaben über das alltägliche Leben in Israel kannst du den Texten entnehmen?*
*Vergleiche deine Ergebnisse mit den Artikeln der erfundenen Zeitungsseite des »Samaria-Boten« von 780 v. Chr.*
*Produziert das Hörspiel in einer Tonbandaufnahme.*
*Führt die 3. Szene des Hörspiels so weiter, daß Amos auf dem Markt eine Strafpredigt hält.*

Amazja, der Oberpriester von Bet-El, ließ Jerobeam, dem König von Israel melden: »Mitten in Israel ruft Amos zum Aufruhr gegen dich auf; seine Worte sind unerträglich für das Land. Denn Amos sagt: Jerobeam stirbt durch das Schwert, und Israel muß sein Land verlassen und in die Verbannung ziehen.« Zu Amos aber sagte Amazja: »Geh, Seher, flüchte ins Land Juda! Iß dort dein Brot, und tritt dort als Prophet auf! In Bet-El darfst du nicht mehr als Prophet reden; denn das hier ist ein Heiligtum des Königs und ein Reichstempel.« Amos antwortete Amazja: »Ich war kein Prophet und kein Prophetensohn, sondern Hirte und habe Maulbeerfeigen gezüchtet. Aber der Herr hat mich von meiner Herde weggeholt und zu mir gesagt: Geh und rede als Prophet zu meinem Volke Israel! Darum höre jetzt das Wort des Herrn! Du sagst: Tritt nicht als Prophet gegen Israel auf und hetze nicht gegen das Haus Isaaks! Darum spricht der Herr: Deine Frau wird in der Stadt als Dirne leben, deine Söhne und Töchter fallen durch das Schwert, dein Ackerland wird verlost, du selbst aber stirbst in einem unreinen Land, und Israel muß sein Land verlassen und in die Verbannung ziehen ...

*Amos 7,10–17*

*Dieser Text ist im Amos-Buch der einzige Bericht über Amos. Die Priester an den Heiligtümern hatten die Aufgaben, auf die Klagen der Gläubigen die Antwort Gottes zu geben, über die Anrechnung (oder Ablehnung) von Opfergaben zur Sühne von Sünden zu entscheiden und das Gottesrecht (den Willen Gottes in alltäglichen Ehe-, Familien-, Eigentums- aber auch Staatsfragen) zu verkünden. Damit hatten sie zur Königszeit einen großen Einfluß auf das gesamte Leben des Volkes.*
*Gliedert diesen Text:*
*Worum geht es?*
*Was wird Amos vorgeworfen?*
*Was wird über Amos ausgesagt (Herkunft, Beruf, Zeit)?*
*Wie sieht Amazja Amos? Wie versteht sich Amos selbst?*
*Was bleibt in diesem Text offen? (Drohwort!)*

Ich bin euren Feiertagen gram und verachte sie und mag eure Versammlungen nicht riechen.
Und wenn ihr mir auch Brandopfer und Speisopfer opfert, so habe ich keinen Gefallen daran und mag auch eure fetten Dankopfer nicht ansehen.
Tu weg von mir das Geplärr deiner Lieder; denn ich mag dein Harfenspiel nicht hören!
Es ströme aber das Recht wie Wasser und die Gerechtigkeit wie ein nie versiegender Bach.
Habt ihr vom Hause Israel mir in der Wüste die vierzig Jahre lang Schlachtopfer und Speiseopfer geopfert?
So will ich euch wegführen lassen bis jenseits von Damaskus, spricht der Herr, der Gott Zebaoth heißt.

*Amos 5,21-25.27*

*Das Brandopfer war ein offizieller Akt. Dabei wurde das Opfertier ganz dargebracht, der aufsteigende Rauch sollte zum Herrn aufsteigen und ihn freundlich stimmen.*
*Könige brachten es dar für ihr und des Volkes Wohlergehen.*
*Speiseopfer waren aus Mehl zubereitete Opfergaben, deren Rest von den Priestern verzehrt wurde; so wurde für Wachstum und Gedeihen auf den Feldern gedankt.*
*Dankopfer waren Opfermahlfeiern, in denen das Volk für Errettung aus Not und Bedrängnis dankte.*
*Wo könnte Amos diese »Predigt« gehalten haben?*
*Amos wendet sich nicht dagegen, Gott ein Opfer zu bringen. Was greift er an?*
*An welche Situation erinnert Amos?*

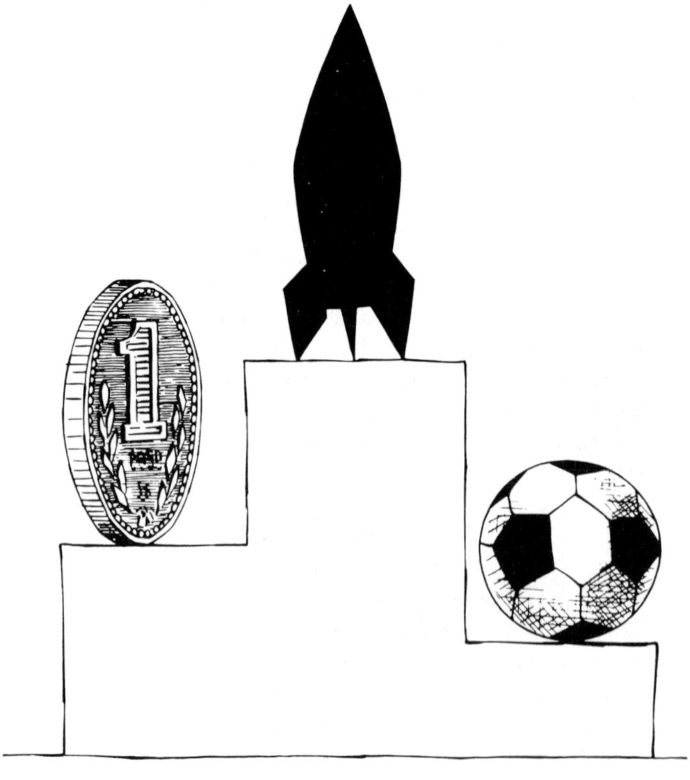

## *Woran du dein Herz hängst*

Ein »Gott« heißt etwas, von dem man alles Gute erhoffen und zu dem man in allen Nöten seine Zuflucht nehmen soll. Das nun, sage ich, woran du dein Herz hängst und worauf du dich verlässest, das ist eigentlich dein Gott.

*Martin Luther*

## Maßstab der Beurteilung

Höret dies, die ihr die Armen unterdrückt und die Elenden im Lande zugrunde richtet und sprecht: Wann will der Neumond ein Ende haben, daß wir Getreide verkaufen, und der Sabbat, daß wir Korn feilhalten können und das Maß verringern und den Preis steigern und die Waage fälschen, damit wir die Armen um ein Paar Schuhe in unsere Gewalt bringen und Spreu für Korn verkaufen? Der Herr hat bei sich, dem Ruhm Jakobs geschworen: Niemals werde ich diese ihre Taten vergessen.

*Amos 8,5–7*

Weh den Sorglosen zu Zion und weh denen, die voll Zuversicht sind auf dem Berge Samarias, den Vornehmen des Erstlings unter den Völkern, zu denen das Haus Israel kommt!
Gehet hin nach Kalne und schauet, und von da nach Hamat, der großen Stadt, und ziehet hinab nach Gat der Philister! Seid ihr besser als diese Königreiche, ist euer Gebiet größer als das ihre, die ihr meint, vom bösen Tag weit ab zu sein, und trachtet immer nach Frevelregiment, die ihr schlaft auf elfenbeingeschmückten Lagern und euch streckt auf euren Ruhebetten? Ihr eßt die Lämmer aus der Herde und die gemästeten Kälber und spielt auf der Harfe und erdichtet euch Lieder wie David und trinkt Wein aus Schalen und salbt euch mit dem besten Öl, aber bekümmert euch nicht um den Schaden Josefs.
Darum sollen sie nun vorangehen unter denen, die gefangen weggeführt werden, und soll das Schlemmen der Übermütigen aufhören.
Denn Gott der Herr hat geschworen bei sich: Mich verdrießt die Hoffart Jakobs, spricht der Herr, der Gott Zebaoth, und ich hasse seine Paläste. Darum will ich die Stadt übergeben mit allem, was darin ist.

*Amos 6,1–8*

Ich bin der Herr, dein Gott.
Du sollst keine anderen Götter haben!
Du sollst den Namen des Herrn, deines Gottes, nicht mißbrauchen!
Du sollst den Feiertag heiligen.
Du sollst deinen Vater und deine Mutter ehren.
Du sollst nicht töten.
Du sollst nicht ehebrechen.
Du sollst nicht stehlen.
Du sollst kein falsch Zeugnis reden wider deinen Nächsten.
Du sollst nicht begehren deines Nächsten Haus.
Du sollst nicht begehren deines Nächsten Weib, Knecht, Magd, Vieh noch alles, was sein ist.

*Als »Prophet« wird heute gewöhnlich jemand bezeichnet, der vorhersagen kann, was in der Zukunft geschehen wird. Prophetie hat deshalb für uns mit Vorherwissen und Vorhersagen zu tun. Diese Bedeutung ist zwar in dem griechischen Wort enthalten, aber in der Grundbedeutung heißt es eigentlich nichts anderes als »aussprechen«, »verkünden«, »bekanntmachen«. Dies ist die eigentliche Aufgabe der Frauen und Männer, die in der Bibel Propheten genannt werden. Sie treten als Berufene Gottes auf, um als »kritische Instanz« darüber zu wachen, daß in Israel das Königtum unter Gott nicht zu einem Gottkönigtum wie in den Nachbarvölkern entartet.*
*Propheten beobachten das gesamte politische, wirtschaftliche und kulturelle Leben und messen es an dem Willen Gottes.*
*Dadurch gerieten sie sehr häufig in Auseinandersetzungen mit den beamteten Vertretern der Religion, den Priestern.*
*Recht und Gerechtigkeit in unserer Welt: Diskutiert Beispiele nach dem Maßstab der 10 Gebote.*

Ich bin ein Deutscher, der dir das erzählt, mußt du wissen. Trink noch einen. Und der es erschossen hat, vor unseren Augen hochgehoben und erschossen, das war ein Deutscher. Aber der geschrien hat und es retten wollte und selber umkam, das war auch ein Deutscher, das mußt du mir glauben. Und das Kind war ein Judenkind. Na, trink schon. Es war in Polen. Wir waren eingesetzt als Säuberungskommando. Nur zum Zusammentreiben. Das Erledigen machten andere. Es gab da Sammeldörfer mit Juden. Komm, trink doch. Das ist noch angenehmer, als Zigeuner. Juden schreien nicht so. Die sterben ruhiger. Die glauben an was. »Ist doch auch ein Vorteil«, sagte der Alte immer. Sie wurden in Lastwagen verladen, getrennt, Männer, Frauen, Kinder. Mitzunehmen brauchten sie ja nichts.

Wir hatten einen dabei, der war dagegen. Häschen nannten wir den. Er sagte nichts, aber er war dagegen. Man merkt ja sowieso, was einer denkt. Pech, daß er in unserer Einheit war. Und der Alte verstand keinen Spaß. Ich war ja auch dabei und wußte nicht, was ich von dem Ganzen halte sollte. Bis zu dem Tag. Es muß Advent gewesen sein. Im Januar darauf kam ich dann weg. Damals hab ich nicht daran gedacht, daß Advent war.

Wir hatten ein Dorf verladen. Das ganze Dorf leer: alles auf die Lastwagen, die im großen Viereck standen. Viel Jammern war gar nicht zu hören. Ich seh das noch: die weißen Lehmmauern, die Strohdächer, die breiten, zerfahrenen Straßen. Schnee lag auch, aber nicht viel. Der Spieß machte mit zwei Mann die Runde durch die Hütten. Da krabbelt ihm aus dem Ofenstroh ein Kind entgegen. Vergessen oder versteckt, was weiß ich, so ein oder zwei Jahre alt. Er bringt's raus, und der Alte, der schon ungeduldig war zur Abfahrt, macht ihm ein Zeichen, daß er's hinters Haus bringen soll. Da stürzt Häschen vor und schreit: »Nein! Nein!« und reißt ihm das Kind aus der Hand. »Das ist doch das Jesuskind!« schreit er. Das Jesuskind! Verrückt, wie? Und wir lachen noch. Aber nicht alle, das mußt du mir glauben. Und er läuft davon, wie irre, ringsum war ja abgesperrt, und drückt das Kind an die Brust und knöpft es sich in den Mantel ein, alles im Laufen. Na, weißt schon, Frontkoller. Und die von den Wagen und wir gucken zu. Es verliert ja manchmal einer die Nerven. Aber den hatt' es gepackt. Schließlich stürzte er sich an die nächstbeste Hauswand. Er zitterte und hielt das Kind im Mantel fest und schrie immer, ohne hinzusehen: »Das ist doch das Jesuskind! Das ist doch das Jesuskind!« Ich sag dir, sie mußten ihn umlegen, er gab das Kind nicht her. Saß da wie eine Madonna. Ostrowice hieß das Dorf. Mit stieren Augen an der weißen Hauswand. Wie eine Madonna, sag ich dir. Mir hat's noch niemand geglaubt, dem ich's erzählt habe. So klein war's, wie er's hochhob. Ich kann kein Weihnachtsbild mehr ansehen seit der Zeit.

Und die sagen, er ist auch für uns Deutsche gestorben. Der Richtige, mein ich, den sie an den ausgerenkten Armen aufgenagelt haben. Na, komm. »Das Jesuskind«, hat er immer geschrien, »das Jesuskind.« Na, komm, trink noch einen.

*Friedrich Hoffmann*

*Propheten sind selten beliebt. Sie sind lästig, sind Unruhestifter. Sie werden ausgelacht, verfolgt, mundtot gemacht. Sie leiden unter ihrem Auftrag.*
*Woran erkennt man den wahren Propheten? Am ehesten vielleicht daran, wieviel er für seine Worte einzusetzen bereit ist.*
*Aber kann dies immer ein Beweis sein?*

*Marc Chagall, Der verstellte Gottesname*

*A. P. Weber, Die toten Fische*

Gott der Herr ließ mich schauen, und siehe, da war einer, der machte Heuschrecken zur Zeit, als das Grummet aufging; und siehe, das Grummet war gewachsen, nachdem der König hatte mähen lassen. Als sie nun alles Gras im Lande abfressen wollten, sprach ich: Ach Herr Herr, sei gnädig! Wer soll Jakob wieder aufhelfen? Er ist ja so schwach. Da reute es den Herrn, und er sprach: Wohlan, es soll nicht geschehen.
Gott der Herr ließ mich schauen, und siehe, Gott der Herr rief das Feuer, um damit zu strafen. Das verzehrte die große Tiefe und fraß das Ackerland. Da sprach ich: Ach Herr Herr, laß ab! Wer soll Jakob wieder aufhelfen? Er ist ja so schwach.
Da reute den Herrn das auch, und Gott der Herr sprach: Es soll auch nicht geschehen.
Er ließ mich abermals schauen, und siehe, der Herr stand auf der Mauer, die mit einem Bleilot gerichtet war, und er hatte ein Bleilot in seiner Hand. Und der Herr sprach zu mir: Was siehst du, Amos? Ich sprach: Ein Bleilot. Da sprach der Herr zu mir: Siehe, ich will das Bleilot legen an mein Volk Israel und ihm nichts mehr übersehen, sondern die Höhen Isaaks sollen verwüstet und die Heiligtümer Israels zerstört werden, und ich will mich mit dem Schwert über das Haus Jerobeam hermachen.

*Amos 7,1-9*

*Mit dem Grummet ist das Gras gemeint, das auf den Wiesen nachwächst, wenn schon einmal gemäht und Heu gemacht worden ist. Nur dieser zweite Schnitt gehörte in Israel den Bauern selber, während das Heu des ersten Schnittes an den königlichen Hof als Viehfutter für den Winter abgeliefert werden mußte. Das Bleilot benutzen Maurer, um zu prüfen, ob eine Mauer gerade ist. Was geschieht in den einzelnen Visionen? Stellt Übereinstimmungen und Unterschiede fest. Worauf vertraut Amos, und wovor hat er Angst? Ihr könnt Bilder zu den Visionen und euren Deutungen malen.*

Siehe, es kommt die Zeit, spricht der Herr, daß man zugleich ackern und ernten, zugleich keltern und säen wird. Und die Berge werden von süßem Wein triefen, und alle Hügel werden fruchtbar sein.
Denn ich will die Gefangenschaft meines Volks Israel wenden, daß sie die verwüsteten Städte wieder aufbauen und bewohnen sollen, daß sie Weinberge pflanzen und Wein davon trinken, Gärten anlegen und Früchte daraus essen.
Denn ich will sie in ihr Land pflanzen, daß sie nicht mehr aus ihrem Land ausgerottet werden, das ich ihnen gegeben habe, spricht der Herr, dein Gott.

*Amos 9,13-15*

Jedes Kind bringt die Botschaft, daß Gott die Lust am Menschen noch nicht verloren hat.

*Tagore*

## *Ich rede, wenn ich schweigen sollte*

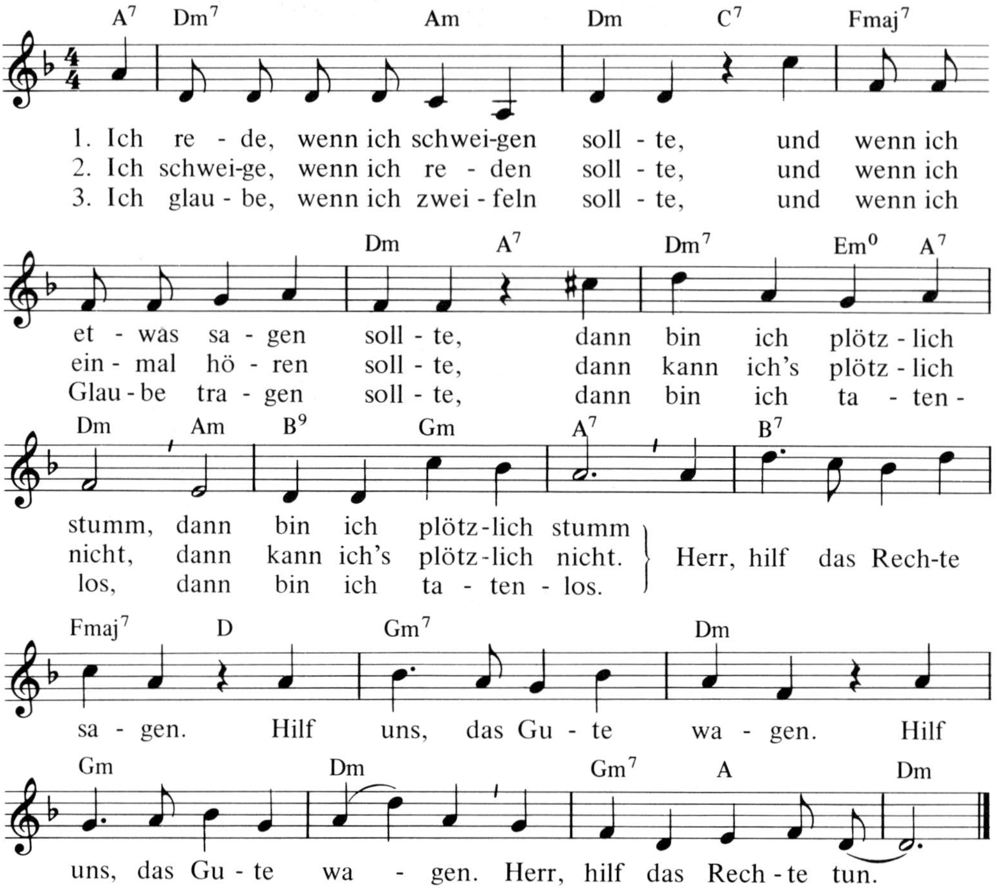


*Text: Kurt Rommel, Melodie: Paul Bischoff, aus: Neue geistliche Lieder, Gustav Bosse Verlag*

*Wie lange Amos in Israel gewirkt hat, ob er nach dem Konflikt mit Amazja nach Juda zurückkehren mußte, ist nicht bekannt. Aber sicher ist wohl, daß er mit seiner Botschaft auf taube Ohren stieß. 722 v. Chr. geht das Königreich Israel unter dem Ansturm der Assyrer für immer verloren. Durch Umsiedlungsaktionen des assyrischen Königs Sargon entsteht in diesem Land eine Mischbevölkerung, die Samaritaner.*

# Zerstreut in alle Welt

*Thomas Zacharias, Die drei Jünglinge im Feuerofen* *Daniel 3,15*

### *Klage der Gefangenen in Babylon*

**Israel erinnert sich**

An den Wassern zu Babel saßen wir und weinten, wenn wir an Zion gedachten.
Unsere Harfen hängten wir an die Weiden dort im Lande.
Denn die uns gefangen hielten, hießen uns dort singen
und in unserm Heulen fröhlich sein:
»Singet uns ein Lied von Zion!«
Wie könnten wir des Herrn Lied singen in fremdem Lande?
Vergesse ich dich, Jerusalem, so verdorre meine Rechte.

*Psalm 137,1-5*

*Israel hat seine Geschichte immer als eine Geschichte mit Gott verstanden; eine mühselige Geschichte, die das Volk immer unterwegs hielt. Was wißt ihr noch über die Geschichte Israels?*

### *Die Zerstörung Jerusalems*

**Bleiben oder gehen**

Im Jahre 586 v.Chr. hatte Nebukadnezar, der König von Babylon, Juda erobert. Jerusalem ließ er zerstören, auch das Heiligtum Jahwes, den Tempel, verschonte er nicht. Die wertvollen Tempelgefäße und -geräte ließ er nach Babylon bringen. Der größte Teil des Volkes wurde nach Babylon in die Gefangenschaft verschleppt. Zurück blieben ein verwüstetes Land und einige arme Landbewohner, die die Felder und Weinberge bebauen durften.
Am Schlimmsten für Verschleppte und Daheimgebliebene war jedoch der Verlust von Jahwes Heiligtum: die Entweihung des Tempels war eine Entwürdigung ihres Glaubens.
Nach harten Anfangsjahren im Exil gelang es jedoch vielen Juden, in der Weltstadt Babylon zu Wohlstand und Ansehen zu kommen: als Geschäftsleute, Handwerker, Bauern, ja selbst als Bedienstete am Hofe des Königs. Manche heirateten auch in babylonische Familien ein. Die Juden wußten jedoch: Jahwe hat Gericht über uns gehalten, wie es der Prophet Jeremia angekündigt hat.
»Denn siehe, ich will rufen alle Völker der Königreiche des Nordens, spricht der Herr, daß sie kommen sollen und ihre Throne setzen vor die Tore Jerusalems und rings um die Mauern her und vor alle Städte Judas.
Und ich will mein Gericht über sie ergehen lassen um all ihrer Bosheit willen, daß sie mich verlassen und andern Göttern opfern und ihrer Hände Werk anbeten.« *Jeremia 1,15-16*

Die Juden wußten aber auch: Jahwe ist in der Fremde bei uns und wird uns wieder nach Hause führen.
Den Sabbat feierten sie als Tag ihres Gottes und als Zeichen der Zusammengehörigkeit, denn die Babylonier kannten keinen vergleichbaren Tag. Nur so konnten sie in der Fremde ein Volk bleiben. Die Chance zur Befreiung kam, als Kyros, der König von Persien, im Jahre 539 v.Chr. Babylon eroberte. Bereits ein Jahr später erließ er sein Freilassungsedikt.

*In Psalm 137 wird zwar die Sehnsucht nach Jerusalem und die Freude über die Heimkehr beschrieben. Aber so schön und so einfach war es wohl nicht für alle. Versucht ein Rollenspiel »Bleiben oder gehen«:*
- *Ein reicher Geschäftsmann in der Weltstadt Babylon,*

- *eine Babylonierin, mit einem Juden verheiratet,*
- *ein einfacher Bauer in der Umgebung von Babylon*
- *und ein armer Lohnarbeiter in der Hauptstadt Persiens*

*unterhalten sich über das Für und Wider einer Rückkehr. Bedenkt dabei: Jerusalem, die Stadt, »die Gott liebt« (wie Jesaja sagt, 62,12), lag seit 50 Jahren zerstört da.*
*Stell dir vor, du bist der Berichterstatter einer babylonischen Zeitung und hast die Juden nach Jerusalem begleitet. Dein Auftrag lautet, über die Ankunft der Heimkehrer die Leser in Babylon zu informieren: Wie finden die Juden Jerusalem vor? Wie begehen sie den Tag ihrer Heimkehr? Wie begegnen sie den Daheimgebliebenen? Wie reagieren diese auf die Neuankömmlinge? Wer hat Anlaß zur Freude, wer Grund zur Angst?*

*Sabbat*

***Kyros, der König von Persien, gibt im Jahr 538 bekannt:***

»Der Herr, der Gott des Himmels, hat mir alle Königreiche der Erde gegeben, und er hat mir befohlen, ihm ein Haus zu Jerusalem in Juda zu bauen.
Wer nun unter euch von seinem Volk ist, mit dem sei sein Gott, und er ziehe hinauf nach Jerusalem in Juda und baue das Haus des Herrn, des Gottes Israels; das ist der Gott, der zu Jerusalem ist.
Und wo auch immer einer übriggeblieben ist, dem sollen die Leute des Orts, an dem er als Fremdling gelebt hat, helfen mit Silber und Gold, Gut und Vieh außer dem, was sie aus freiem Willen für das Haus Gottes zu Jerusalem geben.«
Da machten sich auf die Häupter der Sippen aus Juda und Benjamin und die Priester und Leviten, alle, deren Geist Gott erweckt hatte, um hinaufzuziehen und das Haus des Herrn zu Jerusalem zu bauen. *Esra 1,2-4*

*Eine so tolerante Haltung wie die des Kyros den besiegten Völkern gegenüber ist in der Geschichte selten zu finden: Seine »Satrapen«, die Verwalter in den Provinzen Persiens, beteiligten sogar einheimische Herrscher an der Macht.*
*Was bedeutete dies für das jüdische Volk?*

***Rosch Hoschana und die 10 Tage der Umkehr***

Als die Israeliten wieder in ihren Heimatorten wohnten, versammelte sich das ganze Volk zu Beginn des siebten Monats in Jerusalem.
Am 1. Tag des 7. Monats hatten sie wieder angefangen, dem Herrn Brandopfer darzubringen, aber die Fundamente für den Wiederaufbau des Tempels waren noch nicht gelegt. Gegen Bezahlung stellten sie Steinbrucharbeiter und Steinmetzen an. Arbeiter aus Sidon und Tyros brachten Zedernstämme vom Libanon übers Meer nach Jafo. Dafür bekamen sie Nahrungsmittel, Getränke und Öl. *Esra 3,1 und 6-7*

Über das jüdische Neujahrsfest berichtet Daniel – ein Jude, der zur Zeit ein Wiesbadener Gymnasium besucht:

Unser Neujahrsfest ist ein schönes und doch leises Fest. Wenn wir nach dem ersten Regen zu Beginn des Herbstes die Felder gepflügt und die Aussaat ausgebracht haben, denkt Gott am Neujahrstag an seine Schöpfung, an die Natur, die Tiere und die Menschen. An diesem Tag bestimmt er das Schicksal der Menschen je nach ihren Taten. Wir Kinder freuen uns besonders auf den »Schofarbläser«, das ist der Mann, der mit einem Widderhorn jeden zur Buße und Umkehr ruft. Das Horn hat einen ganz eigentümlichen Klang, am ehesten läßt es sich mit dem Signalton eines Schiffes vergleichen, der allerdings viel lauter ist. Am Neujahrstag sind alle nett zueinander, und wir begrüßen uns mit dem Wunsch: »In einem guten Jahr mögest du eingeschrieben werden!« Wir glauben, daß an diesem Tag die Namen der Guten in das himmlische Lebensbuch geschrieben, die der Bösen aber gestrichen werden. Nach dem Gottesdienst in der Synagoge feiern wir diesen Tag mit einem Festessen.
Der Neujahrstag ist der erste der »10 Tage der Umkehr«, zehn Tage, an denen wir uns mit Fasten und Gebet auf den »Versöhnungstag«, auf »Jom Kippur« vorbereiten. Ihn feiern wir seit Mose. Er ist der wichtigste Feiertag im Jahr. Am Jom Kippur ist es überall ruhig, die Straßen sind so gut wie leer. Denn an diesem Tag dürfen wir nichts essen und nicht arbeiten (3. Mose 16). Bis zum Abend feiern wir im Gottesdienst die Versöhnung mit Gott und bitten um Vergebung unserer Sünden. Aber hungern und beten reicht nicht; Gott sagt: »Nein fasten, wie ich es haben will, sieht anders aus! Löst die Fesseln eurer Brüder, nehmet das drückende Joch von ihrem Hals, macht jeder Unterdrückung ein Ende! Gebt den Hungrigen zu essen, nehmt Obdachlose in euer Haus, kleidet den, der nichts anzuziehen hat, und helft allen in eurem Volk, die Hilfe brauchen.« (Jesaja 58)
Am Abend beendet wieder der Schofarbläser die 10 Tage der Umkehr. Und wir hoffen, hoffen auf eine Zeit, in der Gott unter uns ist: »Wolf und Lamm werden dann gemeinsam weiden, der Löwe frißt Hächsel wie das Rind, und die Schlangen nähren sich vom Staub der Erde. Auf dem Zion, meinem heiligen Berg, wird keiner mehr Böses tun und Unrecht stiften. Ich, der Herr, sage es.« (Jesaja 65)

*Könnt ihr euch vorstellen, einen Tag lang nichts zu tun und zu fasten? Aber das reicht nicht! Was müßtet ihr am Jom Kippur noch tun?*

## Wiederaufbau des Tempels

### *Ein Brief aus Jerusalem an Aaron Jozadak, Babylon*

*Lieber Bruder,*

hier in Jerusalem ist einiges los. Weil ihr uns unterstützt habt, konnten wir mit dem Wiederaufbau des Tempels beginnen. Aber die Bauarbeiten gerieten schon bald ins Stocken. Einige glauben, auch Euch sei das Geld ausgegangen, wie überhaupt ohne Eure Spenden hier in Jerusalem nichts vorwärts geht. Sollten wir tatsächlich den Tempelbau aufgeben müssen – und das 18 Jahre nach unserer Rückkehr?
Lieber Aaron, ich wollte nicht nur klagen; aber trotz aller Schufterei bei Tag und bei Nacht kommen wir nicht voran. Denn außer dem Tempel müssen wir uns ja auch Häuser bauen. Dazu kommen die Mißernten im letzten Jahr. Es fehlt noch Vieles, was das Leben angenehmer und die Arbeit auf den Feldern leichter machen könnte.
Lieber Aaron, ist es Dir möglich, uns mit etwas Geld weiterzuhelfen? Das wäre schön!

*Deine Schwester*

*Deborah*

שְׁמַע יִשְׂרָאֵל יְהוָה אֱלֹהֵינוּ יְהוָה אֶחָד׃

*Schema Yisroel Adonai Elohenu Adonai Echod – Höre, Israel, der Herr, unser Gott, ist einzig!*

### *Rede des Propheten Haggai an sein Volk*

»Viele von euch behaupten, es sei noch zu früh, den Tempel des Herrn wieder aufzubauen. Aber es ist offenbar nicht zu früh, daß ihr selbst in prächtigen Häusern wohnt. Deshalb sagte Gott, der Herr der ganzen Welt: Achtet doch einmal darauf, wie es euch ergeht! Ihr habt reichliche Samen ausgesät und doch nur eine kümmerliche Ernte eingebracht. Das Korn reicht nicht zum satt werden, und der Wein nicht für einen ordentlichen Schluck. Ihr müßt frieren, weil ihr nicht genug anzuziehen habt. Und das Geld, das einer für seine Arbeit bekommt, zerrinnt ihm zwischen den Fingern. Geht ins Gebirge, schlagt Holz und baut meinen Tempel! Daran habe ich Freude, damit ehrt ihr mich! Laßt euch nicht entmutigen! Ans Werk, ihr Männer von Juda! Der neue Tempel wird den alten an Pracht weit übertreffen. Von dieser Stätte aus werde ich meinem Volk Frieden und Wohlstand schenken. Das sagt euch Gott, der Herr. Darum ans Werk, ihr Leute. Der Herr ist mit uns.«

*nach Haggai 1 und 2*

*Der Brief Deborahs ist erfunden. Er faßt wichtige Informationen aus dem Nehemia-Buch zusammen. Der Prophet Haggai hielt seine Rede etwa im Jahr 520 v. Chr.*
*Nennt die unterschiedlichen Erklärungen für die Verzögerung des Tempelbaus.*

Im Jahr 515 fand das Fest zur Wiedereinweihung des Tempels statt. Aus Freude und Dankbarkeit gegenüber Gott feierten alle Juden, die Heimgekehrten wie die im Land Gebliebenen, sieben Tage lang das Passahfest.
Passah ist ein Fest der Freiheit. Gott hat Israel aus der Sklaverei befreit. »Wenn dich dein Sohn fragt«, heißt es, »wirst du ihm erzählen von der langen Flucht aus Ägypten, von der langen Wanderung Israels durch die Wüste mit Moses unter der Führung Gottes.«
Passah heißt auch Vorüberschreiten. Man spricht auch von Seder, das ist die Ordnung, die Regel. Aber das Fest wird nicht nur in Erinnerung an die großen Taten Gottes gefeiert. Der Mensch soll das Fest so feiern, wie wenn er selbst in diesem Augenblick aus Ägypten auszöge.
»An diesem Tag erzähl deinem Sohn, das geschieht für das, was der Herr an mir getan hat, als ich aus Ägypten auszog. – Darum müssen wir danken für all das, was Gott an den Vätern und an uns getan hat.«
Über Passah wird das Matze-Brot gegessen. Das Brot ohne Sauerteig erinnert an das letzte Brot, das die Juden vor der Flucht aus Ägypten aßen. Matze ist ein dünnes, knuspriges Fladenbrot. Einen Tag vor der Festnacht darf es im Haus kein altes Brot mehr geben. Der Vater sucht noch einmal und findet einen Rest, den die Mutter absichtlich auf dem Fenstersims hat liegen lassen. Mit einem Holzlöffel nimmt er die Reste auf und verbrennt alles, Brot und Löffel. Von da an wird kein gesäuertes Brot mehr gegessen. »Am 14. des ersten Monats sollt ihr Passah feiern, wenn die Abenddämmerung kommt. Am 15. ist das Fest der ungesäuerten Brote. Sieben Tage lang sollet ihr ungesäuertes Brot zu Ehren des Herrn essen«, sagt das Gesetz.

Vor Passah werden die Wohnungen saubergemacht, alles muß glänzen, alles muß gewaschen sein, die Küche muß blitzen. Das übliche Geschirr und Besteck wird durch solches ersetzt, das nur an Passah gebraucht wird. Alle ziehen sich schön an und sind bereit, das Fest der Befreiung zu feiern. Die ganze Familie kommt zur Feier; man lädt auch ein paar Freunde ein, von denen man weiß, daß sie allein oder ohne Bekannte sind. Die Tafel ist mit einem besonders schönen Tischtuch gedeckt. Auf dem Tisch stehen die Sabbatkerzen und die Haggada-Büchlein vor jedem Gedeck. Heute, an Passah, erzählt die Haggada, warum und wie das Seder-Fest zu feiern ist. Die Haggada erklärt und führt (Haggada heißt erzählen). Auf dem Seder-Teller gibt es drei Matzen, die bedeckt sind, einen Knochen, ein gekochtes Ei, Bitterkräuter und ein kleines Gemisch aus geraffelten Äpfeln, Nüssen und Weintrauben, Sellerie, Petersilie oder Kartoffeln, die man in Salzwasser tunkt. Neben den vier Gläsern mit Wein steht auch ein Glas für den Propheten Elia, Gottes Ewigem Sendboten, auf dem Tisch. Jeder trinkt an diesem langen Abend vier Becher Wein. Man öffnet die Tür, damit Elia hereinkommen kann. Das jüngste Kind am Tisch darf dann die »vier« Fragen aus der Haggada stellen, die erklären, warum das Passahfest gefeiert wird. Die Anwesenden antworten singend:
»Während aller anderen Nächte essen wir gesäuertes und ungesäuertes Brot. Warum in dieser Nacht nur ungesäuertes?«
»Das ist das Brot des Elends, das unsere Väter in der Wüste gegessen haben.«
»Während aller anderen Nächte essen wir alle Arten von Kräutern, warum essen wir nur Bitterkräuter in dieser Nacht?«
»Laßt alle, die hungrig sind, kommen

und essen und Passah mit uns feiern. Das gekochte Ei ist ein Symbol der Trauer, es soll an die Zerstörung des Tempels erinnern. Die Bitterkräuter erinnern an die bitteren Jahre der Tyrannei in Ägypten.«
»Während aller anderen Nächte tunken wir nicht einmal Gemüse in Salzwasser. Warum tunken wir zweimal in dieser Nacht?«
»Das Gemüse erinnert an die Nahrung der Juden und das Salzwasser an ihre Tränen. Der Knochen erinnert an das Lamm, das die Vorfahren geopfert haben. Das kleine Apfel-Nuß-Gemisch ist ganz süß, Gott war so gut, daß selbst die Sklaverei zu ertragen war.«
»Während aller anderen Nächte essen wir sitzend oder angelehnt. Warum in dieser Nacht nur angelehnt?«
»Das Anlehnen ist ein Zeichen der Freiheit, an Passah werden alle Menschen frei.«

Während der ganzen Zeit wird gegessen und getrunken - nach der Seder-Ordnung. Es wird gesungen und gelesen, Lieder für die Kinder und Psalmen. Die Psalmen verherrlichen Gott, sie erzählen vom Glück und Unglück des Menschen. König David hat einige dieser Psalmen gedichtet und vorgesungen.

Es gibt gläubige Juden, es gibt ungläubige Juden, aber die Feste verbinden sie alle, besonders in Israel, wo die Erinnerung an die Vergangenheit zum Leben gehört. So wird Passah auch von allen gefeiert. Passah ist ein Fest, an dem besonders die Kinder beteiligt sind.

## *Nehemia in Jerusalem*

*Siebzig Jahre nach der Tempeleinweihung besucht Nehemia - der beim Perserkönig in Diensten steht - Jerusalem:*

Bei seiner Ankunft in Jerusalem erschrickt Nehemia. So schlimm hat er es sich nicht vorgestellt. Aber er gönnt sich keine Zeit der Trauer und keine Pause. Zum Schutz vor feindlichen Angriffen muß zuerst die Stadtmauer wieder aufgebaut werden. Jeder Familie teilt Nehemia einen Mauerabschnitt zu, für den sie allein verantwortlich ist. In zwei Monaten ist die Mauer fertiggestellt.
Aber ganze 12 Jahre benötigt er für weitere schwierige Aufgaben. Als Statthalter des persischen Königs in der Provinz Juda setzt er durch, daß die Schulden erlassen werden; senkt er die Pachtzinsen; verteilt er Äcker und Felder neu; verbietet er, daß ein Jude einen Juden als Sklaven halten darf. Damit gewinnt er neue Freunde, macht sich aber auch viele Feinde.

*Beschreibe anhand der Maßnahmen des Nehemia die Situation, die er in Jerusalem vorfand. Überprüfe deine Schlußfolgerungen an Kapitel 5 des Nehemia-Buches.*

**Freude über Gottes Gebote**

Eines Tages besuchte ich Schemaja, weil dieser verhindert war, zu mir zu kommen. Er sagte zu mir: »Wir beide müssen zum Tempel gehen und uns darin einschließen; denn sie wollen dich ermorden. Heute nacht werden sie kommen!«
Ich antwortete ihm: »Ein Mann in meiner Stellung flieht nicht. Und wie dürfte ich es wagen, in den Tempel einzudringen? Ein solches Vergehen müßte ich mit dem Leben bezahlen. Nein, ich gehe nicht!« Ich hatte nämlich erkannt, daß Schemaja nicht von Gott beauftragt worden war. Er hatte zwar wie ein Prophet zu mir gesprochen, aber meine Feinde hatten ihn dafür bezahlt. Sie wollten ihn dazu benutzen, mir Angst einzujagen. Ich sollte dem Rat Schemajas folgen und ein Unrecht begehen. Dann hätten sie eine Gelegenheit gehabt, meinen Ruf zu ruinieren und mich zum Gespött zu machen.

*Nehemia 6,10-13*

*Versuche Nehemia jemandem vorzustellen, der ihn nicht kennt.*
*Über die Gründe Nehemias, nach Jerusalem zu reisen, kannst du dich im 1. und 2. Kapitel des Buches Nehemia im Alten Testament informieren.*

## *Die Thora - die Weisung des Herrn*

Als der Tempel und die Stadtmauer wieder aufgebaut waren, glaubten viele Juden, jetzt sei wieder alles in Ordnung. Doch Esra konnte sie davon überzeugen, daß ein wichtiger Schritt noch zu gehen war: Wenn das Volk Israel in Frieden leben wollte, dann bräuchte es den Schutz Gottes. Und Gott bliebe bei seinem Volk, wenn dies bei Gott bleibe, sich an seine Gebote hielte. Die Juden wußten aus eigener Erfahrung, daß die Gebote schwer einzuhalten waren, aber sie wollten es versuchen.

*Alle Gesetze, nach denen die Juden sich zu richten haben, stehen auf der Thorarolle geschrieben.*
*Gläubige Juden empfinden die Bestimmungen der Thora (die fünf Bücher Mose) nicht als Einengung. Im Gegenteil: Ausdruck der Freude über die Gebote Gottes ist das jährliche Thorafest: »Simchat Thora«. Und an jedem Sabbat wird in der Synagoge ein Abschnitt aus der Thora verlesen oder gesungen.*

*Arbeit an einer Thorarolle. Eine neue Thora muß nach strengen Regeln mit der Hand und stets auf Pergament geschrieben werden. Eine alte Thora darf wegen des Namens Gottes niemals vernichtet werden, sondern wird an besonderen Orten aufbewahrt.*

## *Bar Mizwa*

*Einen Tag vor ihrem 13. Geburtstag werden die jüdischen Jungen als erwachsene Mitglieder in die Gemeinde aufgenommen: Sie dürfen an diesem Tag zum ersten Mal aus der Thora vorlesen: »Bar Mizwa« (Bar = Sohn, Mizwa = Gebot) heißt dieses wichtige Fest im Leben eines Juden. Mädchen feiern »Bat Mizwa«.*

Nun standen wir im großen Raum der Synagoge, Herr Schneider, Friedrich und ich. Friedrich und sein Vater trugen ihre besten Anzüge; ich daneben hatte nur meine Alltagskleider an.

Allmählich füllte sich auch die Sitzbank vor der unsrigen. Männer, die Hüte auf dem Kopf, schüttelten uns die Hände und wünschten uns: »gut Schabbes« (frohes Wochenende). Besonders aber für Friedrich fanden sie alle ein freundliches Wort oder klopften ihm auf die Schulter.

Nach und nach hoben alle Anwesenden die Sitzbretter ihrer Bank hoch. Darunter befanden sich kleine Fächer.

Friedrich entnahm seinem Fach einen großen weißen Schal, ein Gebetbuch und sein Gebetskäppchen. Dafür verstaute er seine Mütze im Fach. Den Schal mit den langen Fransen berührte er mit den Lippen und legte ihn um.

»Mein Tallith, mein Gebetsmantel!« flüsterte er mir zu.

Ein Mann mit Schnitthut, dessen langer schwarzer Mantel bis zu den Füßen reichte, stieg die Stufen einer Vertiefung mitten im Raum hinab. Er trat an ein teppichbedecktes Betpult, blätterte ein dickes Buch von hinten auf und begann sofort, in singendem Tonfall ein Gebet zu sprechen. »Unser Rabbiner!« unterrichtete mich Friedrich leise. Dann schlug auch er sein Gebetbuch auf und betete ebenfalls hebräisch. Manchmal unterbrach er den Gesang des Rabbiners durch einen Zwischenruf, ein andermal stimmte er anscheinend ein ganz anderes Gebet an.

Ich staunte. Woher konnte Friedrich so gut Hebräisch? Er hatte mir nie etwas davon verraten. Er kam mir vor wie einer von den vielen Erwachsenen ringsumher. Hin und wieder schaute Friedrich von seinem Gebetbuch auf und nickte mir zu.

Der Rabbiner betete nach Osten gewandt. Vor der Ostwand, die mit einem roten Vorhang verhängt war, machte er immerfort kleine Verbeugungen, so daß es aussah, als ob er vor- und zurückwippe.

Dieser Vorhang war mit goldenen hebräischen Schriftzeichen bestickt. Sonst gab es im ganzen Raum kein Bild, keinen Schmuck, nur große vielarmige Leuchter mit Kerzen. Von einem seitlichen Rang her schauten die Frauen dem Gottesdienst unten im Raum zu.

Während ich noch das Innere der Synagoge betrachtete, vereinigten sich die Stimmen der Gemeinde mit der des Rabbiners.

Der Gesang wurde lauter und einheitlicher.

Der Rabbiner schritt gemessen zum Vorhang hin.

Ein Synagogendiener zog den roten Samt beiseite.

Darunter erschien eine kleine Tür in der Wand.

Der Rabbiner öffnete die Tür. Er gab den Blick in die Lade frei.

»Die Thora!« erklärte mir Friedrich.

Die Thora war in einen Umhang gehüllt, mit einer silbernen Krone und einem silbernen Schild verziert.

Der Rabbiner hob sie aus der Lade. In feierlichem Umzug trug er die schweren Rollen durch den ganzen Raum. Überall, wo er vorüberkam, verließen die Gläubigen ihre Plätze. Sie führten ihren Tallith an die Thora und dann zu den Lippen.

»Jetzt kommt die Überraschung!« verriet mir Friedrich. Er schien sehr aufgeregt.

Herr Schneider zog ihn beruhigend an sich. Er klopfte ihm auf die Schulter und strich ihm über das Haar.

Am Betpult nahm man der Thora die Krone, den Schild und den Umhang ab. Die mächtige handgeschriebene Pergamentrolle wurde auf das Pult gelegt. Nacheinander lud der Rabbiner sieben Männer aus der Gemeinde an sein Pult. Als letzten rief er Friedrich auf.

Herr Schneider legte Friedrich beide Hände auf die Schultern. Stolz blickte er seinem Sohn in die Augen, dann schickte er ihn zum Rabbiner.

Auch der Rabbiner begrüßte Friedrich viel feierlicher als die übrigen Männer.

»Er ist zum erstenmal in seinem Leben zum Wochenabschnitt aufgerufen!« sagte Herr Schneider stolz zu mir. »Nachher darf er auch noch den Propheten-Abschnitt lesen.«

Wie die andern berührte auch Friedrich die Thorastelle, die der Rabbiner ihm wies, mit dem Tallith und küßte den Tallith. Dann sang er die Einleitung. Aber während bei den andern der Vorbeter den eigentlichen Thora-Abschnitt gesungen hatte, übernahm Friedrich den silbernen Stift, führte ihn von rechts nach links die Zeilen entlang und sang seinen Thora-Abschnitt allein.

Nachdem Friedrich seinen Thora-Abschnitt rasch und sicher gesungen hatte, berührte er die letzte Stelle wieder mit seinem Tallith und den Tallith mit dem Munde.

Während die Thorarollen wieder mit ihrem Schmuck versehen wurden, las er aus einem dicken Buch den Propheten-Abschnitt. Dann kehrte er zu uns an seinen Platz zurück. Wie zu Beginn übernahm der Rabbiner wieder die Thorarolle und zog mit ihr durch den Raum. Und wieder drängten sich die Gläubigen zu dem Heiligtum hin.
Der Rabbiner hob die Rolle in die Lade, betete noch vor der Lade und verschloß dann die kleine Tür.
Danach trat der Rabbiner vor die Gemeinde und hielt eine kleine Predigt. Zum erstenmal, seit ich in der Synagoge war, redete er deutsch. Diese Predigt galt nur Friedrich; sie zeichnete ihn vor allen Anwesenden aus.
Immer wieder schauten einzelne Männer zu Friedrich hin. Sie nickten ihm lachend und glückwünschend zu.

»Heute, eine Woche nach deinem dreizehnten Geburtstag«, sagte der Rabbiner, »bist du zum erstenmal in deinem Leben aufgerufen worden, vor der Gemeinde einen Abschnitt aus der Thora zu verlesen. Für jeden Juden ist es eine ganz besondere Ehre, die Heilige Schrift verkünden zu dürfen. Der Tag aber, an dem dies zum erstenmal geschieht, ist ein besonderer Tag. Damit beginnt ein neuer Abschnitt deines Lebens. Fortan bist du allein vor dem Herrn für dein Tun verantwortlich. Bis heute hat dein Vater diese Verantwortung getragen, aber von heute an stehst du als gleichwertiges Mitglied der Gemeinde unter uns. Bedenke das!
Befolge die Gebote des Herrn! Niemand kann dir die Schuld abnehmen, wenn du gegen sie verstößt.
In einer schweren Zeit nimmst du eine schwere Pflicht auf dich. Wir sind von Gott auserwählt, dereinst vom Messias in unsere Heimat zurückgeführt zu werden und das Königtum des Messias aufrichten zu helfen. Aber Gott hat uns auch das schwere Schicksal auferlegt, bis zu jenem Tage verfolgt und gepeinigt zu werden.
Immer wieder müssen wir uns daran erinnern, daß der Herr uns dieses Schicksal bestimmt hat. Wir dürfen und können ihm nicht ausweichen, selbst dann nicht, wenn wir glauben, darunter zusammenbrechen zu müssen. Bedenket, die heilige Thora fordert ...« und der Rabbiner beendete seine Predigt mit einem Satz in hebräischer Sprache.
Bald danach schloß der Gottesdienst mit einem gemeinsamen Lied.
Ich wartete mit Friedrich und seinem Vater vor der Synagoge. Wie gern hätte ich gefragt! Aber es ergab sich keine Gelegenheit. Alle Männer aus der Synagoge kamen zu uns und beglückwünschten Friedrich. Man konnte ihm den Stolz vom Gesicht ablesen.
Als auch die Frauen die Synagoge verlassen hatten, gingen wir in einem Schwarm von Verwandten und Bekannten nach Hause.
Frau Schneider war schon vorausgelaufen. Sie empfing uns an der Wohnungstür und geleitete alle in das Wohnzimmer. Dort hatte sie ein feierliches Sabbathmal hergerichtet.

*Hans Peter Richter*

*Worin zeigt sich die besondere Verehrung der Juden für die Thora?*
*Über Esra und seine Mission kannst du mehr aus dem Buch Esra erfahren. Lies vor allem Kapitel 7.*
*Der Text ist ein Ausschnitt aus Hans Peter Richters Buch: »Damals war es Friedrich«. Es ist die Geschichte einer Freundschaft in schwieriger Zeit: ein Jude und ein Christ gehen gemeinsam zur Schule. Für den Juden Friedrich wird das Leben im Deutschland des Nationalsozialismus zur Hölle.*
*Berichte über das Buch in deiner Klasse.*

## Kampf für den Glauben

*Im Jahre 333 besiegen die Griechen unter Alexander dem Großen die Perser. Griechische Lebensweise, Sitten und Gebräuche setzen sich im Orient durch. Auch das Judentum beginnt, sich den fremden Einflüssen zu öffnen: Man gibt sich griechisch, ist ganz Mann von Welt und setzt sich über althergebrachte Reinheitsvorschriften und Speisegebote hinweg. Viele lernen die griechische Sprache, einige nehmen gar griechische Namen an. Die fremden Könige wechseln, und die Juden haben es mal leicht, mal schwer mit ihnen. Im Jahr 167 v. Chr. zieht der damalige König Antiochus IV. von Syrien nach Palästina.*

### *Ein Fremder herrscht über Israel*

»Herr«, sagte einer seiner Begleiter, »die Berge Palästinas sind wie die Berge Syriens, die Bäume Palästinas sind wie die Bäume Syriens, aber die Menschen Palästinas sind Juden, und sie wirst du nicht unterwerfen.« So reiste der König voll Zorn und bösen Absichten in das Land der Juden. Als er nach Jerusalem kam, zogen ihm die Priester im Schmukke ihrer weißen Gewänder und angetan mit den Zeichen ihrer Priesterwürde entgegen. Sie huldigten ihm, sie überreichten ihm goldene Geräte, aber sie bückten sich nicht. Als er vor dem Tempel stand und die gewaltigen Mauern sah, das Gold der Kuppel und den Marmor der Säulen, verlangte er, daß man ihm den Tempel zeige. Man geleitete ihn hinein, und im Innern zeigte man ihm eine Tür, die zum Allerheiligsten führte. Der Priester, der den König begleitete, sagte: »Das Allerheiligste darf nur der Hohepriester betreten und nur einmal im Jahre.« Der König antwortete: »Zeigt mir die Bilder eurer Götter.« »Wir haben keine Bilder«, erwiderte der Priester. »Wir haben einen Gott, und er ist unsichtbar.« Das verstand der König nicht. Er sah im Tempel nirgends ein Bild, keine Statue, kein Fabelwesen, nur Ornamente von Pflanzen und Verzierungen aus Silber und Gold, sonst nichts. »Was ist das für ein schrecklicher Gott, den man nicht sehen kann?« Erregt verließ der König den Tempel. Draußen standen seine Begleiter. »Laßt morgen für Wettkämpfe rüsten«, sagte er, »ich will nach diesem Trauerspiel von einem Tempel des unsichtbaren Gottes Abwechslung haben.« »Herr«, sagte der Begleiter, »im Land der Juden gibt es keine Wettkämpfe.« »Ein verteufeltes Volk«, sagte der König, »ein verzaubertes Land. Ist das noch mein Land? Herrsche ich hier, oder herrschen diese Priester?«

Am nächsten Tage sah man an den Häusern Anschläge, die mit dem Siegel des Königs Antiochus Epiphanes versehen waren und folgende Vorschriften enthielten:

1. Palästina erhält eine neue Legion Truppen.
2. Auf dem Tempelplatz werden Standbilder der griechischen Götter aufgestellt.
3. Auf allen Plätzen werden Altäre der Götter aufgestellt, und jeder, der vorübergeht, muß ihnen huldigen.
4. Es ist sofort eine Kampfstätte – Gymnasion – zu errichten, ein Stadion, in welchem die Jugend mit nacktem Körper die Übungen der Griechen lernen soll.
5. Wer sich den Anordnungen des Königs widersetzt, wird verbannt oder zum Tode verurteilt.

Vor den Anschlägen versammelten sich die Menschen, und bald gerieten sie in heftigen Streit. »Recht hat er, der König«, rief einer der Jungen, »warum sind wir nicht wie die Griechen, warum versperrt man uns die Wettkämpfe? Warum

gibt man uns nicht ihre Götter?« »Lästere nicht«, antwortete ein alter Mann, »unser Gott hat uns aus Ägypten geführt und wird uns aus jeder Schmach retten.« »Retten«, erwiderte der Jüngling, »das graue Leben hat er uns gebracht und den düsteren Tag. Wir wollen wie die Griechen sein, das Leben lieben, den Wein und die Freude, den Sang und den Kampf.« »Ja, wir wollen wie die Griechen sein«, riefen einige, und andere antworteten: »Schmach über euch, Verräter Israels!«
So gingen die Reden in den Häusern der Juden, die einen wollten dem König gehorchen und ihrem Gott untreu werden, die anderen wollten ihrem Gott treu bleiben und ihm im Verborgenen dienen. Es gab aber viele, die bereit waren, für ihren Gott zu kämpfen und zu sterben.

*Fremde Götter in Jerusalem*

Die Legion der syrischen Söldner überzog das Land. Die Priester verließen den Tempel, und auf dem Tempelplatz wurden die Standbilder der griechischen Götter errichtet. Zwei große Opferschalen standen daneben, bewacht von einigen Soldaten. Das ganze Land wurde mit Götterbildern überzogen, überall sah man das gleiche Bild: Standbilder, Opferschalen und Soldaten. Die Juden umgingen in den ersten Wochen zaghaft und scheu die neu errichteten Bilder. Dann aber hatten sie sich rasch daran gewöhnt, und nachdem der erste Jude in Jerusalem sich vor dem Bild gebeugt und auf den Opferschalen geräuchert hatte, war die Scham geschwunden. In großen Scharen zog man zu den Standbildern der griechischen Götter, beugte sich und opferte, als wäre es Brauch in Israel von altersher. Die Jünglinge, denen das Gesetz der Juden die Scham vorschrieb, zögerten nicht lange, und kaum war das Stadion errichtet, da gingen sie hin, entkleideten sich und übten die Wettspiele der Griechen. Auch im Stadion war ein Götterbild aufgestellt, und vor jedem Kampf beugten sich die Jünglinge, opferten und schritten dann zum Kampf. Die Frommen aber, jung und alt, verließen ihre Häuser und zogen in die Berge. Die vielen Höhlen Palästinas boten ihnen geräumige Wohnungen, muffig zwar und ungesund, aber sie zogen hin, weil sie ihrem Gott nicht abtrünnig sein wollten.
Von Zeit zu Zeit sah der König selbst nach dem Rechten. Wenn er die Standbilder auf dem Tempelplatz sah oder den Wettkämpfen im Stadion beiwohnte, schmunzelte er, denn er wußte, daß das Volk und der Glaube der Juden bald vernichtet sein würden, wenn es so weiter ginge, und daß dann eine neue Jugend aufwachsen würde, die im Geiste Griechenlands erzogen war.

*Mattatias und seine Söhne*

In dem kleinen Gebirgsstädtchen Modiin lebte ein alter Priester aus dem Geschlechte der Hasmonäer mit seinen fünf Söhnen. Er hieß Mattatias, und seine Söhne hießen: Jochanan, Simon, Juda, Jonatan und Eleasar. Zu ihm kamen die Soldaten des Königs und sagten ihm: »Priester, folg uns auf den Marktplatz.« Mattatias ging mit seinen Söhnen hinaus, er sprach kein Wort. Auf dem Marktplatz stand das Standbild des griechischen Gottes. »Priester«, sagte der Soldat, »neige dein Knie vor dem Gott, vor dem du stehst.« Da sagte Mattatias: »Und wenn alle Völker dem König gehorchen, und jeder vom Gott seiner Väter abfällt, so werden doch ich und meine Söhne unserem Gott treu bleiben.« Kaum hatte er das gesprochen, da kam ein Jude an dem Standbild vorbei, bückte sich und hob die Hände, um dem Götzen zu räuchern. Da überkam den alten Mann der Zorn, er zog einen Dolch heraus und erstach den Mann vor den Augen der Soldaten.

Dann aber stürmte er mit seiner ganzen Kraft gegen das Götzenbild und riß den Altar ein. Die Soldaten waren so starr vor Entsetzen, daß sie sich nicht rühren konnten. Mattatias und seine Söhne aber bestiegen rasch ihre Pferde, die bereitstanden, und ritten in das Gebirge. Sie kannten die Wege und die Engpässe, sie kannten die Schluchten und die Höhlen, und niemand konnte sie finden. Im Gebirge aber schmiedeten sie die Pläne für den Aufstand der Juden gegen Antiochus. In langen nächtlichen Versammlungen kamen die Männer zusammen und berieten. Mattatias fühlte seine Kräfte schwinden. Noch mit den letzten Atemzügen dachte er an die Rettung seines Volkes. Er übergab Simon den Sitz im Rate, denn er war der Klügste von seinen Söhnen, Juda aber übergab er die Führung im Kampfe, denn er war der Stärkste und Tapferste von allen. Dann starb Mattatias. Aber zum Trauern blieb keine Zeit.

*Der Aufstand*

Die Männer rüsteten sich zum Kampf, und auf ein Zeichen, das Juda Makkabi mit ihnen verabredet hatte, stürzten sie aus den Verstecken und den Höhlen in das Tal herab. Wo sie auf die Truppen des Antiochus stießen, machten sie sie nieder, rissen die Altäre ein, zerstörten die Götzen und fegten wie ein Sturm über das Land. Der Aufstand kam unerwartet und schnell. Die syrischen Truppen setzten sich oft kaum zur Wehr. An der Spitze der Aufständischen focht Juda wie ein Löwe. Mit einem Hammer schlug er die Feinde nieder. Deshalb nannte man ihn Juda Makkabi, das heißt der Hämmerer. In einem großen Siegeszuge ging es durch das Land bis nach Jerusalem. Überall wichen die Feinde zurück. Die Bevölkerung atmete auf und jubelte den Makkabäertruppen zu.

*Hartmut R. Berlincke, Chanukka*

*Jerusalem frei*

Als man in Jerusalem ankam, zog man in einem Trauerzuge zum Tempel, den die Syrer geschändet und ausgeplündert hatten, dann aber machte man sich an die Arbeit, reinigte und erneuerte ihn und feierte im Jahr 164 ein großes Einweihungsfest. Nach langer Zeit tanzte das Volk wieder auf dem Tempelplatz in Jerusalem, nachdem es Gott für das Wunder der Errettung gedankt hatte. Die heiligen Lampen wurden angezündet, und sie brannten, obwohl das Öl kaum für einen Tag reichte, acht Tage lang. Das Volk und die Priester waren über das Wunder des Ölkrügleins so glücklich, daß sie beschlossen haben, dieses Fest alljährlich zu begehen. Sie nannten es Fest der Weihe, Chanukka, und feierten es acht Tage lang.

*Joachim Prinz*

*Worüber ist Antiochus IV. auf seiner Reise durch Palästina so erzürnt? Was treibt die Makkabäer zum Aufstand?*
*Im Kapitel 7 des 2. Makkabäerbuches ist die Geschichte einer Mutter und ihrer sieben Söhne aufgeschrieben. Dort findest du die Erklärung dafür, warum Gott sich von seinem Volk abwandte. Das 2. Makkabäerbuch zeigt aber auch, daß das Volk Gottes hoffen darf, weil Gott sich ihm wieder zuwenden wird. Lies Kapitel 8,1–7.*

*Der Felsen von Masada*

***Das hat uns gerade noch gefehlt***

»Hundert Jahre waren wir frei, hundert Jahre waren wir selbständig. Und jetzt die Römer im Land! Diese Halsabschneider! Sie rauben die ganze Welt bis auf den letzten Denar aus. Und jetzt sind wir dran. Dabei haben wir alles selbst verschuldet. Warum haben wir zugelassen, daß unsere Hohepriester ständig gegeneinander um Ansehen und Macht kämpften? Jetzt sind also wir dran: überall Zollstellen und bestechliche Zöllner. Sogar für die Aus- und Einfuhr von Kräutern zahlen wir Zoll; für das Passieren von Brücken und Straßen; für unsere Stände auf den Märkten. Alle Preise steigen, und die Armen und Tagelöhner haben nichts mehr zu essen.
Wie lange wird es wohl diesmal dauern? Wann wird Gott uns befreien?«

*Masada darf nicht wieder fallen.*

***Was war geschehen?***

Unter der Führung der Makkabäer waren die Juden politisch unabhängig. Sie eroberten Nachbarstaaten und erweiterten ihren Einflußbereich. Doch dann schwächten Thronstreitigkeiten der Hohepriester das Land. Römische Soldaten eroberten unter Pompeius im Jahr 63 v. Chr. Jerusalem. Die Statthalter

Roms waren bestechlich und ließen mit unerbittlicher Härte die Steuern eintreiben. Aus anfänglicher Unzufriedenheit wuchs schließlich unter den Juden der Haß gegen die fremde Macht.
Was war zu tun? Darüber stritten sich Pharisäer und Zeloten.

*Die Pharisäer* (übersetzt: Abgesonderte)

Sie erwarteten die Endzeit und das Kommen des Messias, des Erlösers nicht in allernächster Zukunft. Das »Reich Gottes« kann der Mensch nicht durch Gewalt herbeiführen, sondern allein durch strenge Beachtung der Gebote. Die Pharisäer waren Schriftgelehrte und Laien, also keine Priester, die sich um die richtige Auslegung, Anwendung und Befolgung der Thora sorgten.

*Die Zeloten* (übersetzt: Eiferer)

Der jüdische Schriftsteller Flavius Josephus schreibt im 1. Jahrhundert nach Christus: »Der Galiläer Judas gründete eine neue Schule, deren Anhänger in allen anderen Stücken mit den Pharisäern übereinstimmen, dabei aber mit großer Zähigkeit an der Freiheit hängen und Gott allein als ihren Herrn und König anerkennen. Sie unterziehen sich auch jeder möglichen Todesart und machen sich selbst nichts aus dem Morde, wenn sie nur keinen Menschen als Herrn anzuerkennen brauchen ... Dieser Heldenmut, diese Standhaftigkeit, diese Tollkühnheit waren es, die das Volk in Aufruhr brachte, als der Landpfleger Gessius Florus durch den Mißbrauch seiner Amtsgewalt dasselbe so zur Verzweiflung trieb, daß es von den Römern abfiel.«

*Was würden die Zeloten zur Verteidigung ihrer Anschauungen vorbringen, was die Pharisäer?*

### *Die Zerstörung Jerusalems*

Als der römische Statthalter Gessius Florus im Jahre 66 n. Chr. aus dem Tempelschatz Geld stahl und seine Soldaten Jerusalem plündern ließ, gab es kein Halten mehr: Der Aufstand brach los. An die Spitze der Aufständischen setzten sich die Zeloten und vertrieben die Römer. Doch bereits vier Jahre später unterlagen die jüdischen Kämpfer den römischen Legionen unter dem Feldherrn Titus. Jerusalem wurde zerstört, und die Tempelgeräte wurden im Triumphzug durch Roms Straßen getragen. Die Aufständischen wurden grausam bestraft, gefoltert und ermordet.
Auf der Bergfestung Masada am Toten Meer verteidigten sich die übriggebliebenen Zeloten noch bis in das Jahr 73; dann mußte dieser letzte Stützpunkt des jüdischen Aufstandes aufgeben. Die 1000 Verteidiger, unter ihnen Frauen und Kinder, zogen dem ungewissen Schicksal in den Händen der Römer einen »Tod in Freiheit« vor: Sie brachten sich gegenseitig um.

*Der Geschichtsschreiber Josephus hat die letzte Rede des Festungskommandanten von Masada, Eleazar, überliefert:*

»Meine großherzigen Freunde, da wir schon vor langer Zeit beschlossen haben, niemals Sklaven der Römer zu werden oder uns irgend jemandem außer Gott zu unterwerfen, müssen wir diesen Entschluß nun in die Tat umsetzen. Laßt uns keine Schande über uns bringen, indem wir uns jetzt nicht nur in Sklaverei begeben, sondern uns auch unerträglichen Strafen aussetzen, wo wir doch zu einer Zeit, da noch keine Gefahr damit verbunden war, uns nicht unterwarfen. Ich bin der Ansicht, daß die Römer mit uns erbarmungslos umgehen werden. Wir waren doch die ersten, die gegen sie revoltierten, und sind nun auch die letzten, die noch gegen sie kämpfen. Ich kann es nicht anders denn als besondere Gnade Gottes ansehen, ruhmreich und in Freiheit das Leben beschließen zu dürfen. Vielen wurde sie nicht zuteil. Es ist offensichtlich, daß wir morgen in der Hand des Feindes sein werden.
Gott hat uns nun überzeugt, daß unsere Hoffnung umsonst gewesen ist, da er uns in solche Not gebracht hat, die über alle unsere Erwartungen geht. Diese Festung, die unüberwindbar schien, kann uns nicht retten.
Das Feuer, das auf unsere Feinde niederging, wandte sich nicht von selbst plötzlich gegen unsere Mauer, sondern es war das Werk des göttlichen Zorns über unsere Sünden, die wir wider unsere eigenen Landsleute begangen haben. Die Strafe für unsere Sünden aber sollen uns nicht die Römer auferlegen, sondern Gott, indem wir selbst Hand an uns legen; denn diese Strafe wird milder sein als die unserer Feinde. Lieber sollen unsere Frauen sterben, ehe sie geschändet werden, und unsere Kinder, ehe sie die Knechtschaft gekostet haben. Und dann, wenn wir sie getötet haben, wollen wir uns gegenseitig den gleichen ehrenvollen Liebesdienst erweisen. Nur so können wir uns die Freiheit, das schönste Denkmal für uns, erhalten.«

*[gekürzt]*

*Horst Bartsch, Jerusalem – Jerusalem*

Der Herr sagt:
»Alle Not wird vergessen sein, ich bereite ihr ein Ende. Alles mache ich jetzt neu: einen neuen Himmel schaffe ich, und eine neue Erde. Dann sehnt sich niemand nach dem zurück, was früher einmal gewesen ist; keiner wird mehr daran denken.

Freut euch und jubelt ohne Ende über das, was ich nun schaffe! Ich mache Jerusalem zur Stadt der Freude, und seine Bewohner erfülle ich mit Glück. Ich selbst will an Jerusalem wieder Freude haben und über mein Volk glücklich sein.

Niemand wird mehr weinen und klagen. Es gibt keine Kinder mehr, die nur ein paar Tage leben, und keiner, der erwachsen ist, wird mitten aus dem Leben gerissen. Wenn einer mit hundert Jahren stirbt, wird man sagen: ›Er war noch so jung!‹ Selbst der Schwächste und Gebrechlichste wird ein so hohes Alter erreichen.

Sie werden sich Häuser bauen und auch darin wohnen können. Sie werden Weinberge pflanzen und selbst den Ertrag genießen. Sie sollen sich nicht lebenslang mühen, nur damit andere den Gewinn davon haben. Alt wie Bäume sollen sie werden, die Menschen in meinem Volk, und den Lohn ihrer Arbeit selbst genießen! Sie werden sich nicht vergeblich abmühen. Die Frauen gebären ihre Kinder nicht länger für eine Zukunft voller Schrecken. Sie sind mein Volk, ich segne sie; darum werden sie mit ihren Kindern leben. Noch ehe sie zu mir um Hilfe rufen, habe ich ihnen schon geholfen. Bevor sie ihre Bitte ausgesprochen haben, habe ich sie schon erfüllt.« *Jesaja, 65,16-24*

*Nach dem Sieg der Römer wird den Juden im Römischen Reich Glaubensfreiheit zugesichert. Jerusalem aber dürfen sie nicht mehr betreten.*
*In den Jahren 1963-1965 werden die Festung Masada und die Lager der römischen Truppen am Fuße des Felsmassivs ausgegraben. Die israelische Regierung läßt eine Erinnerungsmedaille pressen: »Masada shall not fall again«.*
*Masada ist damit zu einem Symbol geworden. Wofür?*
*Über den Aufstand gegen die Römer hat Arnulf Zittelmann einen spannenden Roman für Jugendliche geschrieben: »Zwölf Steine für Judäa«. Hauptperson ist die junge Frau Jedida, die einen heiligen Schatz von Rom nach Jerusalem zurückbringen möchte.*

## *Es wird Tag werden*

Ein Rabbi fragte seine Schüler: »Wann ist der Übergang von der Nacht zum Tag?« - Der erste Schüler antwortete: »Dann, wenn ich ein Haus von einem Baum unterscheiden kann.« - »Nein«, gab der Rabbi zur Antwort. - »Dann, wenn ich einen Hund von einem Pferd unterscheiden kann«, versuchte der zweite Schüler eine Antwort. »Nein«, antwortete der Rabbi. Und so versuchten die Schüler nacheinander, eine Antwort auf die gestellte Frage zu finden. Schließlich sagte der Rabbi: »Wenn du das Gesicht eines Menschen siehst und du entdeckst darin das Gesicht deines Bruders oder deiner Schwester, dann ist die Nacht zu Ende, und der Tag ist angebrochen.«

*Martin Buber*

# Explosion des Glaubens – Paulus

*Salvador Dali, Explosion des Glaubens in einer Kathedrale*

# Die Erinnerung an Paulus lebendig halten

*Liebe Gemeinde,*

ihr habt mich als den Ältesten von euch gebeten, im heutigen Gottesdienst an jenen Mann zu erinnern, der vor zehn Jahren hier in Rom hingerichtet wurde, wie vierzig Jahre vorher sein und unser Herr Jesus Christus vor Jerusalem. Ich meine Paulus, dessen Brief an unsere Gemeinde wir sorgsam aufbewahren und der von denen, die schreiben können, schon oft für andere Christen im Römischen Reich abgeschrieben worden ist.

In den letzten Tagen hören wir mit Stolz die Nachricht, daß unsere Truppen erfolgreich gegen das Volk der Juden kämpfen.

Wird uns dabei aber auch bewußt, daß Paulus diesem Volk angehörte? Daß er zwar in unserer syrischen Provinz aufgewachsen ist, sich aber stets rühmte, ein Kind Abrahams zu sein?

Ich erwähne dies gerade heute, weil Paulus ein Streiter für eine enge Gemeinschaft von Juden und Neugläubigen war. Darum sollte es uns nicht gleichgültig lassen, was in diesen Tagen in unseren östlichen Provinzen geschieht. Es ist nicht einfach, diesen eigensinnigen Mann zu beschreiben, ich will es trotzdem versuchen: Paulus gehörte zu der Gruppe der Pharisäer, die ihr ja aus der Schriftrolle der Guten Botschaft kennt, die wir seit kurzem besitzen. Wie alle diese frommen Männer kannte Paulus die Geschichte Gottes mit seinem Volk, dem Volke Israels, sehr genau. Und er hätte sich gewiß schon eher zu Jesus Christus bekannt, wenn er ihn zu seinen Lebzeiten kennengelernt hätte. So aber hielt er die Jesusanhänger zunächst für Gotteslästerer und bekämpfte sie, wo immer er konnte. Trotz seiner durch Krankheit gezeichneten Gestalt, verstand er es mit gewaltigen Worten, blitzenden Augen und scharfem Verstand, die Menschen zu überzeugen.

Doch eines Tages änderte er sein Leben, überraschend und radikal! Und von nun an galten all sein Denken und Handeln Jesus Christus. Ich will euch erklären, warum ich diese Kehrtwendung des Paulus so bewundere: In meinem Alter weiß ich, wie schwer es ist, umzudenken, wie schwer es ist, sich Fehler einzugestehen. So etwas erfordert Mut. Vor allem, wenn man schon einen langen Weg in eine Richtung gegangen ist, wenn man dafür sogar geachtet und bewundert wurde. Glaubt mir, dann stehen zu bleiben und sich zu sagen, halt, mein Weg ist falsch, die ganze Richtung stimmt nicht, das fällt jedem schwer. Aber ein wenig können wir das ja alle nachempfinden – schließlich sind wir ja alle nicht als Christen geboren.

Jeder von uns mußte umkehren, als er sich zu Christus bekannte.

Der Apostel war erfüllt von dem Gedanken, die ganze Welt zu bekehren. So zog er durch fast alle Provinzen unseres Reiches, predigte Christus, den Gekreuzig-

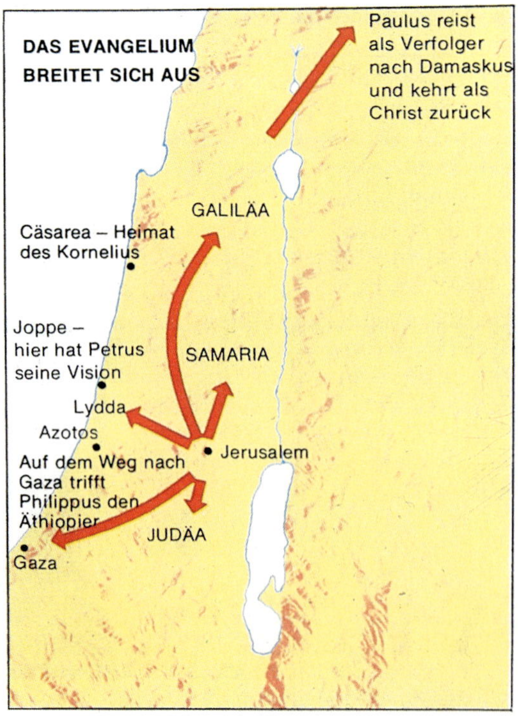

ten und Auferstandenen, und gründete christliche Gemeinden. Dabei gewann er nicht nur Freunde, oft wurde er verspottet, manchmal ausgepeitscht oder ins Gefängnis geworfen. Das aber hat ihn nur bestärkt, weil er sich dadurch auch im Leiden mit seinem Herrn vereint wußte. Ich will euch aber auch sagen, warum das Wort vom Kreuz gerade für Juden ein solches Ärgernis darstellt. In den alten Schriften steht: »Verflucht ist, wer am Holze hängt.« Nun behaupten jedoch immer mehr Menschen, es sei Gott selbst gewesen, der dort am Kreuz gestorben ist. So predigte Paulus nun allen Gemeinden, daß Gott in seinem Sohn Jesus Christus ein Mensch geworden und als solcher gestorben ist. An die Stelle des Vertrauens auf die eigenen Fähigkeiten tritt das Vertrauen auf Gottes Liebe. Weil Gott selbst niedrig, schwach und zerbrechlich geworden ist, darum ist er uns so nah.

Wie schön und befreiend das für uns ist, liebe Schwestern und Brüder, können wir täglich spüren. Wir müssen weder durch große Taten noch mit großen Worten vor uns selbst und vor anderen glänzen. Frei von diesem Zwang dürfen wir sagen: »Ja, Gott, du bist bei uns, gerade wenn wir ängstlich und schwach sind. Du, Gott, beschenkst uns und machst uns frei.« Was aber bedeutet diese Freiheit?

Unser Apostel war immer wieder erschreckt, wenn Christen die von Gott geschenkte Freiheit falsch verstanden und gegeneinander stritten. Eine Gemeinde, die vor lauter Freiheit die Schwester und den Bruder nicht mehr beachtet, sei er nun arm oder reich, hoch oder niedrig, Sklave oder Freier, ist noch nicht frei. Eine christliche Gemeinde lebt erst dann wirklich frei, wenn sich in ihr auch der Schwächste frei fühlt.

Liebe Gemeinde, wir können die Erinnerung an Paulus lebendig halten, wenn wir nicht nur glauben und hoffen, sondern uns mit Liebe begegnen.

*Kirche St. Jürgen zu Itzehoe: Die Bekehrung des Saulus*

*Diese Gemeindeansprache ist so nicht gehalten worden. Sie faßt aber für euch wichtige Informationen über Paulus und sein Leben zusammen. Arbeitet diese Informationen in Stichwörtern heraus.*
*Wer über die Zeit des jüdischen Krieges zwischen 65 und 130 n. Chr. mehr wissen möchte, schlage dazu im Kapitel »Zerstreut in alle Welt« nach.*
*Beschreibt und deutet das Bild auf Seite 87*
*Glaube ist nicht bildlich darzustellen. Der Maler Salvador Dali gab seinem Bild den Titel »Explosion des Glaubens in einer Kathedrale«.*
*Welcher Zusammenhang besteht zwischen dem Bild und dem, was in dieser Ansprache über den Glauben des Paulus gesagt wird?*

## *Nachdem Jesus am Kreuz gestorben war*

***Jesus und Paulus***

Als Jesus gekreuzigt war, schauten die Hohen Priester zufriedener in die Zukunft, Juden und Römer nahmen in Jerusalem und Galiläa ihre Geschäfte wieder auf.
Viele der Frauen und Männer, denen Jesus Hoffnung und Mut gemacht hatte, schienen nun am Sinn des Lebens zu zweifeln. Aber für einige war mit Jesu Tod nicht alles vorbei.
Sie hatten erfahren: Jesus ist auferstanden. Er ist der Messias und wird als Erlöser wiederkommen!
Manch einer schüttelte darüber nur den Kopf, andere aber empörten sich so wie Paulus. Er wußte zu genau: Niemals kann ein Gekreuzigter der Messias sein! Verfolgen mußte er die kleine Gemeinde von Besserwissern. Verfolgen mußte er sie, bis er eines Tages vor Damaskus ein entscheidendes Erlebnis hatte. Er erkannte plötzlich, daß Gott mit dem Ärgernis und dem Scheitern des Gekreuzigten den Menschen eine ganz neue Wahrheit zeigen will: Die Wahrheit ist nicht dort, wo Stärke, sondern dort, wo Schwachheit und Elend herrscht.
Hatte er bisher auf seine eigenen Möglichkeiten, seinen eigenen Lebenswandel gesetzt, so setzte er nun auf seine Schwachheit, um ganz aus der Kraft Gottes zu leben.

*Lukas schildert aus seiner Sicht, was Paulus vor Damaskus erfuhr. Lies: Apostelgeschichte 9,3–19.*
*Paulus ist vor Damaskus ein anderer Mensch geworden. Was ist mit ihm geschehen? Könntest du dir vorstellen, dein Leben von dem einen auf den anderen Tag zu ändern?*

## *Was man über den Apostel Paulus wissen muß*

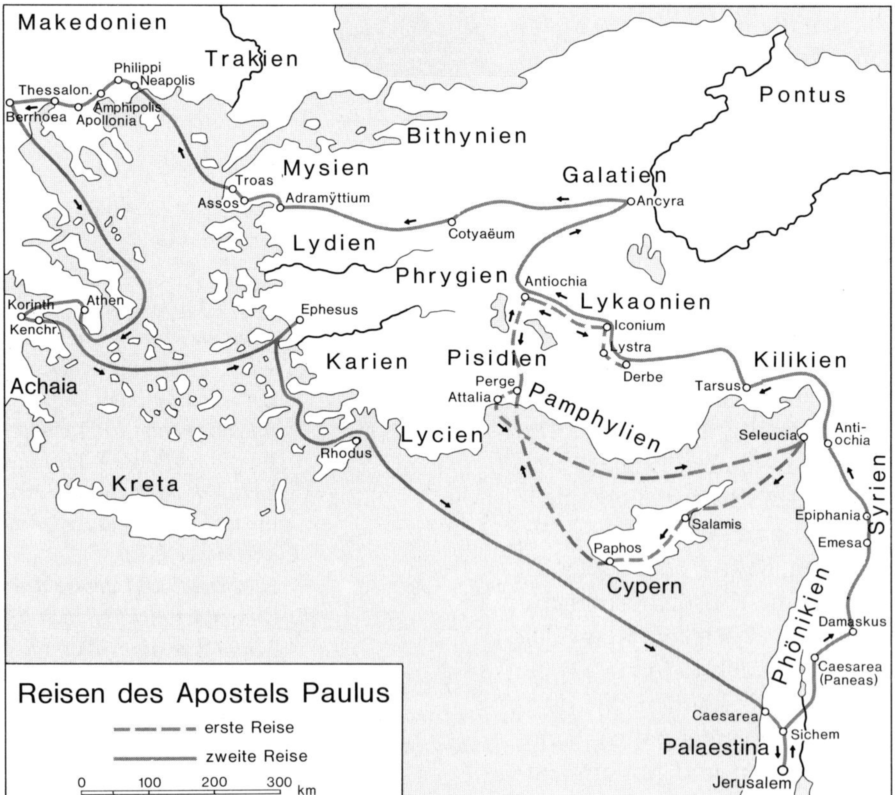

| | |
|---|---|
| Geburt in Tarsus | um 6 n. Chr. |
| Kreuzigung Jesu | um 30 |
| Erste Begegnung mit Christen | um 30/31 |
| Bekehrung und Berufung | um 32 |
| Mission in Arabien (Galater 1,12; 2. Korinther 11,32) | um 34/35 |
| Missionsarbeit in Syrien und Kilikien (Galater 1,21-24). - 1. Missionsreise (Apostelgeschichte 13/14) | 37 bis 48 |
| Apostelkonvent in Jerusalem. Paulus wird als Apostel der Heiden bestätigt (Galater 2,1-10/Apostelgeschichte 15,1-29) | 48 |
| Mission in Kleinasien und Griechenland. - 2. Missionsreise | 49 bis 51 |
| Paulus in Korinth | 18 Monate Winter 49 bis Sommer 51 |
| Mission in Kleinasien und Griechenland. Paulus sammelt die Kollekte für Jerusalem. - 3. Missionsreise | 52 bis 56 |
| Paulus in Ephesus | um 52 bis 55 |
| Letzter Aufenthalt in Mazedonien und Achaia | um 55/56 |
| Jerusalemreise und Gefangennahme (Apostelgeschichte 21 ff.) | 56 |
| Überführung des Gefangenen nach Rom (Apostelgeschichte 27) | um 58 |
| Zweijährige Gefangenschaft in Rom | 58 bis 60 |
| Märtyrertod des Paulus unter Nero | 60 |

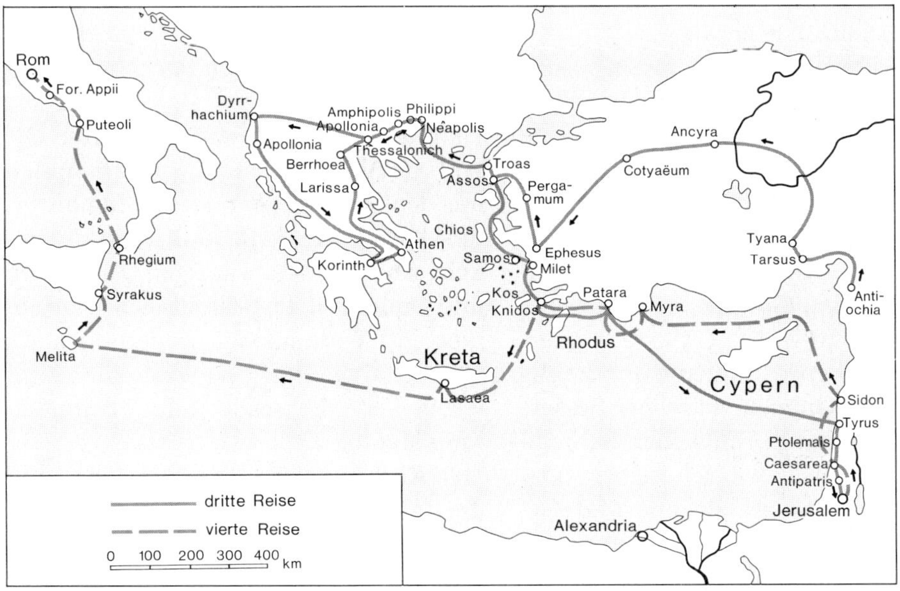


***E**ntwerft eine Rede, in der Paulus die Gemeinde von Damaskus, die er bis dahin verfolgt hat, um Aufnahme bittet. Vergleicht Apostelgeschichte 9,19-25.*

In Korinth entstand um das Jahr 49 eine christliche Gemeinde, die Paulus ins Leben gerufen hatte. Es war eine sehr schwierige Gemeinde. In Korinth gab es soziale Spannungen: auf der einen Seite viele Sklaven und Hafenarbeiter, auf der anderen wenige wohlhabende Leute. Es wurde über Alltags- und Glaubensfragen gestritten. Zum Beispiel: Wie geht man mit jemandem um, der mit der Frau seines Vaters zusammenlebt? Was macht man, wenn man einen Rechtsstreit mit einem anderen Christen aus der Gemeinde auszutragen hat? Darf ein Christ eine Prostituierte besuchen? Wie steht es mit der Scheidung? Was bedeutet die Taufe? Wie soll man sich die Auferstehung vorstellen? Wie verhält man sich beim Abendmahl? Und ist es nicht etwas ganz Besonderes, wenn man die Begabung des Zungenredens besitzt?

Über all diese Fragen wurde in Korinth heftig diskutiert.

Die Korinther beriefen sich auf Paulus. Hatte der nicht gesagt, alles sei erlaubt, es gäbe keine Knechtschaft mehr, alles Unrecht sei von uns genommen?

Paulus mußte viele Briefe an diese Gemeinde schreiben und ständig neue Mißverständnisse ausräumen.

Der Schriftsteller J. Hollenweger stellt sich die Gemeinde in Korinth so vor:

Die Zusammenkunft der Christen fand an diesem Sonntagabend im Hause des Gajus statt. Dies und anderes beredete ich mit Tertius auf dem Wege. Er nannte die Sekte der Christen immer »die Bürgerversammlung Gottes«.

Als wir im Hause des Gajus ankamen, waren schon etwa zwanzig bis dreißig Personen versammelt, meistens bessere Leute aus Korinth, entweder Schreib- oder Haussklaven wie ich selber, oder aber relativ begüterte Beamte und Gewerbetreibende. Im ganzen herrschte eine gelockerte Stimmung, anders als bei offiziellen Empfängen. Die meisten Neuankömmlinge brachten etwas Eßbares mit: Früchte, Brot, Käse, Oliven, Blumen. Alles wurde auf einen großen Tisch gelegt. Ich war etwas verlegen, da ich nichts mitgebracht hatte.

Der Innenhof der Villa des Gajus füllte sich mehr und mehr. Nach der Abenddämmerung kamen auch Hafenarbeiter. Hätte man sie nicht gesehen, man hätte sie gerochen, denn sie brachten den typischen Geruch der Hafenarbeiter mit sich: Salzwasser und Fisch. Zudem kam nach acht Uhr eine ganze Clique von Hilfsarbeitern – alles Sklaven, wie man schon ihrem Benehmen anmerkte – und ausländische Arbeitskräfte aus Oberägypten und anderen entlegenen Orten des Römischen Reiches. Unter sich redeten sie übrigens weder griechisch noch lateinisch, sondern irgendeinen barbarischen Dialekt. Erastus begrüßte sie ebenfalls und schenkte ihnen Wein ein, wie allen anderen. Allerdings reichte es nicht mehr für sie alle, denn sie hatten offenbar einen Riesendurst. ...

Bei den Hilfsarbeitern und Ausländern war mir schon lange eine etwas exotische Frau aufgefallen mit kurzgeschnittenen Haaren und einem purpurnen Kleid. Soweit ich das im Licht der unterdessen angezündeten Fackeln feststellen konnte, bewegte sie eine kleine Handtrommel, eine Art Tamburin. Die Hilfsarbeiter standen auf und stampften mit den Füßen den Takt des Tamburins mit. Ich merkte, daß sie in außerordentlich scharfen und zackigen Rhythmen und einfachen fast einfältigen Harmonien, ein Wort ständig wiederholten. Es hieß »marana-tha«, wobei sie die zweitletzte und die letzte Silbe betonten: »marana-tha«.

Der Becher wurde herumgereicht, und die Frau im purpurnen Kleid – unterdessen hatte ich gehört, daß sie Chloe hieß – schlug wieder die Handtrommel,

und die Christen sangen, angeführt von den ausländischen Arbeitern, »marana-tha, marana-tha«.
Dann stand Chloe auf und redete heftig, mit geschlossenen Augen. Sie hatte die Haare mit einem Schleier bedeckt, der im Fackelschein rot aufglühte. Sie kam mir vor wie eine Orakelprophetin aus dem alten Griechenland. Von dem was sie sagte, verstand ich kein Wort. Vielleicht sprach sie ausländisch für die Ausländer.
Als sie geendet hatte, redete einer der Ausländer in gebrochenem, aber gut verständlichem Griechisch. Offenbar übersetzte er die Chloe. Er sagte ungefähr folgendes: »Vor mir sind alle gleich, Juden und Griechen, Sklaven und Freie, Männer und Frauen. Ehret jeden und jede als Heilige Gottes. Im Volk Gottes gibt es nur Heilige, keine noch Heiligeren! So spricht der Herr.«
Kaum war die Übersetzung zu Ende, gab es eine allgemeine Diskussion. Ich verstand selbstverständlich nur das, was um mich herum geredet wurde. Die Ausländer und die Sklaven hatten sich auf der linken, mir gegenüberliegenden Seite aufgestellt. Sie konnte ich nicht verstehen, obschon sie laut gestikulierten und manchmal auch etwas zu den Christen herüberschrien, die um mich herum standen. Diese sagten zueinander: »Nimmt mich wunder, wie lange Krispus, Gajus und Erastus diese Chloe und ihre Anhänger noch gewähren lassen? Müssen wir uns wirklich Sonntag für Sonntag von diesen doch etwas primitiven Menschen anpöbeln lassen? Ganz abgesehen davon, daß ihr Verständnis des Glaubens etwas einfältig ist. Gewiß, sie erwarten nicht gerade, daß die Christen sie zu freien Menschen in der Stadt Korinth machen. Aber im Gottesdienst – das geht klar aus ihrem Verhalten hervor – erwarten sie tatsächlich, als Gleichberechtigte aufzutreten. Manchmal hat man den Eindruck, daß sie sich auf ihre Primitivität, auf ihre geistige und materielle Armut noch etwas einbilden.«
Ich hatte beobachtet, daß Erastus den Innenhof des Hauses, in dem die Christen versammelt waren, verlassen hatte. Nun kam er wieder zurück mit einer Rolle unter dem Arm. Da er mich so freundlich begrüßt hatte am Anfang, wagte ich, ihn zu fragen, was denn dies alles bedeute: »Ja, sehen Sie, bei den Christen ist es grundsätzlich anders als bei den übrigen Religionsvereinigungen. Bei den Christen versammeln sich nicht die Freien zu einem Gottesdienst und die Sklaven zu einem anderen, und die gehobeneren Sklaven – er erwähnte das extra, da er natürlich wußte, daß ich zu diesen gehörte – wissen dann nie recht, zu welchen sie eigentlich gehören.«
»Aber«, fragte ich, »gibt es denn da nicht allerhand Schwierigkeiten?«
»Und ob«, lachte er, »Sie sehen es ja heute abend.«

*Walter J. Hollenweger, gekürzt*

***Worterklärung***

*Maranatha/maranata ist ein aramäischer Ausdruck, der wahrscheinlich mit »Unser Herr, komm!« zu übersetzen ist. Die Korinther baten damit um die Wiederkunft Christi.*
*Welche Forderungen erheben Chloe und ihre Anhänger?*
*Was gefällt dir an dieser Versammlung?*

*Was stellst du dir unter einer »Bürgerversammlung Gottes« vor?*

*Einerseits schrieb Paulus den Galatern: »Zur Freiheit hat uns Christus befreit! So steht nun fest und laßt euch nicht wieder das Joch der Knechtschaft auflegen!« –*

*andererseits schrieb er den Korinthern: »Alles ist mir erlaubt, aber nicht alles ist gut für mich. Alles ist mir erlaubt, aber ich darf mich von nichts beherrschen lassen.«*
*(1. Korinther 6,12)*

*Worin bestehen die Unterschiede zwischen beiden Aussagen?*

## Menschen vor Gott

Kein Mensch kann vor Gott bestehen;
keiner ist verständig und fragt nach Gottes Willen.
Alle sind vom rechten Weg abgekommen;
allesamt sind sie zu nichts zu gebrauchen.
Keiner von ihnen tut das Rechte, nicht einmal einer.
Was sie sagen, bringt Tod und Verderben;
von ihrer Zunge kommen bösartige Lügen.
Ihre Worte sind tödlich wie Natterngift;
Flüche und Drohungen sprudeln aus ihrem Mund.
Vor keiner Untat schrecken sie zurück:
sie vergießen das Blut unschuldiger Menschen;
wo sie gehen, hinterlassen sie Verwüstung.
Um Glück und Frieden für andere kümmern sie sich nicht.
Sie kennen keine Ehrfurcht vor Gott.

*Römer 3,9–18*

*Kannst du Paulus zustimmen?*

*Sucht für jeden Vers Beispiele, die Paulus bestätigen, und solche, die ihm widersprechen. Bedenkt dabei auch die dreitausend Jahre alte Erkenntnis, zu der Menschen im Blick auf das Leben gekommen sind: »Das Dichten und Trachten des menschlichen Herzens ist böse von Jugend auf« (1 Mose 8,21).*

*M. C. Escher, Auge*

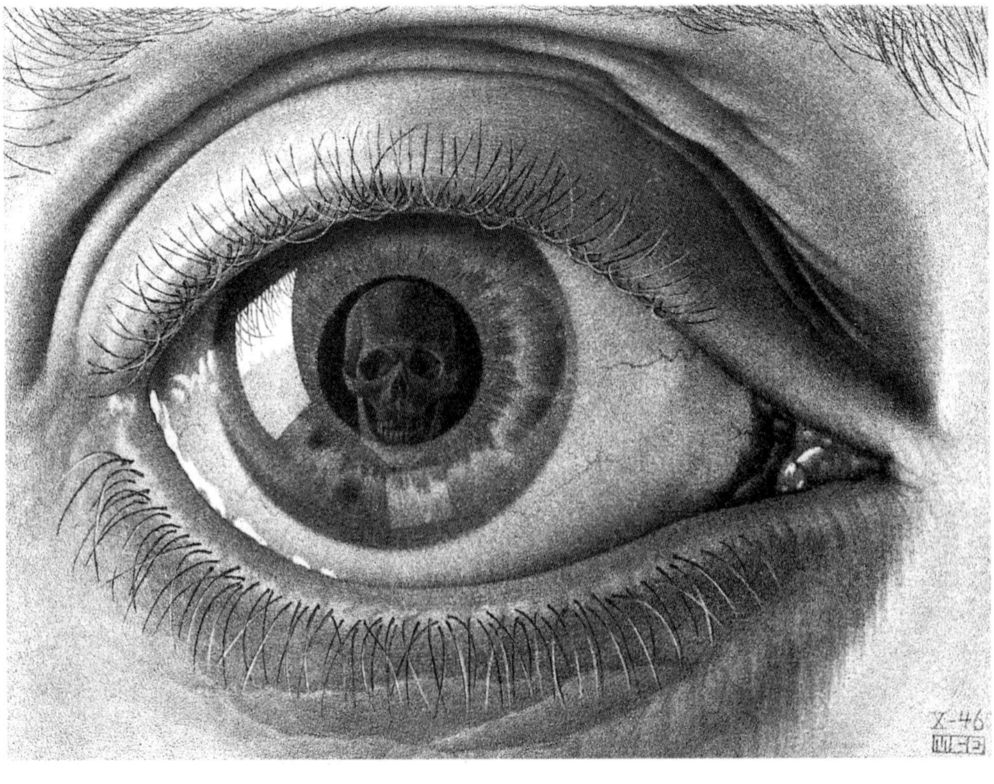

Gott hat so gehandelt, wie es seinem Wesen entpricht. Er hat selbst dafür gesorgt, daß die Menschen vor ihm bestehen können. Er hat das Gesetz beiseite geschoben und will die Menschen annehmen, wenn sie einzig und allein auf das vertrauen, was er durch Jesus Christus getan hat.
Das gilt ohne Ausnahme für alle, die dieses Vertrauen haben. Vor Gott gibt es keinen Unterschied. Alle sind schuldig geworden und haben die Herrlichkeit verscherzt, die Gott ihnen geschenkt hatte. Aber Gott hat mit ihnen Erbarmen und nimmt sie wieder an. Das ist ein reines Geschenk. Durch Jesus Christus hat er uns aus der Gewalt der Sünde befreit. *Römer 3,21-24*

*Worin besteht der Anteil des einzelnen an diesem Geschenk?*
*Welche Möglichkeiten hast du, wenn dir ein Geschenk angeboten wird?*
*Stelle dir einen Menschen vor, der unter seiner Schuld leidet: Kann ihn eine solche Zusage trösten? Zieht den Text von Martin Luther auf Seite 153 hinzu.*
*Bedenke den Lebensweg des Paulus: Welche Rolle spielte für ihn da die Erfahrung von Schuld und Annahme?*

## *Freude oder Bitternis?*

Einmal saß ich bei einer Bahnfahrt neben einem jungen Mann, dem sichtlich etwas Schweres auf dem Herzen lastete. Schließlich rückte er denn auch damit heraus, daß er ein entlassener Sträfling und jetzt auf der Fahrt nach Hause sei. Seine Verurteilung hatte Schande über seine Angehörigen gebracht, sie hatten ihn nie im Gefängnis besucht und ihm auch nur ganz selten geschrieben. Er hoffte aber trotz allem, daß sie ihm verziehen hatten.
Um es ihnen aber leichter zu machen, hatte er ihnen in einem Brief vorgeschlagen, sie sollten ihm ein Zeichen geben, an dem er, wenn der Zug an der kleinen Farm kurz vor der Stadt vorbeifuhr, sofort erkennen könne, wie sie zu ihm stünden. Hatten die Seinen ihm verziehen, so sollten sie in dem großen Apfelbaum an der Strecke ein weißes Band anbringen. Wenn sie ihn aber nicht wieder daheim haben wollten, sollten sie gar nichts tun, dann werde er im Zug bleiben und weiterfahren, weit weg. Gott weiß, wohin.
Als der Zug sich seiner Vaterstadt näherte, wurde seine Spannung so groß, daß er es nicht über sich brachte, aus dem Fenster zu schauen. Ein anderer Fahrgast tauschte den Platz mit ihm und versprach, auf den Apfelbaum zu achten. Gleich darauf legte er dem ehemaligen Sträfling die Hand auf den Arm. »Da ist er«, flüsterte er, und Tränen standen ihm plötzlich in den Augen, »alles in Ordnung. Der ganze Baum ist voller weißer Bänder.«
In diesem Augenblick schwand alle Bitternis, die ein Leben vergiftet hatte. »Mir war«, sagte der Mann später, »als hätt' ich ein Wunder miterlebt. Und vielleicht war's auch eins.«

*Nach John Kord Lagemann*

*Welche Erfahrungen machen die Personen in der Geschichte? Was wird die Familie des jungen Mannes bewogen haben, die weißen Bänder aufzuhängen?*

**Ungleich – gleich**

*Aus dem Brief des Paulus an die Galater*

Es hat darum nichts mehr zu sagen, ob einer Jude ist oder Nichtjude, ob er Sklave ist oder frei, ob Mann oder Frau. Durch eure Verbindung mit Jesus Christus seid ihr alle zu einem Menschen geworden. Wenn ihr aber Christus gehört, seid ihr auch Abrahams Nachkommen und bekommt, was Gott Abraham versprochen hat. *Galater 3,28–29*

*Aus dem Brief des Paulus an die Korinther*

Jeder diene Gott an dem Platz, an dem sein Ruf ihn erreicht hat. Warst du ein Sklave, als Gott dich zum Glauben rief, so mach dir nichts daraus; doch wenn sich dir die Gelegenheit bietet freizuwerden, dann nutze sie um so mehr dazu, dem Herrn zu dienen. Ein Sklave, der zur Gemeinde des Herrn berufen ist, ist schon frei, weil er dem Herrn gehört. Umgekehrt hat Christus den, der als freier Mann berufen wurde, zu seinem Sklaven gemacht.
Christus hat dafür bezahlt, daß ihr jetzt ihm gehört. Darum macht euch nicht zu Sklaven menschlicher Maßstäbe!
Jeder von euch, Brüder, soll an dem Platz bleiben, an dem er war, als Gott ihn rief, und er soll diesen Platz so ausfüllen, wie es Gott gefällt.

*1. Korinther 7,20–24*

*Informationen*

Seit 1926/27 ist die Sklaverei völkerrechtlich verboten. Sklaverei in schlimmster Form gab es aber auch noch in den Konzentrationslagern z. Zt. des Nationalsozialismus. Trotz des völkerrechtlichen Verbots gibt es auch heute noch Formen der Sklaverei, z. B. Kinderarbeit in Ländern der Dritten Welt.
Der Sklave ist ein persönlich unfreier Mensch, der Eigentum eines anderen Menschen ist. Die Sklaverei hat sich in verschiedenen Gebieten der Erde selbständig entwickelt. Nach verbreiteter Ansicht entstand sie, als der Brauch, die Besiegten im Krieg ausnahmslos zu töten, aufgegeben wurde. Sowohl im Alten Orient als auch in Griechenland und Rom der Antike war die Sklaverei verbreitet.
In Israel unterschied man zwischen fremden Sklaven, die für niedere Dienste eingesetzt und auch weiterverkauft werden durften, und solchen aus dem eigenen Volk, die nicht zu entwürdigenden Tätigkeiten herangezogen werden durften und nach sieben Jahren oder im Erlaßjahr, dem 50. Jahr, wieder in ihre ursprünglichen Rechte eingesetzt werden sollten. Vergleiche 3. Mose 25.
Menschen wurden als Kriegsgefangene versklavt, Kinder von Sklaven blieben Sklaven. Für den Menschenhandel gab es regelrechte Sklavenmärkte.
In der Römischen Republik kam es im 2. und 1. Jahrhundert v. Chr. zu Sklavenaufständen (z. B. Spartakusaufstand), die aber mit Gewalt unterdrückt wurden und die nichts daran zu ändern vermochten, daß Sklaven rechtlich als Dinge und nicht als Menschen behandelt wurden.
In der griechisch-römischen Welt konnten Sklaven zu einflußreichen Positionen aufsteigen, aber die Mehrheit diente als Haus- und Arbeitssklaven in Landwirtschaft und Handwerk.
Sehr schwere körperliche Arbeit, z. B. in Bergwerken in Zehnstundenschichten Edelmetalle zu fördern, war ausschließlich Sklaven vorbehalten. Sklaven konnten auch weitervermietet werden. Durchschnittlich reichten drei vermietete Sklaven aus, einem Bürger den Lebensunterhalt zu sichern.
Die frühen christlichen Gemeinden bestanden wohl mehrheitlich aus Sklaven.

Auf dem Marktplatz drängten sich die Händler, Käufer und Besucher. An kleinen Tischen würfelten die feinen Herren um den nächsten Becher ephesinischen Weines, als ein jüngerer Mann auftrat. Zögernd setzte er sich auf einen der kleinen Hocker am Nachbartisch; auch er bestellte einen Becher Wein.
Plötzlich wurde er angesprochen: Wie er heiße, wo er herkäme, was er hier wolle, wohin er ginge? Der Bursche erschrak, antwortete aber, als stünde er in einem Verhör: Onesimus ist mein Name, ich komme aus Kolossa, ich suche im Auftrag meines Herrn einen Mann namens Paulus, und wann ich wieder zurückkehren werde, das hängt ganz von dem Gang meiner Geschäfte ab. Onesimus redete immer selbstbewußter, bis ihm sein Nachbar sagte, daß er sein Maul halten solle, man rieche es ja drei Stadien gegen den Wind, daß er ein Entlaufener sei. Onesimus stand auf, zahlte und verschwand. Was sollte er hier in Ephesus? Konnte er zurück zu Philemon, seinem Herrn? Oder könnte vielleicht doch der einzige, den er hier kannte, Paulus, für ihn etwas tun? Es war eine fast aussichtslose Situation. Er könnte sich Arbeit suchen, Schreiber werden immer gebraucht, aber eins stand schon fest, hier würde er nicht unentdeckt bleiben.
Er schlich durch die Gassen und Basare wie eine Katze in fremdem Revier. Wie sollte er Paulus finden, oder den anderen, den freigelassenen Sklaven, Timotheus, was könnten sie ihm raten? Während er so grübelte, gelangte er an eine Synagoge, vor der ein paar Frauen standen.
Onesimus schlenderte zu ihnen hinüber, faßte Mut und fragte, ob sie einen Mann namens Paulus aus Tarsus kennen würden. Die Frauen blickten sich an, Onesimus hatte das Gefühl, sie wüßten, von wem er sprach. Wieder Fragen, warum, wieso, weshalb. Dann nahm ihn eine der Frauen zur Seite und flüsterte, daß der, den er suche, im Kerker säße, aber seine Freunde träfen sich im Haus des Demas.
»Wenigstens etwas«, dachte Onesimus und machte sich auf den Weg. Er wurde sogar richtig fröhlich, obwohl er gerade erfahren hatte, daß Paulus im Gefängnis saß. Am Haus des Demas angelangt, klopfte er und wurde eingelassen. Timotheus begrüßte ihn freudig, gab ihm den Kuß, als sei er einer von ihnen. Und schon wieder Fragen über Fragen, ihm wurde ganz schwindelig: Philemon? Kolossä? Gemeinde? Aphia? Archippus? Epaphras? Laodizea? Nympha? – Die Anwesenden wollten alles über die Gemeinde in Kolossä, die Nachbargemeinden und Personen wissen. Onesimus winkte ab, dann erzählte er, was er wußte, verschwieg aber, was ihn bedrückte. Endlich wurde ihm ein Nachtlager eingerichtet und Timotheus versprach ihm, sich dafür einzusetzen, daß Onesimus in den nächsten Tagen Paulus besuchen könne.

*Christian Machalet*

*Welche Haltung zur Sklavenfrage vertritt Paulus im Brief an die Galater und an die Korinther?*
*Spielt das Gespräch zwischen Onesimus und dem im Kerker sitzenden Apostel:*
*Was wird Paulus vortragen, was wird Onesimus sagen?*
*Zu welchen Ergebnissen könnte das Gespräch führen?*
*Nachdem ihr das Gespräch im Gefängnis gespielt habt, lest den Brief des Paulus an Philemon.*
*Vergleicht eure Ergebnisse mit der Antwort des Paulus.*
*Spielt nun die Szene der Ankunft des Onesimus in Kolossä. Teilnehmer könnten außer Philemon und Onesimus auch Christen (Freie und Sklaven) aus der Gemeinde von Kolossä sein.*

## *Vergeben können*

Frau Beate S. traute ihren Augen nicht. Aber da stand es schwarz auf weiß und ließ sich nicht mehr wegleugnen:

*Sehr geehrte Frau S.,*
*leider sind wir gezwungen, Ihnen mitteilen zu müssen, daß Ihre Tochter Ulrike S., 13 Jahre, letzten Donnerstag, den 14.6. 19.. um 14.30 Uhr von unserer langjährigen Kaufhausdetektivin, Frau M., in der Schreibwarenabteilung unseres Hauses in N. beim Diebstahl eines Füllers im Wert von DM 10,50 erwischt worden ist.*
*Da es sich wertmäßig gesehen um einen kleinen Diebstahl handelt, sehen wir von einer Anzeige ab, erteilen aber Ihrer Tochter ein halbes Jahr Hausverbot.*
*Bitte verstehen Sie unsere Maßnahmen.*
*Hochachtungsvoll*

Beate war entsetzt und wütend. Ihre Tochter! Na, warte nur, dachte sie, wenn du heute heimkommst! Hausverbot! Daß ich nicht lache! Zimmerarrest wirst du bekommen, daß du nachdenken kannst, und das mit dem Zelten da, mit deinen Freundinnen, das kannst du gleich vergessen! So eine Schande! – Oh, ich könnte dich windelweich ... Mensch!
Wenn das jemand gesehen hat, dann heißt es ja gleich wieder: Naja, die S.! Wenn die einen Mann hätte, dann wäre das mit ihrer Tochter nicht passiert. Aber so – ist ja kein Wunder!
Und dann das Tuscheln im Treppenhaus hinter ihrem Rücken: der ihre Tochter stiehlt! Und die alte Schuster von nebenan! Hämisch grinsen würde die!

In Beate stieg kalte Wut empor. Hatte sie das verdient? Hatte sie es nicht sowieso schwer gehabt? Ein Kind, einen Beruf, aber keinen Ehemann? Hatte sie nicht alles für Ulrike getan? In der Verwandtschaft! In der Schule! Und jetzt das!
Na warte, wenn du heimkommst, dann ...
Plötzlich fiel Beate etwas ein. Sie hatte es längst vergessen. Es war an einem kalten Dezembertag vor etwa 15 Jahren.
Beate konnte sich auf einmal wieder an alles genau erinnern. Es war kalt gewesen. Naßkalt. Schnee und Regen hatten einander abgelöst. Sie war in der Stadt gewesen. Am Arbeitsamt. Wieder nichts! Wie lange sollte das noch so weitergehen? Um sie herum waren Menschen. Aber keiner sah sie. Freilich, mancher drehte sich nach ihren langen offenen Haaren um, aber in Wirklichkeit sah sie doch keiner. Keiner wußte um ihre Arbeitslosigkeit, keiner kannte ihre Situation.
Irgendwann war sie in einem Kaufhaus. ›Stille Nacht‹ dann ›Süßer die Glocken nie klingen‹ usw. Beate wurde weitergeschoben. Strümpfe, Hemden, Unterwäsche, Schreibwaren, Geschenkpapier, Schmuck, Nachthemden, dazwischen wieder ein leise rieselnder Schnee aus dem Lautsprecher, der von einer Stimme, die Sonderangebote zu Weihnachten versprach, unterbrochen wurde, wieder Süßigkeiten, Bücher, Schmuck, Fotoartikel ... Beate wurde geschoben und keiner sah, wie sie plötzlich beim Schmuck stehen blieb. Keiner achtete auf sie, wie sie die Herrenarmbanduhren musterte. Und keiner bemerkte, wie sie fast automatisch nach einer Uhr langte und sie mitnahm. Einfach so. Es war gar nicht so schwer. Keiner hatte sie gesehen. Und sie hatte kein schlechtes Gewissen. Erst bei den Süßigkeiten wurde ihr bewußt, daß sie gestohlen hatte.
Aber es hat dich doch keiner gesehen, beruhigte sie sich, sonst wären sie schon längst hinter dir her. Außerdem, viel-

leicht kannst du die Uhr versetzen, bei einem Pfandbüro oder wie die heißen, wo man sich Geld leihen kann. Keiner hat sie gesehen. Keiner?
Beate ging weiter. Zu den Büchern. Nur nicht auffallen, dachte sie. Sie drehte an den Bücherständern. Nur nicht auffallen. Aber es hat dich ja eh keiner gesehen. Warum auch? Bei den vielen Menschen. Plötzlich klopfte ihr jemand auf die Schulter. Beate zuckte zusammen. Jetzt. Jetzt hatten sie sie! Aber es war nur eine ältere Frau. Beate beruhigte sich. Verzeihung, lächelte die Fremde, ich hab sie vorhin beobachtet, und dabei zückte sie einen Ausweis. Beate wurde bleich. Sie ging mit. Die Rolltreppen hinauf. Sie wehrte sich nicht. Sie ging einfach mit. Willenlos. Und dann tranken sie im Restaurant des Kaufhauses Kaffee.
Beate erzählte der Detektivin alles, sie redete und redete und nach zwei Kaffee war alles erzählt, was sie so lange bedrückt hatte, ihre gespannte Freundschaft zu einem jungen Mann, ihr Schulabgang, keine Arbeit usw.
Sie hatte alles erzählt. Mehr als sie eigentlich gewußt hatte. Nach und nach war es aus ihr herausgekommen.
Es war keine Entschuldigung für die Uhr, das wußte sie genau. Und jetzt wartete sie auf die Folgen. Aber die Frau gab ihr ein Taschentuch, das sie so nötig hatte, und reichte ihr die Hand. Fremde mußten meinen, zwei Bekannte verabschieden sich da. Irgendwie war sie wieder auf der Straße. Ohne Polizei. Ohne Anzeige. Und auch ohne die Uhr. Aber mit einem Händedruck von jemandem, der ihr zugehört hatte.
Beate richtete sich auf. Sie fuhr sich über das Haar. Der Brief fiel ihr aus der Hand.
Als Ulrike, ihre Tochter, von der Schule heimkam, nahm Beate sie nach langer Zeit wieder in die Arme und gab ihr einen Kuß. Und Ulrike wehrte sich nicht. Sie weinte an ihrer Schulter.

*Walter Mirbeth*

## *Liebe ist nicht nur ein Wort*

2. Freiheit ist nicht nur ein Wort,
Freiheit das sind Worte und Taten.
Als Zeichen der Freiheit ist Jesus gestorben,
als Zeichen der Freiheit für diese Welt.

3. Hoffnung ist nicht nur ein Wort,
Hoffnung das sind Worte und Taten.
Als Zeichen der Hoffnung ist Jesus lebendig,
als Zeichen der Hoffnung für diese Welt.

*Text: Eckart Bücken, Melodie: Gerd Geerken, aus: Neue geistliche Lieder, Gustav Bosse Verlag*

Wenn ich mit Menschen- und mit Engelzungen redete und hätte die Liebe nicht, so wäre ich ein tönendes Erz oder eine klingende Schelle.
Und wenn ich prophetisch reden könnte und wüßte alle Geheimnisse und alle Erkenntnis und hätte allen Glauben, so daß ich Berge versetzen könnte, und hätte die Liebe nicht, so wäre ich nichts.
Und wenn ich alle meine Habe den Armen gäbe und ließe meinen Leib verbrennen, und hätte die Liebe nicht, so wäre mir's nichts nütze.
Die Liebe ist langmütig und freundlich, die Liebe eifert nicht, die Liebe treibt nicht Mutwillen, sie bläht sich nicht auf, sie verhält sich nicht ungehörig, sie sucht nicht das Ihre, sie läßt sich nicht erbittern, sie rechnet das Böse nicht zu, sie freut sich nicht über die Ungerechtigkeit, sie freut sich aber an der Wahrheit; sie erträgt alles, sie glaubt alles, sie hofft alles, sie duldet alles.
Die Liebe hört niemals auf ...

**Nun aber bleiben Glaube, Hoffnung, Liebe, diese drei; aber die Liebe ist die größte unter ihnen.**

*1. Korinther 13,1–8a und 13*

# Gehet hin in alle Welt

*Ketut Lasla, Der Einzug Jesu nach Jerusalem in balinesischer Umgebung*

**Gehet hin in alle Welt!**

*Zeittafel zur Mission in Indien*

*3.+4. Jh.:* Missionstätigkeit persischer und syrischer Christen führt zur Entstehung der sog. Thomas-Gemeinden, die sich auf den Apostel Thomas zurückführen.
*1498* Vasco da Gama landet bei Calicut und öffnet der katholischen Mission den Seeweg nach Indien.
*Ab 1850:* Kath. und protest. Missionsarbeit unter der Bergbevölkerung und den Kastenlosen führt zu Massenbewegungen zum Christentum. Zeit der größten Missionserfolge.
*1912* Amtseinführung des ersten einheimischen Bischofs (Azariah von Dornakal).
*1947* Zusammenschluß südindischer Protestanten zur Kirche von Südindien.
*1970* Zusammenschluß nordindischer Protestanten zur Kirche von Nordindien.

Ein deutscher Missionar hatte um 1790 im äußersten Süden Indiens, dort, wo die Nadars lebten, Kirchen und Schulen gebaut und einige Jugendliche zu Hilfspredigern ausgebildet. Er lebte in äußerster Einfachheit in einem kleinen, strohgedeckten Haus und verschenkte das meiste von seinem kärglichen Missionarsgehalt. Oft hatte er nichts Rechtes anzuziehen noch genug zu essen. Er reiste umher, predigte, lehrte, taufte und reichte das Abendmahl, und in Hungerzeiten sammelte er für Hungernde.
Die Nadars arbeiteten vorwiegend als Palmweinzapfer. Als Angehörige einer Naturreligion glaubten sie, daß Bäume, Flüsse und Berge Seelen haben, und sie verehrten diese Geister und opferten ihnen.
Hindutempel durften sie nicht betreten, weil die Hindus verächtlich auf diese Menschen außerhalb des Kastenwesens herunterschauten.
Sunda, ein 18jähriger Nadar, der von seiner Familie weggelaufen war, ließ sich in Thanjavur taufen und nahm den Namen David an. Er kehrte als ausgebildeter Missionshelfer in seine Heimat zurück und hatte mit seiner Predigt unter Verwandten solchen Erfolg, daß sich von 1797 an viele Nadars taufen ließen.

Da sie in ihren Dorfgemeinschaften auf erbitterten Widerstand stießen, gründeten sie eigene christliche Dörfer. Immer mehr Nadars begehrten die Taufe. Sie wurden frei von ihrer bisherigen Geisterfurcht und gewannen Selbstbewußtsein gegenüber den Angehörigen der höheren Kasten. Wirtschaftlich ging es ihnen dadurch auch bald besser als anderen Nadars.
Der deutsche Missionar weigerte sich zunächst, Massentaufen vorzunehmen, weil er den Beweggründen der Taufbewerber nicht traute.
Aber auf ihr Drängen hin taufte er 1810 vierhundert Nadars. 1813 schrieb er: »Ich habe jetzt ungefähr 600 Christen. Drei oder vier mögen ihr Heil begehrt haben, der Rest ist aus allen Arten von Motiven gekommen, die wir erst kennen werden, wenn Jahre vergangen sind.« Dies und seine schlechte Gesundheit deprimierten ihn so, daß er 1815 Indien verließ.

***1851*** *stammte nahezu die Hälfte aller indischen Christen aus der Gruppe der Nadars. Sie prägen noch heute das Leben der Südindischen Kirche.*
*Wie kommt ein Mensch dazu, seine Religion aufzugeben, um eine andere anzunehmen?*
*Warum mißtraut der Missionar den Beweggründen der Taufbewerber?*

*Die Thomas-Legende*

»Die Apostel losten, in welches Land sie gehen sollten. Thomas fiel das Los zu, nach Indien zu gehen, doch weigerte er sich, eine derart weite Reise anzutreten. Christus erschien ihm im Traum und versprach ihm, seine Gnade werde stets bei ihm bleiben, aber Thomas beharrte bei seiner Weigerung. Später wurde Thomas dann als Sklave nach Indien verkauft. Er kam als Zimmermann zu dem König Gundaphar, dem er einen Palast bauen sollte.

Der König stellte ihm Geld dafür zur Verfügung, das Thomas jedoch an die Armen verteilte. Wenn der König zu wissen begehrte, wie es mit dem Palastbau stände, gab Thomas jedesmal zur Antwort, er käme gut voran. Als der König den Palast unbedingt sehen wollte, erwiderte Thomas, er befände sich im Himmel. Zornentbrannt ließ der König Thomas ins Gefängnis werfen und beschloß, ihn am nächsten Tage hinrichten zu lassen. Der Bruder des Königs, Gad, starb in der Nacht, gelangte ins Jenseits und kehrte auf einen Augenblick ins Leben zurück, um Gundaphar zu berichten, daß der Palast tatsächlich im Himmel wäre. Thomas wurde freigelassen. Gundaphar wurde Christ.«

*Zur Information*

- Israel und Indien verbanden schon zu König Salomos Zeiten (ca. 950 v. Chr.) nützliche Handelsbeziehungen. Zur Zeit Jesu hatte sich hieraus ein reger Güteraustausch entwickelt. Die wirtschaftlichen Kontakte erleichterten es den ersten Christen, den Weg nach Indien zu finden.
- In den »Thomasakten« findet sich die Thomaslegende. Sie wurde etwa 200 Jahre nach Christi Geburt in Syrien geschrieben und berichtet, daß Thomas der erste Christ in Indien war. Verläßliche Nachrichten über eine christliche Kirche in Indien gibt es etwa seit dem 4. Jahrhundert: Sie gründete auf der Missionstätigkeit persischer und syrischer Christen, die sich auf den Apostel Thomas beziehen, der als der »ungläubige Thomas« durch Johannes 20,24-31 bekannt ist.
- Heiligenlegenden stellen das Leben einer gottgefälligen vorbildlichen Person in den Mittelpunkt. Aufzeichnungen historischer Zeugnisse treten daher in den Hintergrund.

*Jesus als Guru - eine indische Darstellung des Abendmahls.*
*Worin unterscheidet sie sich von dir bekannten Darstellungen?*

*Lest Apostelgeschichte 4,1-22.*
*Welche Antwort geben Petrus und Johannes auf die Frage, warum sie das tun?*
*Wie begründet Petrus das Recht der Jünger, in Jerusalem zu predigen?*
*Woher nehmen die Jünger die Kraft, sich zu ihrem Glauben zu bekennen?*

*Gewinnt Freunde!*

## *Der Missionsauftrag*

Als die Evangelisten ihre Evangelien aufschrieben (ca. 70–100 n.Chr.) gab es schon eine rege Missionstätigkeit – nicht nur der Christen, auch der Juden.
Die Evangelisten wollten deutlich machen: Die frohe Botschaft von der Liebe Gottes gilt allen Menschen. Daher fordern sie auch im sogenannten »Missionsauftrag« die Christen auf, den Glauben in aller Welt zu verbreiten:
»Darum gehet hin und machet zu Jüngern alle Völker. Taufet sie auf den Namen des Vaters und des Sohnes und des heiligen Geistes, und lehret sie halten alles, was ich euch befohlen habe, und siehe, ich bin bei euch alle Tage bis an der Welt Ende.«

*Matthäus 28,18–20*

Und er sprach zu ihnen: »Gehet hin in alle Welt und verkündet die Heilsbotschaft allen Geschöpfen. Wer glaubt und sich taufen läßt, wird gerettet werden. Wer aber nicht glaubt, wird verdammt werden.«

*Markus 16,15f.*

*»Mission« heißt Sendung (vgl. auch Apostelgeschichte 1,8 und Johannes 20,21).*
*Welches ist die Botschaft, die alle Menschen erreichen soll?*
*Nenne die Gründe, warum Christen damals wie heute in der ganzen Welt missionieren.*

## *Mission – aber wie?*

Es ist drückend heiß. Der junge Missionar aber, der in dem kleinen Schreibzimmer erregt hin und her läuft, scheint die Hitze nicht zu bemerken. Wütend hält er seinem Kollegen einen geöffneten Brief unter die Nase: »Da, hört Euch das an! Wir würden uns zu viel um äußere Dinge kümmern! Wir würden darüber die Sorge für die Seele vernachlässigen!«
»Wovon redet Ihr, Ziegenbalg, was ist passiert?«
»Ich sage es doch, Gründler: Wir sollen zwei, die zueinandergehören, Leib und Seele, fein säuberlich trennen! Wir sollen den Leuten hier, die sich taufen lassen wollen, zwar das Wort Gottes predigen, sie aber dabei hungern lassen! Das zumindest verlangt der Sekretär des Missionskollegiums in Kopenhagen.«
Stirnrunzelnd liest Gründler den Brief, während Ziegenbalg gespannt seine Reaktion abwartet.
Die beiden deutschen Theologen waren 1706 als königlich-dänische Missionare nach Südindien geschickt worden. Sie hätten sich ans äußerste Ende der Welt schicken lassen, wenn nur die gestellte Aufgabe groß und verheißungsvoll gewesen wäre. Den Menschen hier mit ihren Vorstellungen von Kastenordnung die Frohe Botschaft zu bringen, ihnen zu sagen, daß vor dem einzigen, wahren Christengott alle Menschen – Freie wie Sklaven – gleich sind, das war eine lohnende Aufgabe! Das diente auch dem eigenen Seelenheil.
Und nun dieser Vorwurf der Missionszentrale, sie würden die Missionsgelder nicht für das Seelenheil der Getauften verwenden, sondern für deren leibliches Wohl!
Gründler schaut von dem Brief auf. Er ist eher nachdenklich, weniger zornig als Ziegenbalg. Hatte das Missionskollegium nicht recht? Es war der Meinung, daß die Heiden sich nur deshalb taufen ließen, weil sie hier vernünftig gekleidet und mit Nahrung versorgt wurden. Laut

liest er aus dem Brief vor: »... daß ein Heide bei der Mission mehr Leibliches finde als vor seiner eigenen Tür und daher möchte bewogen werden, unser Religionswesen anzunehmen ...«. Ziegenbalg schüttelt energisch den Kopf: »Ihr wißt doch selbst, daß die Leute, die Christen werden, von ihren Familien nichts mehr zu erhoffen haben! Und Nächstenliebe, Gründler, Dienst am Nächsten heißt doch, daß wir nicht nur für die Seele, sondern auch für den Leib unserer Gemeindeglieder Sorge tragen!«

»Ihr habt recht, Ziegenbalg. Und die Herren in Kopenhagen haben einfach keine rechte Vorstellung, wie das Leben hier ist. Ihr müßt es ihnen darstellen. Schreibt einen Brief.«

Ziegenbalg setzt sich und greift zur Feder:

*Trankebar im August 1718*

*Hoch verehrtes Missions-Kollegium, sehr geschätzter Herr Wendt!*

*Unsere Gemeinde, die aus den Heiden gesammelt ist und noch gesammelt wird, steht in solchen Umständen, daß wir Missionarien nicht nur allein für die Seele, sondern auch für den Leib der meisten Glieder in selbiger Sorge tragen müssen. Solches aber muß recht verstanden werden. Wenn sich einige bei uns angeben, daß sie das Christentum wollen annehmen, so trennen sie sich von ihren Familien ... und haben ferner keinen Unterhalt von den ihrigen zu hoffen, weil allezeit das Haupt der Familie im Besitz aller Güter bleibt und die andern, die von ihm abhängen, nicht länger zu unterhalten verbunden ist ... Daher müssen solche Leute Anweisung zu ihrem leiblichen Unterhalt haben.*

*Wenn die Mütter in unserer Gemeinde Kinder gebären, so haben die allermeisten nicht so viel, daß sie können ihr nakkendes Kind mit einem weißen Leinen bekleiden und zur Taufe bringen. Daher die Missionskasse ihnen zwei Ellen Linnen geben muß, ihre Kinder hineinzuwickeln. Wenn Leute in unserer Gemeinde sterben, so haben abermals die allermeisten nicht so viel, daß sie können ein Tuch ins Grab bekommen.*

*Ihr sehr ergebener*

*Ziegenbalg*

Als Ziegenbalg den Brief beendet hat, steht er noch lange am Fenster und starrt in die Nacht hinaus. Seine Gedanken schweifen zurück zu den Anfängen seiner Arbeit:

Von Anfang an ist in der werdenden indischen Kirche viel gesungen worden. Die heidnische Singpredigt wird ins Christliche übertragen. Schöne kirchliche Sitten entfalten sich als Gegengewicht gegen heidnische Entartungen. Wie anziehend gestaltet sich eine christliche Trauung! Nicht mit »Heidenlärm«, still begibt sich das Brautpaar in die Kirche. Und nach der Trauung begleitet die ganze Gemeinde, die Schuljugend voran, das Brautpaar und die Hochzeitsgäste singend ins Hochzeitshaus, wo ein bescheidenes Festmahl alle vereint. Gesänge erklingen und Reden werden gehalten. Wie würdig gestaltet sich ein christliches Begräbnis in dieser werdenden Kirche. Acht Träger mit langen weißen Gewändern und schwarzen Leibbinden tragen die Bahre. Ewigkeitslieder werden unterwegs angestimmt. Die ganze Gemeinde zieht mit. Das gellende Klagegeschrei bei den heidnischen Bestattungen ist hier nicht denkbar. Die feierliche Form der christlichen Begräbnisse hat auf die Heiden und Christen einen ganz starken Eindruck gemacht. Mancher Heide möchte auch so begraben werden. Die Gemeinde zieht vom Friedhof aus auch wieder geschlossen

zum Trauerhaus. Man sitzt noch eine kleine Weile beieinander. Gottes Wort tröstet und richtet die Gedanken auf die Ewigkeit.
Freudentage sind die Tauffeste, wenn nach monatelanger Vorbereitung Inder angesichts der Gemeinde ihrem alten Heidentum abschwören und freudig ihren Glauben bekennen. In den Missionsschulen sind bereits tamulische Lehrer tätig. Diese Mitarbeiter besuchen auch regelmäßig die in den umliegenden Dörfern zerstreut wohnenden Christen und trösten die Kranken.

*Die Auseinandersetzung darüber, wie Missionsarbeit aussehen müsse, ist schon alt.*
*Was erfahrt ihr über unterschiedliche Einstellungen zur Arbeit eines Missionars?*
*Von welchen christlichen Festen wird berichtet?*
*Wie werden die kirchlichen Sitten dargestellt?*
*Welche Einstellung gegenüber den hinduistischen Sitten wird deutlich?*
*Wie beurteilst du Ziegenbalgs Arbeit?*
*Ist die Arbeit Ziegenbalgs eine gelungene Umsetzung des Missionsauftrages?*

## *Mission im 17. Jahrhundert*

1. Eines jeden wahren Christen Pflicht ist es, die Kirche Christi fördern zu helfen, durch Hebung und Besserung des christlichen Lebens, durch Bekehrung der Heiden.
2. Dazu sollen sich bereitwillige Christen zusammenschließen zu einer Jesusliebenden Gesellschaft.
7. Jedes Mitglied wählt sich selbst eine Tätigkeit nach Kräften und Vermögen.

Die Aufgaben des Missionars:
1. Beobachtung und Beschreibung der Sitten des Landes
2. Erkundigung nach der Beschaffenheit des Landes und seiner Obrigkeit
3. Erforschung der Religion
4. Erlernen der Sprache
5. Abfassung von Grammatiken und Wörterbüchern
6. Übersetzungen aus Katechismus und Bibel
7. Regelmäßige Berichterstattung an die Heimat
8. Sammlung von Gemeinden

*(nach dem Missionsprogramm des Justinian von Welz, 1621-1668)*

*Entwerft einen heutigen Missionsplan, und ergänzt ihn im Verlauf der weiteren Arbeit an diesem Kapitel.*

## *Mission im 20. Jahrhundet*

Wenn wir uns einer anderen Kultur, einer anderen Religion und anderen Menschen nähern, so müssen wir versuchen, dort zu sitzen, wo diese sitzen, wir müssen uns auf ihre Schmerzen, ihre Enttäuschungen und ihre Freuden einlassen. Wir müssen, um es in einem Wort zu sagen, unter ihnen gegenwärtig sein. Dies kann nicht gelingen, wenn wir uns der fremden Religion von vornherein überlegen fühlen. Das ist nicht einfach. Doch die Liebe Gottes ist auch nicht einfach.

*Ein indischer Hindu klagt an:*

1. Die Missionare fühlten sich moralisch den Hindus überlegen, als hätten sie allein recht und alle anderen unrecht. Die Hindus glauben, daß alle guten Wege zu Gott führen. Ihnen ist der Gedanke, daß es nur eine einzige Wahrheit geben soll, völlig fremd. Sie mußten deshalb die Einstellung der Missionare für falsch halten, nach der alle verdammt seien, die sich nicht der allein gültigen christlichen Wahrheit unterwerfen wollten.
2. Von Vasco da Gama bis zum Ende des 2. Weltkrieges war die Missionsarbeit der Christen immer verbunden mit dem Machtstreben europäischer Staaten, denen es um Herrschaft und Ausbeutung in unserem Land ging.
3. Der Aberglaube vom Bessersein nicht nur des Christentums, sondern ebenso des Europäertums steigerte sich nach 1850 zum Irrwahn von der Überlegenheit der »weißen Rasse« über die »Farbigen«. Auch viele Missionare waren ihm verfallen. Sie lehrten in ihren Schulen nicht nur die allein richtige christliche Religion, sondern auch die allein richtige europäische Kultur und Zivilisation. So haben sie in ihren Schulen der Sache des Christentums eher geschadet, denn man sah in ihrer Tätigkeit nur den Anspruch auf Herrschaft und Macht.
4. Verwirrend war, daß die Christen nicht einfach als Christen in unser Land kamen. Nein, sie kamen als Katholiken, als Protestanten, als Baptisten usw., und sie haben sich bei uns gegenseitig bekämpft und heruntergemacht. Das war ein schweres Hemmnis für ihr Bekehrungswerk.

*(nach K. H. Pannikkar)*

*»Macht euch aus dem Staube. Die Christen nahen mit ihrem Evangelium.«*

### *Ein deutscher Christ klagt an:*

Die Kirchengeschichte ist gekennzeichnet durch Zwangsbekehrung, Kreuzzüge, Religionskriege. Schwert, Feuer und Folter ersetzen die geistlichen Argumentationen. Was folgt, ist die Missionsstrategie, die von blindem Fanatismus zeugt. Das Christentum entpuppt sich als Heuchelei: Seine Lehre schreibt der Liebe obersten Rang zu, die Praxis aber strotzt von Bestechung, List und Tücke. Alle Mittel scheinen geheiligt, wenn es darum geht, andere Menschen zu ›christianisieren‹.

*M. Köstler*

*Vergleicht die Anklagepunkte des Hindu mit denen des Christen.*
*Diskutiert die unterschiedlichen Haltungen gegenüber Andersgläubigen: Toleranz – jeder gute Weg führt zu Gott; und: Absolutheitsanspruch – es gibt nur eine gültige Wahrheit.*
*Worauf sollte ein Missionar in der Nachfolge Jesu besonders achten? Ergänzt euren Missionsplan.*

### *Trocken Brot und Wasser*

Ein Abend über den Hunger in der Welt. Was für ein Thema? Eigentlich hatte sich Andres nur dazu bereitgefunden, um seiner Tochter einen Gefallen zu tun. Johanna hatte ihn und seine Frau den ganzen Tag bekniet, und schließlich hatten sie nachgegeben und versprochen, zu diesem Abend zu kommen. Schon, weil sich die Jugendgruppe ziemliche Mühe gegeben zu haben schien.
Mißtrauisch war er jedenfalls geblieben. Johanna hatte nicht viel erzählt zu Hause, nur, daß sie etwas darüber erfahren wollten, was das bedeute, Hunger, eine hungernde Erde, und daß jeder, der teilnehmen würde, dan ganzen Tag fasten müßte, ohne Ausnahme. Prinzipiell fand es Andres in Ordnung, daß sich eine – noch dazu kirchliche – Jugendgruppe Gedanken machte über soziale Fragen und Probleme: Wohltätigkeitsbasare und Missionsaktionen waren ja immer schon eine Domäne der Jugendarbeit gewesen. Aber von einer Sammlung oder einem bestimmten Projekt hatte Johanna nichts erzählt. Nur die Sache mit dem Nüchternbleiben, und, ob sie ein Gedeck vom Sonntagsservice für diesen Abend ausleihen könnte?
Sie waren bei den letzten, die kamen und vor dem Eingang zum Pfarrsaal warteten. Die Gruppenpropaganda mußte gut funktioniert haben, fast alle Eltern waren gekommen, insgesamt vielleicht 25 Leute, sogar der Pfarrer war da.
Schließlich öffnete sich die Saaltür und ein paar der Jugendgruppenmitglieder kamen heraus, einer hielt eine Plastikschüssel im Arm. Johanna war nicht bei ihnen, sie mußte wohl drinnen helfen. Nach einer kurzen Begrüßung ging der Junge mit der Schüssel zu den wartenden Eltern. »Für den heutigen Abend haben wir ein Essen vorbereitet, und da wir zwei Tische haben, die Sitzplätze aber zufällig verteilt werden sollen, möchten wir Sie bitten, jeder einen Zettel zu ziehen. Auf diesen Zetteln steht entweder der Buchstabe ›A‹, oder ›R‹, das sind die Abkürzungen für die Tische‹«, erklärte er.
Andres packte seinen »A«-Zettel und drängte mit den anderen Eltern neugierig in den Saal.

Drinnen, im Saal, waren die beiden Tische in zwei diagonal sich gegenüberliegenden Ecken aufgebaut, ein großer, aus sechs Tischen zu einem Rechteck zusammengeschoben, auf dem ein großer, geknickter Pappkarton mit der Aufschrift ›A‹ stand, und ein kleiner, einzelner, vorne günstig im Blickfeld gelegen, an dem kaum mehr als sechs Personen Platz finden würden, Tisch ›R‹. Nicht nur Andres starrte beeindruckt auf diesen Tisch. Auf einem schweren Damasttuch hatten sie sechs Gedecke aufgebaut, die in ihrer Kombination zwar etwas zusammengewürfelt wirkten, zu Hause aber sicher nur zu Festtagen auf den Tisch kamen. Andres entdeckte auch ihr eigenes. Dazu kamen Weinpokale, Schalen mit Obst, die von Weintrauben, Pfirsichen, Kirschen, Aprikosen und Orangen überquollen, Körbe mit verschiedenen Brotsorten, mehrere Karaffen mit Wein und Fruchtsäften, verschiedene Salate und natürlich eine Platte mit kaltem Braten und dazu passende Saucen. Ihr »A«-Tisch, gegenüber in der anderen Ecke, war dagegen eine glatte Enttäuschung, wenn nicht eine Frechheit. Sie mußten die Tische wohl direkt aus dem Bastelraum geholt haben, denn sie waren voll von leuchtenden Farbklecksen und Leimspuren, mit tiefen Kerben im Holz und einer stattlichen Anzahl mehr oder minder sinnreicher Sprüche. Vor jedem Stuhl lag auf dem Tisch eine Schnitte oder ein kleiner Kanten Brot – Kaufhausqualität, reagierte Andres sofort, der bei Brot immer besonders anspruchsvoll war – und dazu ein leerer Becher, manche aus billigem, vergilbtem Plastik, andere aus Ton mit abgeblätterter Lasur und abgeschlagenem Rand.

Als hätten sie das Schäbigste aufgetischt, das überhaupt zu finden war! Die Krönung stand in der Mitte: eine leicht angerostete Blechkanne voll Wasser, sicher lauwarm und seit Stunden abgestanden. »Trocken Brot und Wasser«, bei seinen Eltern war das die härteste Strafe gewesen. Und dafür hatte er einen ganzen Tag lang gefastet? Andres dämmerte es langsam, was es eigentlich mit diesem Essen auf sich hatte, aber bevor er sich darüber klar werden konnte, sah er auf einmal Johanna, die aus der Gruppe der Jugendlichen ein paar Schritte hervortrat und die sichtlich verwirrten Eltern bat, sich zu setzen, die Gruppe sei ihnen jetzt wohl eine Erklärung schuldig:

»Wir haben in der Gruppe in den letzten Wochen über den Hunger in der Welt gesprochen und darüber, wie gerade wir, die Bewohner der Industrieländer, ein Vielfaches von dem verbrauchen und auch verschwenden, was den Entwicklungsländern zur Verfügung steht. Sicher gibt es unter uns viele Leute, die das nicht wollen, die sogar zu helfen versuchen, etwa mit Sammlungen Hilfsaktionen unterstützen. Das ist ja auch sicher wichtig und richtig. Aber wer macht sich bewußt, was dieser Mangel, auch und gerade an Grundnahrungsmitteln, was Hunger für jeden einzelnen Betroffenen bedeutet, wie er ihn erlebt? Deswegen dieser heutige Abend und deswegen dieses zweigeteilte Essen. Wir haben die Plätze nach Zufall aufgeteilt, und jeder darf soviel essen wie er kann – und wie vorhanden ist. Die beiden Tische dürfen auch in Kontakt miteinander treten, jedoch nur, wenn derjenige, der dies tut, überzeugt ist, dies auch im anderen, im wirklichen Leben zu tun. Wir fassen dieses Hineinversetzen in den anderen als eine mögliche Form von Gebet auf. ›R‹ steht übrigens für ›Reich‹ und ›A‹ für ›Arm‹. Das Abräumen danach erledigen wir. Jetzt dürfen wir Ihnen einen guten Appetit und gute Erfahrungen wünschen.« – »Gut gebrüllt, Löwin«, dachte Andres für sich, während sich Johanna und die anderen Jugendlichen, die inzwischen die übrigen Tischkarten unter sich verteilt hatten, auf die restlichen Stühle setzten.

Bei ihnen am Tisch sagte zunächst keiner etwas. Nur der Pfarrer lächelte etwas hintergründig, wahrscheinlich hatte ihn die Gruppe vorher in ihr Vorhaben eingeweiht. Andres erwartete, daß zumindest der eine oder andere aufstehen und unter Protest gehen würde. Aber keiner machte den Anfang. So biß jeder auf seinem Brot herum, das schnell genug gegessen war, dann ging die Kanne einmal im Kreis herum. Es war tatsächlich Wasser, Leitungswasser und ziemlich warm. Es schmeckte erwartet schal, und Andres ließ den Becher nach dem ersten Schluck stehen.
Immer noch hatte keiner etwas gesagt, während drüben am anderen Tisch langsam ein Gespräch aufzukommen schien; aus der Entfernung hörte er nur gedämpftes Murmeln, stockend manchmal, aber immerhin ein Gespräch, das diese verdammte Spannung löste.
Dann, nach einer fast endlosen Pause, stand eine Mutter auf. Andres kannte sie nicht. Sie sprach leise. Dieser Abend, sagte sie, und dieses Essen gäben ihr mehr zu denken als ein dickes, schlaues Buch über die Welternährungslage. Sie wolle nur darum bitten, daß jeder nach Möglichkeit schweigend darüber nachdenke. Die Frau schien den Anwesenden aus der Seele gesprochen zu haben, denn viele nickten betont demonstrativ. Manche, vor allem von den Jugendlichen, lächelten auch erleichtert.
Sie standen alle fast gleichzeitig vom Tisch auf. Andres ging noch zu seiner Frau hinüber und holte die Wohnungsschlüssel. Am Tisch der Reichen waren sie gerade bei der Nachspeise.
»Iß ruhig fertig«, sagte Andres, und wie er es sagte, klang es überhaupt nicht aggressiv, sondern ganz weich und sanft. »Ich warte zu Hause, Johanna wird ja dann auch bald kommen.« Sabine schaute noch immer etwas schuldbewußt, obwohl sie ja für ihr »Losglück« nichts konnte. »Wir konnten es ja schließlich nicht verderben lassen«, antwortete sie entschuldigend.
»Nein, das durftet ihr nicht«, gab Andres zurück. *Wolfgang Schreiber*

## *Nimm von mir, Herr, die Heuchelei*

Vergib mir, Herr:
Ich rede im Gebet viel, anstatt auf dich zu hören;
Ich habe keine Geduld, auf deine Antwort zu waren;
Ich habe nicht verstanden,
daß du mir tausend Dinge,
die ich brauche,
gegeben hast, ehe ich um sie bat.
Vergib mir, Herr!
Nimm von mir, Herr, die Heuchelei.
Ich bete für die Hungernden, aber bin nicht bereit,
mit ihnen zu teilen, was du mir gegeben hast;
Ich bete für die Kranken, aber bin nicht bereit,
ein großherziges Opfer für die ärztliche Mission zu geben;
Ich bete für die Freiheit von der Sünde,
aber ich bin nicht bereit,
andern zu erzählen, daß du der Befreier bist.
Nimm von mir, Herr, die Heuchelei.

*Johnson Gnanabaranam*

## *... dann Missionar, geh nach Hause!*

... wenn Du nicht unterscheiden kannst zwischen der Frohen Botschaft und der europäischen Kultur und Du meinst, Du mußt uns beides bringen,

*dann Missionar, geh nach Hause!*

... wenn Du Dich nicht einfühlst in die Hoffnungen und Sehnsüchte unserer Menschen, die in scheinbar hoffnungslosem Kampf gegen Armut und Hunger vorzeitig altern und sterben,

*dann Missionar, geh nach Hause!*

... wenn Du ein Recht auf geistige Führung beanspruchst und den Maßstab Deines Heimatlandes bei uns anlegst,

*dann Missionar, geh nach Hause!*

... wenn Du uns überzeugen willst um jeden Preis der Menschlichkeit,

*dann Missionar, geh nach Hause!*

... wenn Du aber einsiehst, daß wir gegenseitig Gebende und Nehmende sind, wenn Du Deine Zeit und Dein Leben einsetzen willst, um uns beizustehen in unserem Kampf gegen Ausbeutung und Unterdrückung

*dann bleib;*

denn viel ist noch zu tun, und es braucht Hände und ganze Hingabe für die große Befreiung, deren Vorkämpfer Jesus Christus ist.

*Bischof F. Pagura*

## *Die Antwort der Kirche auf Armut und Ausbeutung: Hilfe zur Selbsthilfe*

Die Entwicklungsarbeit der Kirche umfaßt eine Vielzahl von Aktivitäten: Ausbildungsstätten für den handwerklich-technischen Nachwuchs zählen dazu ebenso wie die Förderung ländlicher Genossenschaften, der Aufbau von Basisgesundheitsdiensten, die Schulung junger Mütter in Fragen der Hauswirtschaft und Säuglingspflege und Maßnahmen, die dem Bereich der Erwachsenenbildung zuzuzählen sind. Ein neues Element in der kirchlichen Entwicklungsarbeit ist die Finanzierung von Rechtshilfe für unterprivilegierte Gruppen. Als wichtiges Kriterium jeder kirchlichen Entwicklungsarbeit gilt: Geholfen wird ohne Unterschied der Rasse, Nation und Religion. Erklärtes Ziel jeder noch so bescheidenen Unterstützung ist, die Empfänger der Hilfe zu befähigen, eine Lösung ihrer Probleme selbst in Angriff zu nehmen.

*J. Hermanns*

*Die Kirchen zogen Konsequenzen aus der Kritik an der Missionsarbeit.*
*Ist dies eine gelungene Umsetzung des Missionsauftrages?*
*Vergleiche mit Ziegenbalg: Worum ging damals der Streit?*

# *Das »Misereor-Hungertuch« aus Indien*

**Wir sehen**
Die dunkle Gesichtsfarbe weist Jesus als Angehörigen einer niederen indischen Kaste aus. Zugleich trägt er auf der Brust das Hindu-Zeichen des Göttlichen, das Om.
Ein indischer Mythos erzählt: einst, als eine Dürre das Land heimsuchte, flehte der Weise Bagiratha zum Weltenvater Brahma. Dieser sandte seine Tochter zur Erde, die göttliche Ganga, damit sie zum heiligen Fluß Indiens werde. Als aber die Kraft des herabstürzenden Wassers das Land zu zerstören drohte, erbot sich der Gott Shiva, den Strom mit seinem eigenen Haupt aufzufangen. So wurde die Gewalt des Wassers gebrochen. Sanft kam es nun auf die Ebenen Indiens herab.
Das Hungertuch bezieht diese Geschichte auf die Mittlerschaft Christi. Wie Shiva vermittelt auch Christus, er »hält den Kopf hin« für uns Menschen. Von ihm geht der Strom der Gnade aus, der sogar die Leiber der Toten wieder zum Leben erweckt.

**Wir sehen**
Menschen aus Indien – Menschen, die zum Fluß gekommen sind, um Wasser zu holen; eine Mutter mit ihrem kleinen Sohn. An der dunklen Hautfarbe und am blauen Sari der Frau erkennt man:
es sind Kastenlose, sogenannte »Unberührbare«. Doch sie stehen aufrecht da, sie senken nicht den Kopf.
Frauen am Flußufer, die Wasser schöpfen und so ihren Alltagspflichten nachgehen; einen Jungen, der ausgelassen tanzt, und mitten unter diesen Menschen einen Blinden.

*Deute die Gestik des Blinden. Was wird über seine Stellung zu den anderen Menschen gesagt? Darf er Hoffnung haben?*

**Wir sehen**
Eine Grabstätte nach muslimisch-indischer Bauart; davor die Gestalt des Lazarus, in Leinentücher gehüllt. Unterhalb des Mausoleums eine Anzahl armseliger Hütten inmitten eines Friedhofs. Auferweckung der Toten – wir kennen die Geschichte des Lazarus. Zusammen mit den Schwestern Maria und Marta weint Jesus um seinen toten Freund. Er zeigt uns sein menschliches Gesicht: wie wir braucht er Gemeinschaft, wie wir trauert er um einen Menschen, der ihm nahegestanden hat.
Doch damit ist die Lazarus-Geschichte nicht zu Ende.
Jesu Macht, die ihm vom Vater gegeben ist, reicht über die Grenze des Todes hinaus.

*Wie kommt dies auf dem Bild zum Ausdruck?*

**Wir sehen**
Mose im orangefarbenen Gewand eines indischen Asketen und in Yoga-Haltung, Mose, der an den Felsen schlägt. Er hat das Volk durch die Wüste geführt: zur Quelle des Lebens.

*An welchen »Fels« schlägt Moses auf dem Bild? Was will der Maler damit ausdrücken?*

**Wir sehen**
Einen Brunnen – er wird von einem Lichtstrahl berührt und von einem Amaltasbaum überragt. Der Amaltas oder Goldregen, einer der heiligen Bäume Indiens, sowie der Brunnen, wo Wasser aus der Erde quillt, weisen den Ort als geheiligte Stätte aus. Die Frau im blauen Sari der Kastenlosen gießt aus einem Krug Wasser. Das Evangelium berichtet von der Begegnung Jesu mit der Samariterin am Brunnen. Auf dem Bild reicht die Frau nicht nur Jesus das erbetene Wasser – sie teilt das Leben mit allen Kreaturen.
Es ist wichtig, daß er gerade der Samariterin dieses Geschenk macht. Zur Zeit Jesu hatten Juden und Samariter keinen Umgang miteinander – ähnlich wie Kastenhindus und Kastenlose im heutigen Indien. Jesus sprengt die Fesseln der unbarmherzigen sozialen und religiösen Trennung, indem er bittet: Laß mich trinken!

*Was bedeutet die Geste Jesu für die Samaritanerin?*
*Lies Johannes 4,4–29. Welche Bedeutung hat die Geschichte für indische Christen bekommen?*

**Wir sehen**
Ein indisches Wassergefäß gefüllt mit blühenden Lotoszweigen. Lotos und Wasser – in Indien sind sie Symbole des Göttlichen, Symbole des Lebens.
Wasser ist das reinigende und belebende Element. Daher pilgern die Hindus zum heiligen Fluß, zur Mutter Ganga, daher bringen sie die Toten mit dem Wasser in Berührung und stellen ein gefülltes Gefäß – wie den Lotoskrug auf dem Bild – neben die Bahre: Tod und Leben sind miteinander verbunden.

*Deute den Farbkontrast, den der Lotoszweig und die Gebeine des Toten bilden.*
*Das Hungertuch lebt aus der bildlichen Darstellung von Gegensätzen, z. B. Dunkelheit und Licht ...*
*Wasser, Licht und Erde sind die tragenden Symbole des Bildes. Wofür stehen sie jeweils?*

Die Missionarsfamilie Ninan hat den vergleichsweise reichen Süden Indiens verlassen, um nach Andra Pradesh zu gehen. Ein Land, das sehr arm ist, dessen Sprache die Ninans nicht kennen; ein Land, in dem es nur wenige Christen gibt und wo die Sonne erbarmungslos heiß sticht.

*Ich bin bei euch alle Tage.*

Weshalb sind die Ninans in dies Land gegangen? Sie glaubten, mit ihrem Wissen und Können etwas zur Verbesserung der Lebensverhältnisse beitragen zu können. Sie glaubten, aus dem heraus, was in ihrem Leben wichtig war, mit ihrem Glauben, den Menschen in diesem armen Land helfen zu können. So zogen sie in ein Dorf, in dem es keine Christen gab.

In den ersten Wochen und Monaten geschah nichts anderes, als daß Ninans versuchten, sich einzuleben. Sie schauten sich in ihrer neuen Umgebung um und versuchten, erste Kontakte zu knüpfen. Eifrig mußte Telugu - so heißt die Sprache dieses Landes - gelernt werden.

Die Dorfbewohner schauten neugierig herüber, wenn die vier Ninans jeden Morgen und jeden Abend vor ihrer Hütte saßen und Lieder sangen, aus der Bibel lasen und beteten.

Eines Tages - Ninans saßen gerade wieder vor ihrer Hütte - hörten sie, wie eine aufgeregte Menschenmenge sich ihrem Haus näherte. Bald erkannten sie, daß eine offenbar bewußtlose junge Frau nach Hause getragen wurde. Mit ihren Sprachkenntnissen kostete es schon einige Mühe, daß die Ninans herausbekamen, was vorgefallen war. Die Frau war von einer Schlange gebissen worden. Da die meisten dieser Bisse tödlich waren, wurde die Aufregung, ja die Verzweiflung der Menschen schnell verständlich. Frau Ninan folgte dem Zug. Die Frau wurde in einer Hütte auf eine Liege gelegt. Nancy Ninan trat herzu und legte einen kleinen Stein auf die kaum sichtbare Wunde. Der Stein schien auf der Wunde kleben zu bleiben. Das war für Frau Ninan der Beweis, daß es wirklich ein Schlangenbiß war. Nun träufelte sie der bewußtlosen Frau ein paar Tropfen eines Medikaments ins Ohr. Dann bedeutete sie den umstehenden Menschen, daß sie die Hütte verlassen sollten. Sie selbst blieb bei der Frau, fühlte immer wieder den Puls und wartete. Die Minuten vergingen wie Stunden. Endlich schlug die junge Frau ihre Augen auf und kam zu sich.

Frau Ninan kniete nieder und sprach ein Dankgebet. Dann machte sie den Angehörigen der Frau deutlich, daß die Patientin noch viel Ruhe brauche, daß vor allen Dingen der Stein auf der Wunde bleiben müsse. Wenn er abfalle, sei die Frau wieder gesund. Das war der Anfang des Gesundheitsdienstes, den Ninans im Dorf aufbauten. Schnell sprach sich die scheinbare Wundertat herum, und es wurden immer mehr Patienten gebracht.

Bald trauten sich die ersten Bewohner des Dorfes, nicht nur über die Mauer zu schauen, während Ninans vor ihrer Hütte saßen und sangen, beteten und miteinander in der Bibel lasen, sondern näherzukommen.

Eines Tages gab es im Dorf Aufregung. Arbeiter hatten für einen Großgrundbesitzer einen Brunnen gegraben. Als sie mit dem Graben fertig waren, wollten sie ihren Lohn: 400 Rupees. »Für einen Brunnen dieser Größe wollt Ihr 400 Rupees haben?«, hatte der Großgrundbesitzer ganz verständnislos entgegnet, »Für einen solchen Brunnen zahle ich nur 150 Rupees.« Es wurde zäh und heftig verhandelt, doch es kam zu keiner Einigung. Schnell bildeten sich zwei Parteien im Dorf: Die einen gaben dem Großgrundbesitzer recht, die anderen den Arbeitern. Doch eine wirkliche Lösung des Konflikts vermochte niemand anzubieten. Endlich kam einer auf die Idee, man sollte doch mal die Fremden befragen. Die stünden doch weder auf der Seite der Arbeiter noch auf der Seite der Großgrundbesitzer. Zudem hätten sie schon vielen Dorfbewohnern bei deren Problemen geholfen. Gesagt - getan. Schon bald erschien eine Delegation am Haus der Missionarsfamilie, um das Problem vorzutragen. Herr Ninan erklärte sich bereit, mitzukommen und sich den Brunnen anzusehen. Viele Menschen waren an der Baustelle versammelt, als die kleine Delegation mit dem Missionar am Brunnenloch ankam. Sorgfältig nahm Ninan Maß und rechnete den Inhalt des Brunnenlochs aus. »368 Rupees und 27 Paisas«, verkündete er das Ergebnis seiner Bemühungen. Ohne Widerspruch nahmen die beiden Parteien Ninans Richterspruch an. Von diesem Zeitpunkt an war der Missionar so etwas wie ein Schiedsmann im Dorf. Bei allen möglichen Streitigkeiten wandten sich Dorfbewohner vertrauensvoll an ihn.

Aber nicht nur bei Konflikten suchten sie seinen Rat. Für die kleineren Bauern organisierte er ein Brunnenbauprogramm zusammen mit einer amerikanischen Hilfsorganisation. Die Organisation bezahlte den Brunnenaushub. Die Fassung des Brunnens mußten die Bauern selbst bezahlen. Die hierfür nötigen Kredite gewährte ihnen die staatliche Bank, die auf Betreiben des Missionars und dank seiner guten Beziehungen zum Landrat der Gegend eine Zweigstelle im Dorf eröffnete. Mogallapalli bekam Telefon und eine Buslinie. Aus dem ambulanten Gesundheitsdienst von der Missionarshütte aus wurde eine ambulante Krankenstation direkt am Dorfplatz und ein kleines Krankenhaus neben der Missionarshütte.

Die Zahl der Getauften nahm trotz dieser sichtbaren Veränderungen, die die Fremden ins Dorf gebracht hatten, aber nur langsam zu. Später wurde dann ein Gemeindehaus gebaut, das den 60 Gemeindeglieder Gelegenheit zu regelmäßigen Gottesdiensten und Andachten gab.

*Helmut Mühlmeier*

## *Ein Reisebericht: Zu Gast bei indischen Christen*

Früh morgens holen uns Bischof Dr. Paulraj und seine Frau zum Besuch der christl. Hochschule ›Bischof Heber College‹ ab. Dort werden wir mit frisch gepreßtem Mango-Saft empfangen und von versammelter Studentenschaft mit Rosengirlanden begrüßt. Während der Besichtigung ist die Dankbarkeit gegenüber dem deutschen Gründer in aller Munde. Ich bin verwundert, weiß ich doch, daß Mission heute nur noch durch Inder erlaubt ist. Frau Paulraj spürt meine Verwunderung: »Sie wissen sicher«, sagt sie, »daß seit 1947, also seit Gründung unserer Kirche, Mission durch Europäer verboten ist. Sie haben uns zu viel ihrer uns fremden Kultur überstülpen wollen. Trotzdem sind wir für ihre Arbeit dankbar. Jetzt aber erlauben wir nur noch die Missionstätigkeit durch indische Christen. Die Indische Kirche ist nun in jeder Beziehung für sich selbst verantwortlich.« »Und wie finanzieren Sie das alles? Der indische Staat zieht doch sicher nicht für Sie die Kirchensteuer ein wie bei uns in Deutschland?« Sie lacht: »Nein, natürlich nicht, der Staat gibt uns keine Rupie. Die eingeschriebenen Mitglieder unserer Kirche zahlen monatliche Beiträge, dann haben wir die Sonntagskollekte und das Fastenopfer, das einen Tageslohn der Familie ausmacht. Jede Gemeinde gibt 15% ihrer Einkünfte an die Zentralkasse, aus der alle Pfarrer bezahlt werden.« »Reicht das denn?« Sie lacht wieder: »Not macht erfinderisch. Warten Sie unsere nächste Besuchsstation ab.« Diese ist eine Technikerschule. Hier lernen Jungen mit 10. Schuljahresabschluß das Buchbinden und Drucken. Der Bischof schlägt durch die Gründung dieser Schule zwei Fliegen mit einer Klappe: Hier erhalten junge Leute nicht nur eine gute Berufsausbildung und damit einen sicheren Lebensunterhalt, die Diözese läßt hier auch alle Mitteilungen und Schriften drucken - Hilfe und Selbsthilfe zugleich. Der Schule ist auch eine Elektrikerlehrwerkstatt angeschlossen. Hier bauen die Lehrlinge Transistorradios und verkaufen sie auf dem Markt. Von dem Erlös können sie wieder neue Bauteile kaufen.

Ich denke an die hohe Jugendarbeitslosigkeit in Deutschland: Könnte das indische Modell nicht vorbildlich für meine eigene Kirche sein?

*Indische Christen vor ihrem Gemeindehaus*

### *Gehet hin ...*

Jedes Jahr in der Fastenzeit stellt das Hilfswerk MISEREOR ein neues ›Hungertuch‹ vor. In vielen Ländern werden in dieser Zeit solche ›Hungertücher‹ zu einem bestimmten Thema oder zu biblischen Geschichten erstellt. Der indische Künstler Jyoti Sahi wählte für das Hungertuch aus Indien das Thema.

**Leben - Wasser und Licht.**

In Peru haben indianische Frauen versucht, die biblischen Texte mit ihrer Lebenswirklichkeit zu verknüpfen. So haben sie das Gleichnis vom verlorenen Sohn zum Anlaß genommen, über die ›Versuchungen‹ nachzudenken, die ihre Gemeinschaft bedrohen: Alkoholismus - Abhängigkeit von ausländischer Hilfe - Gewinnsucht ... MISEREOR lud auch Gemeinden in Deutschland ein, das peruanische Beispiel aufzugreifen und eigene, ortsbezogene Hungertücher zu erstellen. Das Echo war groß.

*Auch ihr könnt euch an einer solchen Aktion beteiligen. Entwerft Bilder und Collagen, die ihr später zu einem ›Hungertuch‹ zusammensetzt.*

*Bedenkt:* *Der Missionsauftrag richtet sich an alle Christen – also auch an euch.*

*Überlegt:* *Was könnte der Missionsauftrag für euch heute bedeuten*
*. . . in der Schule*
*. . . in der Familie*
*. . . in der Gemeinde*
*. . . in der Nachbarschaft*
*. . . im Freundeskreis?*

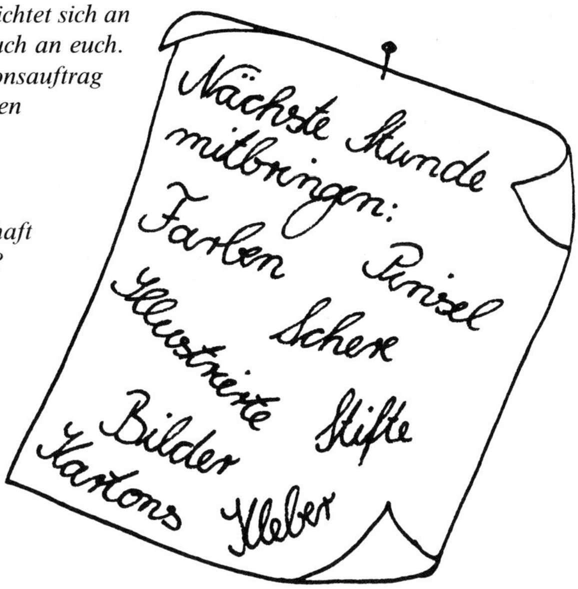


*Wählt:* *biblische Geschichten, die ihr ›aktualisiert‹. Bringt die Bedeutung, die diese Geschichte für eure konkrete Situation hat, ins Bild.*

*Erstellt:* *in Gruppen ein Bild durch Kleben, Malen, Collagieren, Fotomontage oder anderes, und setzt daraus ein Klassenbild zusammen.*

## *Indische Christen zu Gast in Deutschland*

Frau Krupa Bai kommt aus Gooty im Bundesstaat Andhra Pradesh. Sie ist Lehrerin dort in einer christlichen Schule: »Ich wollte schon immer in einer christlichen Schule arbeiten. Unter den Kindern und Kollegen sind auch Hindus. Ich kann nicht verallgemeinern, aber in unserer Schule gibt es wirkliche Gemeinschaft zwischen Hindus, Christen und Muslimen. Wir kritisieren den Glauben der anderen nicht. Zu Festzeiten wie an Ostern oder Weihnachten schicken uns Hindus und Muslime Grüße. Wenn sie ihre Feste begehen, machen wir es ebenso.« Und nun ist Frau Bai hier. Sie hält Vorträge in Schulen und Gemeinden und erhält dabei Einblick in das kirchliche Leben. »Ehe ich ankam, dachte ich, hier in einem christlichen Land müßte das Paradies, das ›wahre Christentum‹ sein. Doch da bin ich enttäuscht worden. Ich weiß nicht, was die Kirche den Menschen in Deutschland wirklich bedeutet. Ich habe gehört, daß einige Menschen denken, sie brauchen Gott nicht, weil sie reich sind. Diese Einstellung kann ich nicht verstehen und auch nicht, daß Christen für ihren Gott keinen Termin frei haben.«

## *Meinungen*

- Inzwischen sind wir soweit, daß die sogenannten ›missionierten Völker‹ kommen und uns zeigen, was Christentum heißt.
- Wir sollten nicht mit frommen Bibelsprüchen beweisen, daß die Christen das Gute mit Löffeln gefressen haben – wir sollten durch unsere Lebensweise davon überzeugen, daß es das Gute überhaupt gibt.
- Laßt doch den Indern ihr eigenes Glück und belastet sie nicht mit dem Christentum.
- Weltmission beginnt vor der eigenen Tür.
- Vergeßt nicht, Gutes zu tun und euch gegenseitig zu helfen. Das sind die Opfer, die Gott Freude machen (Hebräer 13,16).

## *Beispiele kleiner Schritte*

In einer Schule haben Schüler eine Informationsausstellung über Mission und Entwicklungshilfe aufgebaut.

Jugendliche einer Kleinstadt haben zusammen mit ihrem Lehrer einen Dritte-Welt-Laden eingerichtet. An Markttagen verkaufen sie Tee, Jute-Taschen und kleine Geschenke. Gleichzeitig werden Käufer über Probleme informiert.

Jugendliche verzichten unter dem Motto »Brot statt Böller« an Silvester auf Feuerwerkskörper. Mit dem gesparten Geld unterstützen sie Projekte in der dritten Welt.

An verschiedenen Orten haben Jugendliche sehr ernsthaft begonnen, ihren Lebensstil zu überprüfen. Einige verzichten auf Fleischnahrung oder reduzieren sie drastisch, weil sie wissen, daß eine Rindfleischkalorie sechs pflanzlichen Kalorien entspricht.

Ganze Familien verzichten an Weihnachten auf große Geschenke untereinander. Nur kleine Aufmerksamkeiten sind erlaubt. Das Eingesparte (auch der eingesparte Weihnachtsrummel) wird auf das Konto von ›Brot für die Welt‹ überwiesen.

# Ein ganz neues Licht vom Himmel – Franz von Assisi

*R. P. Litzenburger, Die gute Schöpfung des Franz von Assisi*

## *Lob sei Dir . . .*

Lob sei Dir, mein Herr,
mit allen Deinen Geschöpfen,
besonders mit der Schwester Sonne,
die den Tag bringt und uns leuchtet.
Und sie ist schön und strahlend mit großem Glanz:
Dein Zeichen trägt sie, Du Höchster.

Lob sei Dir, mein Herr,
für Bruder Wind und die Lüfte,
Wolken und heiteren Himmel
und jegliches Wetter,
durch welches Du Deine Geschöpfe erhältst.

Lob sei Dir, mein Herr,
für unsere Schwester, die Mutter Erde,
die uns trägt und ernährt
und vielerlei Frucht bringt
und farbige Blumen und Gras.

Lob sei Dir, mein Herr,
für unseren Bruder, den Tod,
dem kein Mensch entrinnt.
Wehe denen, die mit großen
Sünden sterben!
Selig die, die nach Deinem Willen
lebten!
Denn sie kann der Tod nicht treffen.

*(Sonnengesang des Franz von Assisi)*

***Selig sind, die reinen Herzens sind; denn sie werden Gott schauen.***

## *Der umstrittene Heilige*

Die folgende Erzählung über das Leben des Franz von Assisi ist aus der Sicht eines seiner Weggefährten geschrieben. Bruder Illuminato hat tatsächlich viele Jahre an der Seite von Bruder Franz gelebt; aber dessen Lebensgeschichte hat er nicht erzählt. Dieser Kunstgriff wurde hier gewählt, um anschaulich und spannend zu berichten, was es mit Franz von Assisi auf sich hat.
In dem Text finden sich immer wieder »Legenden« unter der Überschrift »So wurde es erzählt«. Diese Legenden wurden in den ersten Jahrzehnten nach dem Tod des Franz von Assisi gesammelt.

*Illuminato, ein Weggefährte des Franz von Assisi, schreibt:*

Vor zehn Tagen, im Jahr 1228, sprach Papst Gregor IX Franz von Assisi heilig. Gestern erhielt Thomas von Celano den Auftrag, die Lebensgeschichte des heiligen Franz zu schreiben. Heute habe ich mich entschlossen, selbst eine Biographie unseres Bruders Franz zu schreiben. Warum hat Papst Gregor Celano beauftragt? Warum nicht mich? Celano wird natürlich im Sinne der Kirche schreiben, seinen Auftraggebern einen verehrungswürdigen, lieben Franz liefern. Ich aber will berichten, wie er wirklich war. Für mich war Franz schon immer ein Heiliger. Ich frage mich: Welches Interesse verfolgt die Kirche damit, Franz so ungewöhnlich schnell heilig zu sprechen? Franz ist und bleibt umstritten: Hat er überhaupt einen richtigen Orden gegründet? Ist er nicht ein Dorn im Auge derer, die in ihrem Reichtum prassen? War er nicht sogar mit einer Frau zusammen? Was darf ein Heiliger eigentlich, was darf er nicht? Fing nicht alles schon sehr eigenartig an?

*So wurde es erzählt:*

Als der Vater erkannte, daß er bei den städtischen Behörden nichts ausrichten konnte, wandte er sich an den Bischof von Assisi, um die Klage gegen seinen Sohn bei ihm einzubringen. Der Bischof ließ daraufhin Franz bestellen, er habe vor seinem Tribunal zu erscheinen. Franz kam zum festgesetzten Termin, und der Bischof sprach also zu ihm: »Dein Vater ist aufs äußerste gegen dich aufgebracht. Willst du also gottesdienstlich handeln, so gib ihm das Geld, das du hast, unverzüglich heraus! Hat er einmal das Geld, dann wird sich sein Zorn schon besänftigen.« Da sprach Franz: »Herr, nicht nur das Geld, das ihm gehört, will ich ihm wiedergeben, sondern auch die Kleider.« Rasch ging er in eine Kammer des bischöflichen Hauses, entledigte sich all seiner Kleider, kehrte nackt zurück und warf Kleider und Geld dem Vater vor die Füße. Er sprach dazu: »Hört ihr alle, und versteht es wohl. Bis jetzt habe ich den Pietro Bernardone meinen Vater genannt. Jetzt gebe ich ihm das Geld zurück, um das er sich aufgeregt hat, nebst aller Kleidung, die ich von ihm habe. Und von nun an will ich sagen: Vater unser im Himmel, und nicht mehr: Vater Pietro Bernardone.« Der Vater nahm wütend Geld und Kleider an sich, während der Bischof Franz seinen Mantel umhing. *Übersetzung: Adolf Holl*

Und das haben seine Gegner ihm angehängt: Ein Heiliger stellt sich nicht nackt vor andere hin!
Uns hat das immer fasziniert, weil er gezeigt hat: Geld, Kleider, das alles brauche ich nicht. Ich will mein Leben mit Gott leben. Ich will Jesus nachfolgen. Ich will frei sein.
Ihr seht: Ich werde auch das Unbequeme schildern, so wie er es uns erzählt hat, wie ich es erlebt habe. Darin unterscheidet sich meine Biographie mit Sicherheit von der des Celano. Damit will ich nicht sagen, daß ich alles bei Franz von Assisi verstanden hätte. Aber wer hat ihn schon ganz verstanden? Der Papst? Der ihn heilig gesprochen hat? Will er ihn dadurch nicht als seinen treuen Diener in den Schoß der Kirche holen – aller Ecken und Kanten beraubt? Ein Wundertäter und selbstloser Helfer – das ist nur die eine Seite des Franz von Assisi.

*R. P. Litzenburger, Franziskus der Jugend*

*Aus der Manessischen Liederhandschrift*

### *Lebensziel: Ritter*

Wie es zu jenem aufsehenerregenden Ereignis kam, ist bald erzählt. Francesco Bernardone, das ist sein voller Name, wurde im Jahr 1182 in Assisi geboren. Pietro Bernardone, sein Vater, war ein reicher Tuchhändler, einer von denen, die die Leute wegen ihrer Erfolge und ihrer Tüchtigkeit sehr bewundern. Die Mutter Pica behütete und verwöhnte den Sohn. Franz war einer der wenigen Jungen seines Alters, die Lesen und Schreiben lernten. Sein Schulbuch war eine Sammlung von Psalmen, von denen Franz die meisten auswendig konnte. Mit 14 Jahren trat er in das Geschäft seines Vaters ein. Er lernte schnell, und der Handel machte ihm Spaß. Franz war stets nach neuester Mode gekleidet und besaß von allem mehr als nötig. Wie es so mit reichen und fröhlichen Jungen ist, die Lieder singen und Geschichten erzählen: er fand viele Freunde. Mit ihnen brachte er jede freie Minute in den Gassen und Tavernen der Stadt zu und gab mit leichter Hand das Geld des Vaters aus. Aber nicht nur das, er verteilte das Geld auch an Arme, wie es die Reichen zu tun pflegen.

Manchen war Franz zu laut, in ihren Augen war er ein Angeber. Aber er war ein stadtbekannter junger Mann, selbst in Adelskreisen immer willkommen. Franz träumte davon, ein tapferer Ritter zu werden und sich einen Platz an der Tafel seines Fürsten zu erkämpfen. Gelegenheiten, sich im Krieg zu bewähren, gab es oft, denn es waren unruhige Zeiten. In einem dieser Kriege hoffte Franz, Ruhm und Ehre zu erwerben. Doch am Abend seiner ersten Schlacht, im Jahr 1202, fand er sich als Gefangener in einem dunklen Verlies wieder. Ein langes Jahr Haft und eine schwere Krankheit ließen ihn zur Besinnung kommen und an seinem Lebensziel zweifeln: Wie, wenn dies das Ende wäre? Sollte das alles gewesen sein? Das Streben nach Ansehen und Erfolg? Das Ende mit Waffengeklirr und Gefangenschaft?

*Reserviere in deinem Heft eine Seite für eine Zeittafel zum Leben des Franz von Assisi; trage in einer Spalte die Jahreszahlen ein, und notiere in einer zweiten die dazugehörigen Ereignisse.*

*Illuminato erzählt weiter:*

Nach seiner Rückkehr führte Franz sein bisheriges Leben weiter, so als ob nichts geschehen wäre. Die Schrecken der Haft und des Todes schienen vergessen. Bald schloß er sich wieder einem Heer an. Der Vater schenkte ihm eine prächtige Rüstung und ein edles Pferd.
Er brach auf. Auf dem Weg begegnete ihm ein armer Edelmann. Einer plötzlichen Eingebung folgend schenkte er ihm seine Rüstung samt Pferd. In der Nacht hörte Franz dann eine Stimme: »Kehre um!« Und er nahm den Ruf wörtlich: Er kehrte um und ließ die anderen weiterziehen.
Zurück in Assisi begann er sein Leben, das Leben des Vaters, das viele Geld und das große Haus mit anderen Augen zu sehen. Auf einer Pilgerreise nach Rom verschenkte er seine Kleider an die Armen, lebte und aß mit ihnen. Solche Eindrücke nahm Franz mit nach Assisi zurück: Das Staunen in den Augen der Armen, ihre Verwunderung über den reichen Jüngling und seine Geschenke, ihre Offenheit, ihre Geschichten und ihre Gespräche.
Wieder zu Hause kam Franz mit sich und seiner Umgebung nicht zurecht. Er vernachlässigte seine Aufgaben im Geschäft und seine Freunde. Er wollte etwas anderes machen; aber er wußte nicht was, und er wußte nicht wie. Der Vater verstand den Sohn nicht mehr. Ihm mißfiel, daß der Sohn nur noch an die Bedürftigen dachte und nicht mehr an sich selbst und an das Geschäft.

*So wurde es erzählt:*

Eines Tages, als Franz an der Kirche San Damiano vorüberkam, fühlte er das Bedürfnis einzutreten und zu beten. Als er nun vor dem Bild des Gekreuzigten stand, kam vom Kreuz her eine milde, gütige Stimme: »Franz, siehst du denn nicht, wie mein Haus verfällt? Geh und stelle es wiederum her!« Vor Erregung zitternd antwortete Franz: »Gern will ich es tun, lieber Herr!« Er verließ die Kirche, trat auf den Priester zu, der sich in der Nähe aufhielt, und gab ihm Geld, damit vor dem Kreuzbild die Lampe angezündet werde. Dann nahm Franz, voll Freude über den Auftrag Christi, einen Ballen bunten Tuches aus dem Geschäft des Vaters, ließ ein Pferd satteln und ritt zum Markt in Foligno, verkaufte den Stoff und auch das Pferd und kehrte unverzüglich nach San Damiano zurück. Er küßte dem Priester die Hand und wollte ihm das Geld geben, zum Zweck der Renovierung der Kirche. Der Priester wollte aber das Geld nicht nehmen, weil er einen üblen Scherz witterte, und auch aus Furcht vor den Eltern des Franz. Franz warf den Beutel mit den Münzen auf das Fenstersims und bat den Priester inständig, bei ihm bleiben zu dürfen. Dies wurde ihm auch gewährt.

*Übersetzung: Adolf Holl*

**Selig sind die Sanftmütigen; denn sie werden das Erdreich besitzen.**

*Was könnte mit dem Satz gemeint sein: »Mein Haus verfällt«?*
*In jener Zeit gab es nur wenige Menschen, die das Prunkgehabe der Kirche kritisch sahen und ihr Handeln als Machtstreben anklagten. Und dies, obwohl zahllose Christen in größter Armut und mit schweren Krankheiten dahinsiechten. Einer von denen, die nicht tatenlos zusahen und die es darauf ankommen ließen, vom Papst wegen ihrer Kritik verbannt zu werden, war Petrus Waldes. Informiere dich über ihn und seine Anhänger, die Waldenser (z. B. in »Das Leben suchen 5/6«).*

*Franz von Assisi - ein Dieb?*

Viele Wochen blieb Franz in der Nähe der Kapelle. Als der Vater ihn suchte, versteckte er sich. Er dachte nach, er betete, und er traf schließlich eine Entscheidung: »Ich will frei sein, um allein Gott zu dienen. Ich will nach Assisi zurückkehren, um dem Vater meine Entscheidung mitzuteilen und ihn um Verständnis zu bitten.«
Der Vater ließ in seinem Zorn den Sohn gefangennehmen und bat den Bischof, Franz umzustimmen, andernfalls ihn wegen Diebstahls zu verurteilen. In der Verhandlung, die ich an den Anfang meines Berichtes stellte, sagte sich Franz von seinem Vater los.
Franz ist jetzt 24 Jahre alt. Er hat beschlossen, die Kapelle von San Damiano mit eigenen Händen wieder aufzubauen. Ein Jahr wird er dazu brauchen. Nahrung für sich und Baumaterial für die Kapelle erbettelt er in der Stadt. Dort wird er von vielen für verrückt erklärt und verlacht. Und dennoch findet er Menschen, die von ihm beeindruckt sind: Sie helfen ihm bei den Bauarbeiten.
Franz ist jetzt endlich ein neuer Mensch.

*Worauf Franz von Assisi sich beruft*

*Jesus sagt:*

Geht aber und predigt und sprecht: Das Himmelreich ist nahe herbeigekommen. Macht Kranke gesund, weckt Tote auf, macht Aussätzige rein, treibt böse Geister aus. Umsonst habt ihr's empfangen, umsonst gebt es auch. Ihr sollt weder Gold noch Silber noch Kupfer in euren Gürteln haben, auch keine Reisetasche, auch nicht zwei Hemden, keine Schuhe, auch keinen Stecken. Denn ein Arbeiter ist seiner Speise wert.

*Matthäus 10,7–10*

## *Bernhard wurde der erste Genosse des Franz*

*So wurde es erzählt:*

Es war zu der Zeit, als Franz bereits begonnen hatte, seine früheren Lebensgewohnheiten aufzugeben und deshalb allerlei Spott von seinen Verwandten und Freunden erntete. Die Geduld, mit der Franz solche Belästigung ertrug, gefiel dem Bernhard von Quintavalle, einem der vornehmsten und reichsten Bürger von Assisi, und er nahm sich vor, den Charakter des Franz zu prüfen. Er lud Franz zum Abendessen ein, und anschließend begab man sich gemeinsam zur Ruhe.
Franz stellte sich alsbald schlafend, und auch Herr Bernhard begann zum Schein laut zu schnarchen. Als Franz sich sicher fühlte, stand er auf, um zu beten. Er hob seine Augen und Hände zum Himmel und wiederholte, unter Tränen, ohne Pause bis zum Morgengrauen:
Iddio mio.
Mein Gott.
Im Schlafzimmer brannte eine Lampe.
Bernhard wurde der erste Genosse des Franz.

*Übersetzung: Adolf Holl*

*Franz hört die Worte: »Stelle mein Haus wieder her!« Wie versteht er den Auftrag zunächst? Wie versteht er ihn später? Wie führt er ihn aus?*
*In seinem weiteren Leben hat er diesen Auftrag noch umfassender verstanden; vergleiche »Worauf Franz von Assisi sich beruft«.*

## *Er riß uns einfach mit*

*Illuminato erzählt weiter:*

Eigentlich ist es nicht zu fassen! Da steht nun dieser Franz auf dem Marktplatz, klein und schmächtig, unscheinbar und zerlumpt. Und dennoch kommen die Leute zu ihm, aus der Stadt und von weit her: Die Bauern verlassen ihre Felder, die Kaufleute ihre Geschäfte. Der Reiche stört sich nicht an dem Armen, der Adlige nicht an dem Handwerker.

Ich bin dabei - mittendrin.
Er redet, wir hören.
Er singt, wir singen mit.
Er betet, wir beten.
Er tanzt, wir tanzen mit.
Ich bin dabei - mittendrin.

Wir alle tanzen, singen, lachen bis spät in die Nacht hinein.
Wir tanzen jetzt, und morgen arbeiten wir mit den Bauern auf den Feldern.
Wir singen jetzt, und morgen gehören wir den Aussätzigen.
Wir lachen jetzt, und morgen teilen wir das Brot mit den Armen vor der Stadt.
Und ich bin dabei - bin mittendrin.

**Selig sind die Barmherzigen; denn sie werden Barmherzigkeit erlangen.**

*Ernst Alt, Spielmann Gottes*

Wir werden immer mehr. Das ist gut so und problematisch zugleich. Wir haben keine Regeln; fest steht nur, wir wollen keine feste Bleibe und wollen arm sein wie Jesus. Jeder kann sich uns anschließen; ob reich, ob adlig, ob gebildet oder ungebildet. Mancher unterschätzt die Härte unseres Lebens und gibt bald wieder auf. Es schließen sich uns auch gegen den Willen mancher Mitbrüder zwielichtige Gestalten an. Franz hingegen sagt: Jeder ist ein Bruder, jeder ist ein Geschöpf Gottes, wir müssen die Menschen nur davon überzeugen. Und überzeugen kann nur unser Vorbild und das Evangelium. Wir alle sind Helfer, wenn wir Geld geschenkt bekommen, teilen wir es - was einigen von den neuen Brüdern schwer fällt.

Wir alle sind Prediger, wer mit uns leben will, muß Jesu Worte weitersagen. Aber so lautet ein kirchlicher Erlaß: Wer predigt, braucht die Erlaubnis des Papstes. Deshalb zieht Franz von Assisi im Jahre 1209 nach Rom. Es ist nicht leicht, beim Papst Gehör zu finden; aber Franz gelingt es, vorgelassen zu werden. Nach der langen Reise tritt er abgerissen und ungepflegt vor den Papst. Dieser erteilt ihm den Rat: Predige lieber den Schweinen als den Menschen. Aber Franz hat auch in Rom Freunde, die sich für ihn einsetzen. Er wird vom Papst ein zweites Mal empfangen.

Franz möchte sich keinem der bestehenden Orden anschließen: Ein Kloster, Ländereien, Geldwirtschaft, das sind die Dinge, die wir alle ablehnen. Ob dieses Leben in Armut nicht zu hart sei, wird gefragt. Ein Kardinal hilft Franz und sagt: »Die Bitte dieses Menschen ist es, ein Leben nach dem Evangelium führen zu dürfen. Weisen wir sie zurück, als ein allzu mühseliges und gänzlich unerprobtes Unterfangen, dann nehmen wir Anstoß am heiligen Evangelium.« Das gibt den Ausschlag: Wir dürfen predigen.

Diese Entscheidung des Papstes hat mich allerdings sehr verwundert, denn so wie wir leben und predigen, kritisieren wir ja auch die Kirche.

Bei Petrus Waldes entschied der Papst vor Jahren anders: Er und seine Anhänger durften nicht predigen. Mit dem Ergebnis, daß die Waldenser immer radikaler wurden. Bis Papst und Kaiser sie schließlich mit Waffengewalt verfolgten und in die hintersten Gebirgstäler der Alpen vertrieben. Hatte man in Rom aus diesem Fall gelernt?

*Vergleicht die Lebensgeschichten von Franz von Assisi und Petrus Waldes: Warum wollten sie ihr Leben ändern, und welche Ziele wollten sie verfolgen? Auf welche Widerstände stößt heute jemand, der freiwillig und ohne festen Wohnsitz in Armut lebt?*

*So wurde es erzählt:*

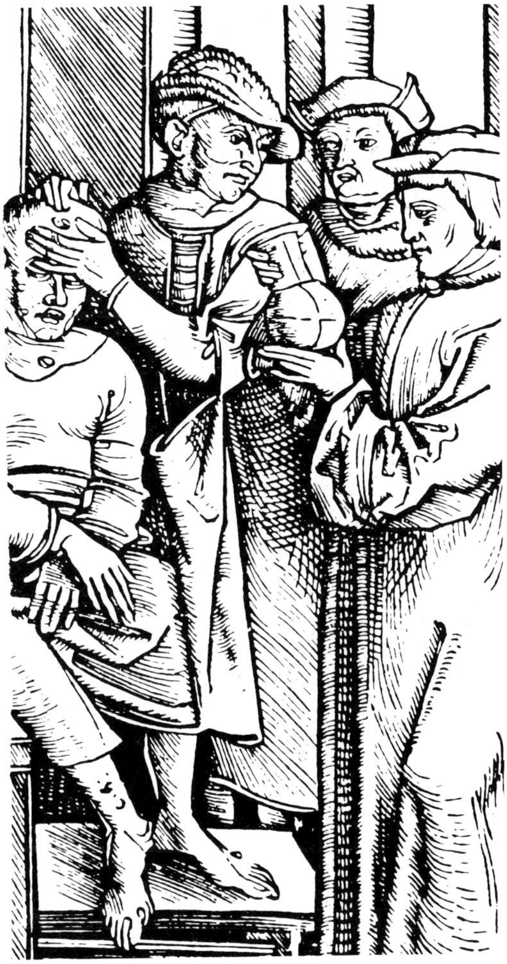

Eines Tages, als Franz von einer Wanderung zurückkehrte, traf er im Quartier den Bruder Jakob, einen Menschen von schlichter Gemütsart, in Begleitung eines Aussätzigen mit eiternden Wunden an. Obwohl Franz den Brüdern die Pflege der Aussätzigen immer wieder ans Herz gelegt hatte, tadelte er den Jakob, weil er den Kranken ins Quartier mitgenommen hatte. Kaum hatte Franz den Tadel ausgesprochen, machte er sich heftige Vorwürfe, weil er dadurch den Aussätzigen beschämt hatte. Er gestand seinen Fehler und beschloß, mit dem Kranken aus einer Schüssel zu essen. Der Aussätzige hatte blutende Wunden an seinen Fingern, und jedesmal, wenn er sie in die Schüssel tat, floß Blut in das Essen. Als die Brüder das sahen, waren sie fassungslos, wagten aber nichts zu sagen. Der das geschrieben hat, hat diesen Vorfall mit seinen eigenen Augen gesehen und kann ihn bezeugen.
Das können nicht alle Brüder! Mit den Aussätzigen aus einer Schüssel essen – das verlangt Franz auch nicht von uns. Aber wenn Jesus die Kranken heilte, dann wollen wir wenigstens helfen, wo immer wir gebraucht werden.

*Übersetzung: Adolf Holl*

*So ging man mit den Aussätzigen um:*

Lepra war damals eine unheilbare Krankheit.
Zwischen Gesunden und Kranken wurde eine deutliche Grenze gezogen, um das Leben der Gesunden zu schützen. Der Aussätzige wurde während einer kirchlichen Zeremonie von der Gemeinschaft der Gesunden getrennt: Man streute Friedhofserde über seinen Kopf; zwängte ihn in ein besonderes, allen bekanntes Kleid, und gab ihm eine weit tönende Ratsche, damit sich kein gesunder Mensch ihm nähern konnte. Aus den Flüssen und Brunnen durfte er nicht trinken, an den Händen mußte er Handschuhe tragen, Städte und Dörfer zu betreten war ihm verboten. Sein Hab und Gut mußte er hergeben. Fortan lebte er als Ausgestoßener unter Aussätzigen – fern von Verwandten und Freunden, angewiesen auf dürftige Almosen.

*Gibt es heute noch Leprakranke?*
*Wie werden sie behandelt? Läßt sich ihre Situation verbessern?*
*Informiert euch über Albert Schweitzer und seine Krankenstation in Lambarene.*
*Welche unheilbaren Krankheiten führen heute zu Abschiebung und Aussonderung?*

## *Franz predigt den Vögeln*

*Illuminato erzählt weiter:*

In den Jahren 1209 bis 1219 sind wir Franziskaner zu einer bedeutenden Glaubensgemeinschaft herangewachsen. Wir sind vom Papst anerkannt. Gläubige, nicht nur in Italien, sondern auch in Deutschland und Frankreich, in Spanien und Ungarn, eifern unserem Armutsideal nach, gedenken der Armut Jesu in ihren Gottesdiensten und helfen ohne Vorbehalt. Über Franz ist aus dieser Zeit manch wunderbare Begebenheit zu berichten.

***Selig sind die Friedfertigen; denn sie werden Gottes Kinder geheißen.***

*So wurde es erzählt:*

Als Franz mit einigen seiner Brüder von Cannara nach Bevagna wanderte, entdeckte er auf den Bäumen am Weg eine Menge verschiedener Vögel. Er verwunderte sich über ihre große Zahl.
»Ich will ihnen eine Predigt halten«, sagte er zu seinen Gefährten, »wartet hier auf mich!«
Franz ging ins Feld hinaus.
Kaum hatte er angefangen zu sprechen, erhoben sich die Vögel von den Bäumen und setzten sich in seine Nähe auf die Erde.
Ohne den geringsten Laut von sich zu geben, hörten sie zu. »Meine Geschwister Vögel«, rief Franz, »Gott hat euch ein buntes Federkleid geschenkt,
Bäume zum Nisten,
den Bach und die Quelle zum Trinken!
Ihr säet nicht, ihr erntet nicht,
und trotzdem braucht ihr euch
um euer tägliches Brot nicht zu sorgen.
Seid dankbar und vergeßt nie,
den Schöpfer zu loben.«
Nach diesen Worten begannen die Vögel, ihre Hälse zu recken, die Schnäbel zu öffnen und die Flügel zu spannen.
Franz schlug das Zeichen des Kreuzes über die ganze Vogelschar. Auch er dankte Gott.
Dann erhoben sich die Vögel und flogen in alle vier Windrichtungen auseinander, nach Osten, nach Süden, nach Westen und Norden.
Die Brüder am Weg sahen den Vögeln staunend nach.
Da trat Franz zu ihnen und sagte:
»So soll das Lob Gottes auch durch euch, meine Brüder, in die ganze Welt hinausgetragen werden. Und wie die Vögel sollt auch ihr nichts besitzen und allein auf Gott vertrauen.«

*Max Bolliger*

Wo immer diese Geschichte erzählt wird, gibt es Leute, die darüber lächeln und Franz für einen Narren halten. Sie verstehen nicht, was Franz wichtig war: In jedem Teil der Natur, auch im Kleinsten und Unscheinbarsten sieht er Gottes Schöpfung. Die Tiere und Pflanzen sind für ihn ebenso Gottes Kreatur wie der Mensch, wie ihm wird den Pflanzen und Tieren eigener Wert zugesprochen.

*Wonach wird heute in der Regel der Wert von Pflanzen und Tieren beurteilt?*
*Welche Rolle spielt der Nutzen bei dieser Bewertung? Denke dabei auch an die unbelebte Natur!*
*Vergleiche die heutige Praxis mit der des Franz von Assisi.*

### *Klara di Favarone*

Was wurde Franz nicht alles wegen seiner engen Freundschaft mit Klara angehängt! Ich will die Geschichte so erzählen, wie ich sie weiß:
Ich kenne Klara. Sie stammt aus angesehener Adelsfamilie, ist sehr hübsch, sehr reich und sehr jung, gerade sechzehn. Und sie verehrt Franz, ich denke, sie liebt ihn sogar.
Eines Tages sprach Klara mich an, sie wollte Franz näher kennenlernen. Ich sah für mich keinen Grund, warum sich beide nicht treffen sollten. Wer Böses denken will, mag Böses denken.
So trafen sie sich und mochten sich vom ersten Augenblick an.

*Auch dies wurde erzählt:*

Eines Tages wanderten Franz und Klara von Spello nach Assisi, in großer Unruhe des Herzens. Sie waren nämlich unterwegs in ein Haus eingetreten, wo man ihnen auf ihre Bitte etwas Brot und Wasser gab. Dabei hatten sie boshafte Blicke auf sich gezogen und allerlei Geflüster mit versteckten Anspielungen und Witzen hinnehmen müssen. So gingen sie schweigend dahin. Es war die kalte Jahreszeit und das Land ringsum mit Schnee bedeckt. Schon begann es am Horizont zu dunkeln. Da sagte Franz: »Hast du verstanden, was die Leute über uns gesagt haben?« Klara gab keine Antwort. Ihr Herz war wie von Zangen zusammengepreßt, und sie fühlte sich den Tränen nahe. »Es ist Zeit, uns zu trennen«, sagte Franz schließlich. Da warf Klara sich mitten auf dem Weg in die Knie. Nach einer Weile erst hatte sie sich gefaßt, stand auf und ging mit gesenktem Haupt weiter. Franz hinter sich zurücklassend. Der Weg führte durch einen Wald. Auf einmal aber hatte sie nicht mehr die Kraft, so ohne Trost und Hoffnung, ohne Abschiedswort von ihm zu gehen. Sie wartete.
»Wann werden wir uns wiedersehen?«
»Im Sommer, wenn die Rosen blühen.«
Da geschah etwas Wunderbares. Auf einmal war den beiden, als blühten ringsum auf den Wacholdersträuchern und den von Reif bedeckten Hecken eine Unzahl von Rosen. Nach dem ersten Staunen eilte Klara hin, pflückte einen Strauß Rosen und legte ihn Franz in die Hände. Von diesem Tag an aber waren Franz und Klara nie mehr getrennt.

*Übersetzung: Adolf Holl*

Klara gründete bald darauf den Orden der Klarissinnen. Sie wollte mit ihren Schwestern leben wie wir Franziskaner untereinander. So war eine Brücke zwischen beiden, zwischen Franz und Klara entstanden, die dauerhafter war als manch andere Verbindung. Im Jahre 1226 war es Klara, die den schwerkranken Freund bis in seine Todesstunde hinein betreute.

## *Mit den Kreuzrittern in Ägypten*

*Illuminato erzählt weiter:*

Das Heilige Land erobern, Jerusalem von den Ungläubigen befreien, im Lande Jesu auf seinen Spuren wandeln – von dieser Sehnsucht, von dieser Mission wurden auch wir Franziskaner ergriffen. Im Sommer 1219 schifften wir uns ein und folgten unserem Kreuzritterheer, das die ägyptische Stadt Damiette am Nil belagerte.
Hoffentlich geht es bald weiter, hoffentlich ist die Stadt bald eingenommen, dachten wir, damit wir endlich weiter können ins Heilige Land. Die Chancen standen nicht schlecht, wie wir von den Rittern erfuhren. Alle waren guten Mutes. Wir hörten auch von einem Friedensangebot des ägyptischen Sultans: Er wollte uns Palästina überlassen, wenn wir mit unserem Heer sein Land verließen. Ein gutes Angebot, dachten wir alle. Ohne weiteres Blutvergießen ins Heilige Land, nach Jerusalem! Um so größer war unsere Enttäuschung, als die Heerführer ablehnten! Warum nur? Ohne glänzende Siege und große Beute geht es offenbar nicht! Doch was konnten wir schon tun? –
Und nun nach dem Sieg! Es ist nicht zu fassen, was hier im Namen Jesu geschieht. Entsetzlich! Dieses Gemetzel! Von 80000 Menschen leben in der Stadt noch ganze 3000, verletzt und krank. So haben wir uns den heiligen Kreuzzug nicht vorgestellt. Das ist nicht mehr unsere Sache. Wir kehren um.

***Selig sind, die um der Gerechtigkeit willen verfolgt werden; denn ihrer ist das Himmelreich.***

## *Nehmt nichts mit auf den Weg*

Gutes und weniger Gutes erwartete uns, als wir ein Jahr später wieder zu Hause eintreffen. Trotz unserer Abwesenheit ist unsere Bruderschaft auf etwa 3000 Männer angewachsen. Weniger erfreulich ist die Nachricht, daß der Papst darauf besteht, daß wir uns eine Ordensregel zu geben haben, die von ihm genehmigt werden muß. Andernfalls droht der Ausschluß aus der Kirche.
Vor- und Nachteile werden abgewogen. Franz, der entschiedenste Gegner einer festen Regel, warnt eindringlich vor den Folgen eines Kirchenausschlusses. Er meint, wir dürften uns nicht selbst zu Abtrünnigen und Vogelfreien machen, denn damit wäre ein großer Teil unserer Arbeit vergeblich gewesen. Und wir sollten den Stachel der Armut nicht aus der Haut der Kirche ziehen. In der Tat: Die Kirche können wir nur erneuern, wenn wir in der Kirche bleiben.
So wird beschlossen, die Regel an den Grundsätzen auszurichten, nach denen wir schon von Anfang an gelebt haben:

»Im Namen Gottes. Dies ist das Leben der minderen Brüder. Das Leben der minderen Brüder richtet sich nach dem Evangelium unseres Herrn Jesus Christus.
Wenn du vollkommen sein willst, dann gehe hin, verkaufe alles was du hast, und gib es den Armen.
Nehmet nichts mit auf den Weg, weder Stab noch Tasche, noch Brot, noch Geld.
Wer mir nachfolgen will, der verleugne sich selbst, nehme sein Kreuz auf sich und folge mir nach.
Die minderen Brüder besitzen nichts außer einer Kutte mit Strick und Unterhosen.
Die minderen Brüder sollen allzeit Arbeit mit ihren Händen verrichten – und dafür ihr tägliches Brot bekommen. Niemals aber dürfen sie Geldmünzen annehmen.
Sie sollen vertrauensvoll um Almosen bitten und sich dafür nicht schämen.
Die Predigt der minderen Brüder be-

steht in einer kurzen Belehrung über die Tugenden und die Laster, über Belohnung und Strafe, und über die Bekehrung von den Sünden.
Die minderen Brüder üben nicht Macht und Herrschaft aus, weder den eigenen Brüdern noch irgend einem anderen gegenüber.
Dem Papst versprechen die minderen Brüder Gehorsam und Ehrerbietung entgegenzubringen.«

Im November 1223 stimmt Papst Honorius III. dem Regelwerk zu. Von nun an sind wir ein Orden, anerkannt wie alle anderen Bruderschaften auch.

*»Die minderen Brüder besitzen nichts.«*

*Warum bestand Franz auf dem Grundsatz der Besitzlosigkeit?*
*»Die minderen Brüder nehmen nichts mit auf den Weg.« Dieser Grundsatz war auch unter den Franziskanern umstritten. Welche Gefahren und Schwierigkeiten konnten sich für einen Bruder ergeben, der in der damaligen Zeit durch das dünnbesiedelte Land zog?*
*Stimmt es, daß ich nur dort etwas verändern kann, wo ich Mitglied bleibe?*

### *»Willkommen, Bruder Tod!«*

Seit unserer Rückkehr aus Ägypten litt Franz an einer schweren Augenkrankheit. Wir hatten gehofft, daß er sich etwas Ruhe gönnen würde, aber davon war keine Rede. Fast erblindet, warfen ihn zudem unerträgliche Magenschmerzen viele Monate auf das Krankenlager. Er wußte wie wir: Jetzt ist der Tod nahe. Aber Franz hatte keine Angst vor dem Tod. Als er wußte, daß er nur noch wenige Tage zu leben hatte, rief er aus: »Willkommen, Bruder Tod!« Und er sang mit uns seine Lieder. Es war, als wolle er uns alle trösten.
Franz von Assisi starb am 3. Oktober 1226 im Alter von 44 Jahren. In der Stunde seines Todes beteten wir Psalm 142 und sangen sein schönstes Lied, den Sonnengesang.

Die Biographie des Thomas Celano liegt mir seit einigen Tagen vor; sie ist entgegen meinen Befürchtungen ganz ordentlich geraten.
Einiges liest sich dort anders als bei mir: Celano verschweigt die Grausamkeiten der Kreuzritter, und die Begegnung von Franz und Klara erwähnt er nur am Rande. Ein Satz aber gefällt mir besonders gut: Franz wirke auf die Menschen »wie ein ganz neues Licht vom Himmel«.

*Adolf Holl betitelte sein Buch: »Der letzte Christ. Franz von Assisi.« Müßte hinter einem solchen Titel nicht ein Fragezeichen stehen? Fragt den katholischen Pfarrer eurer Gemeinde, wo und wie heute Franziskaner leben.*
*Schreibt ein Hörspiel oder ein Theaterstück über Franz von Assisi. Überlegt: Welche Ereignisse lassen sich in einem Dialog oder in einer Spielszene darstellen? Welche Personen müßten auftreten? Benötigt ihr einen Erzähler, der die einzelnen Szenen miteinander verbindet? Welche Kulissen und Kleider wollt ihr verwenden?*
*Wollt ihr mehr über Franz von Assisi wissen, dann lest von dem bekannten Jugendbuchautoren Scott O'Dell »Das Feuer von Assisi«. Der Autor erzählt über den Heiligen aus der Sicht der jungen Ricca, die sich in Franz verliebt hat.*

***Freut euch und frohlocket, weil euer Lohn groß ist in den Himmeln.***

## *Geschäftsmann und Menschenfreund*

Herr D. ist 60 Jahre alt. Er ist Facharzt für Orthopädie und übernahm nach dem Tode des Vaters das Schuhgeschäft der Familie. Im Laufe der Jahre vergrößerte D. das väterliche Geschäft.
Mit dem geschäftlichen Erfolg mochte sich Herr D. nicht zufrieden geben: »Wir können nicht warten. Wir leben auf der Erde, um etwas zu ändern. Wer dieses Elend einmal gesehen hat, muß einfach helfen.« Und er weiß: »Es war ein Leprakranker, den Jesus Christus berührt und gesegnet hat.« Deshalb reicht es ihm nicht, Geld zu spenden: »Es ist ganz wichtig, die Leprakranken anzufassen, ihnen zu zeigen, daß ihr Leiden kein Fluch der Götter ist.«
Das Geld des Geschäftsmannes gelangt über die Hilfsorganisation Allgemeine Missionsgesellschaft (AMG) nach Indien. Wenn Herr D. in den indischen Bundesstaat Andhra Pradesk reist, wird er freudig empfangen.
Hier leben 800000 Menschen, die schwer unter der Last ihrer Leprakrankheit leiden. Sie wissen, daß der deutsche Geschäftsmann ihnen auch dieses Mal wieder helfen wird. 20 Millionen Mark hat der Deutsche in den vergangenen 10 Jahren hierher überwiesen. 1600 Inder stehen mittlerweile auf den Lohnlisten der AMG: Ärzte und Krankenschwestern, Bauarbeiter und Lehrer. Die AMG baute ganze Dörfer für die Aussätzigen und ihre Familien, Dörfer mit Krankenstation, Schule, Bibliothek und Bewässerungsanlagen. D. hofft, daß die Inder dies alles eines Tages selbst organisieren werden, und er hilft ihnen dabei, es zu lernen. Für D. kommt die Kraft zu helfen und der Mut, im hinduistischen Indien mit der Bibel in der Hand das Christentum zu predigen, aus seinem Glauben.

*Lest Matthäus 19,16–26.*
*Ist die Praxis des Herrn D. eine Fortführung des Lebens von Franz von Assisi? Nenne Unterschiede und Gemeinsamkeiten.*
*Kennst du Menschen, die so leben wie Franz von Assisi?*

# Wer teilt, schenkt Leben

*Kreutzberg, Der Knoten*

Wer nichts tut, macht auch nichts falsch

Mir kann es doch egal sein, was in der Welt passiert

## Was zählt

- Warum kann es mir nicht egal sein, was in der Welt geschieht?
- Warum bin ich aufgefordert, zu handeln?
- Was macht das christliche Handeln aus?
- Wo mache ich mich als Christ durch Nicht-Handeln schuldig?

### *Wir sind dir nie begegnet*

Am Ende der Zeit werden alle Völker der Erde sich versammeln und große Verwirrung und Furcht wird sein. Da tritt einer auf und setzt sich auf den Richterstuhl. Mit einer einzigen Bewegung seiner Hand teilt er die Menschenschar, und jedem weist er seinen Ort an, zur Rechten oder zur Linken. Doch weiß keiner noch, warum er hier und nicht dort ist. Die Verwirrung dauert nicht lang, denn nun spricht der Richter, und er sagt zu denen auf der rechten Seite: »Ihr habt mir zu essen gegeben, als mich hungerte; ihr habt meine Wunden verbunden und mir Arznei gegeben; ihr habt mir Obdach gegeben, als ich aus meinem Haus verjagt wurde; ihr habt mir eure Tür geöffnet, als ich verfolgt war, heimatlos, ein Flüchtling vor den Mächtigen; ihr habt mir zu Recht und Freiheit verholfen, als ich ins Gefängnis geworfen wurde, weil man meinen Schrei nach Gerechtigkeit falsch verstand; ihr habt Frieden gestiftet in meinem Namen und euch dafür schlagen lassen. Kommt nun, Freunde, in mein Reich.«
Zu den andern aber: »Ihr habt gepraßt, als ich hungerte; ihr habt mich auf die Straße gesetzt und mir mein Haus genommen; ihr habt mich angespuckt, weil ich ein Geringer war aus fremdem Land; ihr habt mich den Verfolgern ausgeliefert, als ich um Herberge bat für eine Nacht; ich habt mich für euch arbeiten lassen, und als ich schwach wurde, habt ihr mich davongejagt; ihr habt mir meinen Lohn vorenthalten, weil ihr Waffen kauftet, um Krieg zu führen. Ihr habt mich geschlagen und getötet, als ich für Frieden und Gerechtigkeit eintrat. Geht mir aus den Augen!« Da sagten die also Angesprochenen, die einen wie die andern: »Wir sind dir nie begegnet, wie konnten wir dir Gutes oder Böses tun?« Er aber sagte: »Ihr seid nie einem andern begegnet als mir. Was ihr einem lebenden Wesen getan oder verweigert habt, das habt ihr mir getan oder verweigert.«
Die Hörer gingen schweigend auseinander.
Mir aber kamen Fragen, und ich fand die Antworten nicht.

*Marie-Luise Rinser*

*Maria Magdalena, eine Jüngerin Jesu,*

*erinnert sich in dem Roman »Mirjam« der Schriftstellerin Marie Luise Rinser an das Gleichnis vom Weltgericht, das hier erzählt wird.*
*Lies Matthäus 25,31–46, und vergleiche mit dieser Erzählung. Gibt das Gleichnis Antwort auf die Frage, was zählt?*
*Keiner weiß, warum er zur Rechten oder zur Linken verwiesen wurde. Warum wissen die Gerechten nicht, daß sie gerecht gelebt haben?*
*Wie radikal ist das, was hier gefordert wird?*

## *Sprüche und Ansprüche*

Reichtum sollte einen
Zweck haben:
Armut abschaffen

Alle sind gleich
einige sind gleicher

Lieber Gott,
laß alle Menschen
Brüder werden
und erlöse uns
von den Farbigen

Es gibt viel zu tun,
warten wir es ab

Wir müssen
einfacher leben,
damit andere
einfach leben
können

Brot für die Welt
Kuchen für mich

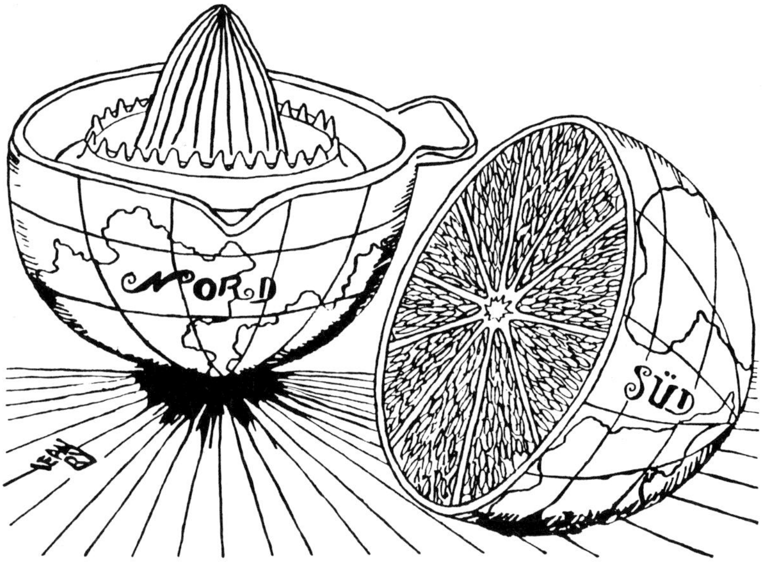


*Welche Sprüche findest du »richtig«?*

*Sammelt weitere Sprüche, und stellt sie zu einer Schautafel zusammen.*
*Ihr könnt auch alle Sprüche mit dicken Filzstiften auf Din-A4-Bögen schreiben und in der Pause im Pausenhof an eine Wand hängen. Beobachtet die Reaktionen. Diskutiert mit euren Mitschülern. Berichtet im Unterricht von euren Eindrücken.*

## *Materielle Hilfe*

Ja, wir geben den Hungernden zu essen. Wir spenden regelmäßg an ›Brot für die Welt‹ oder ›Misereor‹.
Immer mehr Bürger der Bundesrepublik Deutschland sind bereit, Hilfsaktionen gegen das Elend zu unterstützen.
Die BRD hat 1982 7,68 Mrd. DM für Entwicklungszusammenarbeit zur Verfügung gestellt, das sind 0,48% des Bruttosozialprodukts.
200000 Tonnen Getreide aus Kanada, Frankreich und den USA wurden 1984 nach Tansania geliefert.

Ja, wir geben von unserem Überfluß!

*Was drückt das Bild aus?*
*Vergleicht es mit dem Text.*

*Das Poster wurde auf den Kopf gestellt. Was hat sich verändert?*

***Wird Afrika totgefüttert?***

**Ich bin hungrig gewesen, und ihr habt mir zu essen gegeben.**

Hunger hat es seit Menschengedenken immer wieder gegeben. Während aber der Hunger früher eher naturbedingt war und durch Dürre, Überschwemmungen u.ä. die Kornkammern leer blieben, ist der heutige Hunger häufig ein Ergebnis der vollen Kornkammern.

*Wie ist das zu erklären?*

Für den Hunger in der sogenannten Dritten Welt gibt es viele Ursachen. Aber nicht allein die Dürre oder das hohe Bevölkerungswachstum, sondern auch die nicht immer gerechten Wirtschaftsbeziehungen zwischen Industrie- und Entwicklungsländern und die damit verbundenen Fehlentwicklungen der landwirtschaftlichen Produktion sind die Ursachen für den Hunger in der sogenannten Dritten Welt.

1954 wurde in den USA eine Organisation mit dem Namen »Food for Peace« (Nahrungsmittel für den Frieden) geschaffen. Ihr Ziel war es, den Entwicklungsländern im Kampf gegen den Hunger zu helfen und den überschüssigen Weizen zu verkaufen. In den Entwicklungsländern wurden seit jeher nährstoffreichere Pflanzen wie Reis, Bohnen und Maniok angebaut. Durch den Weizenimport ist jedoch in all diesen Ländern die ursprüngliche Nahrungsmittelproduktion zurückgegangen, denn die oft kostenlose Verteilung von Getreide führte zu einem Verfall der Preise einheimischer Produkte.

*Nähere Informationen über die Zusammenhänge findet ihr in dem »Dritte-Welt-Buch für Kinder« von B. Veit/H. O. Wiebus.*

»Es ist eine Schande, daß wir die 3. Welt als ein riesiges Flüchtlingslager sehen, in dem hungrige Menschen auf die Suppe warten, die wir ihnen spendieren. Warum retten wir Afrika nicht endlich vor unsrer Verteilungswut?«

Ein Bauer in Armland. Der Ertrag seiner Felder reicht zu einem bescheidenen Leben. Eine schlechte Ernte bedeutet Hunger und Armut.

Da kommt der Mann aus Reichland. Er macht einen Vorschlag der Geld bringt (wem?).

Für den Start sind Geräte. Saatgut und Dünger nötig. Bei dem Mann aus Reichland kann man das kaufen.

Wer kein Geld hat muß Schulden machen – bei dem Mann aus Reichland.

Mit den neuen Geräten bringt der Bauer den Dünger auf seine Felder und pflanzt Baumwolle an.

Der Ernteertrag war gut, aber der Mann aus Reichland kann nicht gut dafür bezahlen. Der Baumwollpreis auf dem Weltmarkt ist zu unsicher.

Die Schuldzinsen aber sind sicher. Sie fressen den Ernteerlös auf.

Die Sache entwickelt sich vorteilhaft (für wen?).

Der Bauer aus Armland redet mit seinen Freunden. Er will mit ihnen zusammen die Baumwolle im eigenen Land weiterverarbeiten.

Das Startkapital leiht der Mann aus Reichland.

Mit dem Geld bauen die Armlander eine kleine Tuchfabrik mit Näherei.

Preisgünstige Ware hat jeder gern – außer der Konkurrenz.

Preisgünstige Waren sind gefährlich – für den Markt und seine Preise in Reichland.

Steuer Zoll und die langen Transportwege heben den ursprünglichen Preisvorteil auf. Die Waren werden für den Importhandel uninteressant.

**Ob man da nicht was ändern könnte?**

*Hier sind nicht alle Probleme aufgeführt.*
*Aber es werden verschiedene Gründe für den Hunger in der Welt benannt. Siehst du Widersprüche?*

*Welche angeblichen Hilfeleistungen stehen im Widerspruch zum Weltgericht-Gleichnis?*

Die Gesamtschule Hungen beteiligt sich seit Jahren an einer Schulpartnerschaft mit einer Schulfarm in Mosambik. Zunächst organisierte die Förderstufe eine Altkleidersammlung und einen Gebrauchtkleiderverkauf im Stadtzentrum von Gießen. Immer mehr Klassen gewannen Interesse an dem Schulprojekt.
Die Abiturienten veranstalteten an ihrem letzten Schultag einen »Abiquitäten-Markt für Mosambik« auf dem Schulhof der Schule. Da entdeckte mancher Lehrer einen ihm wohlbekannten Gegenstand, den er zuvor den Schülern überlassen hatte: der eine einen Gartenschlauch, der andere einen Blumenkübel, einen Gummistiefel – jeweils mit einem Handzettel versehen »Abiquitäten für Mosambik – Danke«.
Nun gingen die Lehrer daran, ihr Eigentum unter dem Applaus der Schüler wieder zu »ersteigern«.

*Die Beantwortung der Frage nach ›rechter Hilfe‹ stellt Wissenschaft und Politik vor fast unlösbare Schwierigkeiten. Umstritten ist, ob überhaupt Geschenke gemacht werden sollen.*
*– Wie beurteilt ihr die vorgestellte Schulpartnerschaft?*

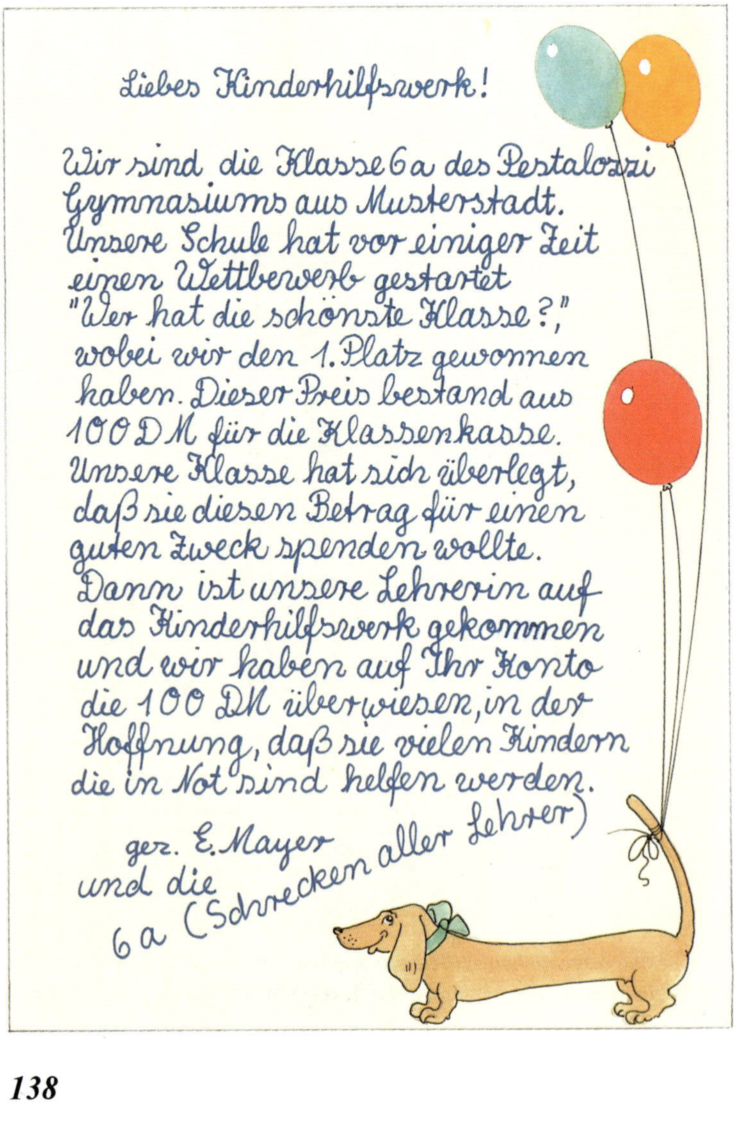
Liebes Kinderhilfswerk!

Wir sind die Klasse 6a des Pestalozzi Gymnasiums aus Musterstadt. Unsere Schule hat vor einiger Zeit einen Wettbewerb gestartet "Wer hat die schönste Klasse?", wobei wir den 1. Platz gewonnen haben. Dieser Preis bestand aus 100 DM für die Klassenkasse. Unsere Klasse hat sich überlegt, daß sie diesen Betrag für einen guten Zweck spenden wollte. Dann ist unsere Lehrerin auf das Kinderhilfswerk gekommen und wir haben auf Ihr Konto die 100 DM überwiesen, in der Hoffnung, daß sie vielen Kindern die in Not sind helfen werden.

gez. E. Mayer
und die
6a (Schrecken aller Lehrer)

*Material zur Entwicklungshilfe*
*erhaltet ihr*
*vom*
*Bundesministerium*
*für wirtschaftliche*
*Zusammenarbeit BWZ*
*Postf. 120322*
*5300 Bonn*

*von*
*MISEREOR*
*Mozartstr. 9*
*5100 Aachen*

*von*
*»Brot für die Welt«*
*Stafflenbergstr. 76*
*7000 Stuttgart 1*

*Sohn:* Papa, Charly hat gesagt, sein Vater hat gesagt, Armut gibt's auch heute noch bei uns, wie eh und je.
*Vater:* Was Charlys Vater da verzapft, ist ausgemachter Quatsch.
*Sohn:* Wieso?
*Vater:* Ganz einfach. Weil es hierzulande überhaupt keine Armut mehr gibt. Armut, ich meine ausgesprochene Armut, die gibt es schon deshalb nicht mehr bei uns, weil wir heute in einem regelrechten »Wohlfahrtsstaat« leben.
*Sohn:* Was ist denn ein Wohlfahrtsstaat;
*Vater:* Wie soll ich dir das erklären? Also, einen Wohlfahrtsstaat haben wir dann, wenn den Leuten, also den Bürgern dieses Staates, für alle erdenklichen Notlagen gesetzlich »soziale Sicherheit« gewährt wird. Mit anderen Worten, jeder hat einen Anspruch darauf, daß ihm der Staat hilft, wenn's ihm schlechtgeht, verstehst du?
*Sohn:* Und das ist schlecht?
*Vater:* Nicht an und für sich. Aber wenn der einzelne ohne Rücksicht auf sein Einkommen und ohne besonderen Nachweis seiner Bedürftigkeit mit bestimmten Mindestleistungen versorgt wird, dann ist eben etwas faul in diesem Staat, weil die Eigeninitiative untergraben wird.
*Sohn:* Und warum graben die Faulen im Staate die Eigeninitiative um? Was ist das denn, eine Eigeninitiative?
*Vater:* Eigeninitiative, ja siehst du, das ist, wenn jemand aus eigener Entschlußkraft was tut, dann ist das Eigeninitiative, klar? Und die wird natürlich nicht umgegraben, sondern untergraben, das heißt langsam zerstört. Zum Schluß will sich keiner mehr anstrengen, will sich nur noch vom Staat versorgen lassen, sich auf Kosten der Allgemeinheit bereichern. Ist ja auch bequemer.
*Sohn:* Du, Papa, gehören Sozialwohnungen auch dazu?
*Vater:* Wozu?
*Sohn:* Zum Wohlfahrtsstaat.
*Vater:* Ja, die gehören auch dazu.
*Sohn:* Du, Papa, wir haben doch auch eine Sozialwohnung. Hat Mama neulich gesagt.
*Vater:* Ja.
*Sohn:* Gehören wir dann auch zum finanziell schwächeren Teil der Bevölkerung?
*Vater:* Ach was!
*Sohn:* Weil du mehr als soundso viel verdienst?
*Vater:* Ja.
*Sohn:* Warum ziehen wir dann nicht in eine andere Wohnung?
*Vater:* Wir sitzen im Augenblick ganz gut.
*Sohn:* Und die Leute, die weniger verdienen und die keine billigen Wohnungen finden, was machen die?
*Vater:* Die müssen eben warten.
*Sohn:* Bis wann?
*Vater:* Bis wir ausziehen.
*Sohn:* Und warum ziehen wir nicht aus? Du hast doch selbst gesagt, daß wir mehr verdienen als soundso viel?
*Vater:* Weil wir schön dumm wären, wenn wir eine so billige Wohnung so ohne weiteres aufgeben würden. Andere tun das ja auch nicht.
*Sohn:* Du, Papa, bereichern wir uns denn auch auf Kosten der Allgemeinheit?

*Nennt Beispiele für soziale Leistungen unseres Staates.*
*Informiert euch bei eurem zuständigen Sozialamt über dessen Arbeit. Überlegt euch vorher, was ihr wissen wollt.*

## *Verhungern muß hier keiner, aber ...*

Bei uns in der Bundesrepublik steigt die Zahl der Sozialhilfeempfänger. Sozialhilfe - ihre Empfangsberechtigung markiert die offizielle Armutsgrenze. Früher waren davon vorwiegend Nicht-Seßhafte, Obdachlose und Strafentlassene betroffen. Durch die Arbeitslosigkeit ist Verarmung heute jedoch zunehmend zu einem ernstzunehmenden Problem geworden. Kleinstrentner, vor allem alleinstehende ältere Frauen, liegen oft mit ihrem Einkommen unter den Sozialhilfesätzen. Kinderreichen Familien ergeht es ebenso, wenn sie von nur einem Gehalt leben müssen. Auch Geschiedene mit versorgungsberechtigten Kindern geraten öfter an die Armutsgrenze. Noch immer ist die Dunkelziffer sehr hoch. Scham und Stolz hindern die Menschen bei uns am Gang zum Sozialamt. Experten schätzen, daß es in unserem Land etwa 7 Millionen Arme gibt. Sie sind nicht so arm wie die indischen oder afrikanischen Armen.
Zu wie viel aber reicht Sozialhilfe aus?

*Erkundigt euch: Wie hoch ist die Sozialhilfe?*

## *Pedro sucht eine Schule*

**Ich bin durstig gewesen, und ihr habt mir zu trinken gegeben.**

Pedro sitzt auf der Schulbank. Um ihn herum sitzen 48 Jungen. Der Lehrer steht vorne an der Wand. Er hält einen dünnen Zeigestab in der Hand. Er dreht ihn hin und her. Er schaut keinen der Jungen an. Dann sagt er: »Kinder, heute sind wir das letztemal in der Schule. Dieses Haus wird abgerissen. Der Besitzer will es so. Wir haben kein Schulzimmer mehr. Ich weiß nicht, wo wir ein neues bekommen. Und jetzt geht nach Hause.« Rasch dreht er sich um und geht hinaus.
Die Jungen bleiben sitzen. Keiner spricht ein Wort. Nach einer Weile geht einer nach dem anderen hinaus. Keiner lacht, keiner läuft. Langsam verlassen sie ihr Schulzimmer und gehen heim.
Pedro ist der letzte. Er ist traurig. Er möchte gern in der Schule bleiben. Er möchte gern lernen. Er weiß, wer nichts gelernt hat, bleibt immer arm. Überall ist das so, auch in Bolivien. Traurig macht er sich auf den Heimweg: da fällt ihm etwas ein. Er rennt zurück: »Herr Lehrer, Herr Lehrer!« ... Nach vier Tagen marschieren 49 Jungen durch die Straßen von La Paz. Sie tragen Stangen, auf die Holzbretter genagelt sind. Auf Pedros Brett steht »Nuestro Problema!« Auf dem zweiten Brett steht: »Wir brauchen ein Schulzimmer!«. Mit den Jungen geht der Lehrer.
Wohin sie kommen, bleiben die Menschen stehen und lesen die Plakate. Niemand lacht sie aus.
Der Tag geht vorbei. Pedro sagt: »Morgen wieder.« Müde gehen sie heim.
Am zweiten Tag marschieren sie wieder, auch am dritten Tag.
Drei Tage lang ziehen sie durch Gassen und Straßen, über Plätze und durch Parks. Am vierten Tag hält sie ein Mann auf. »Halt«, sagt er, »ich möchte mit euch reden.« Sie bleiben stehen. Der Mann sagt: »Ich habe einen Lehmschuppen. Den könnt ihr als Schulzimmer haben. Ihr müßt ihn nur ausräumen. Kommt mit, ich zeige ihn euch.«
Der Lehmschuppen steht in einem Hof. Er ist voller Gerümpel. Die Jungen arbeiten bis zum Abend. Dann holen sie mit einem Handkarren die Bänke und die Tafel aus dem alten Schulzimmer.
Am nächsten Tag sitzen sie in den Bänken. Der Lehrer sagt: »Heute ist der 23. Dezember. Nach den Ferien könnt ihr wieder lernen.«

*Vergleiche die Schulerfahrungen Pedros mit deinen eigenen Erfahrungen.*

Ich bin, wie man mir sagte, ungefähr 40. Ich habe ausschließlich mit meinen Ohren gelernt. Meine Augen sehen nur Bäume, den Himmel, meine Kinder, die Nahrung, meinen Hungerlohn. In dieser Beziehung geht es mir wie allen anderen - was sie sehen, sehe ich auch. Aber die Worte, die von den Leuten geschrieben und gelesen werden, sind für mich nichts als ein bitteres Geheimnis. Wenn ich Briefe wegschicken muß, schreibt sie eines meiner Kinder, mein zehnjähriger Sohn.
Gott weiß, ob er das schreibt was ich sage, oder irgendeinen Unsinn. Mein Kopf wurde nie geschult; nur meine Hände, mein Rücken, meine Füße wurden darauf abgerichtet, die Befehle derer auszuführen, denen es besser geht als mir. Im Elend wurde ich geboren, Hungers werde ich sterben, ohne je eine andere als diese Welt zu kennen, gefangen in meiner Unwissenheit. Am Ende eines jeden Monats nehme ich meinen Lohn und bestätige dieses mit einem Abdruck meines Daumens. Die hinter mir Stehenden lachen, denn sie nehmen einen Stift und unterzeichnen stolz einen für alle lesbaren Namen. Ich schwor mir, daß meine Kinder niemals nur ein halbes Leben leben sollten, und beinahe noch ehe sie zu laufen begannen, schickte ich sie zur Schule. Jetzt ist in meinem hohen Alter keine Zeit mehr, lesen zu lernen. Genügsam muß ich bleiben, damit ich sehen kann, wie meine Söhne einen Platz an der Sonne erhalten. Ich hoffe, daß sie, wenn sie auf ihrem Weg vorankommen, ihre Mutter in ihrem Herzen mit sich tragen.

Jedes Kind einer armen indischen Familie muß mit fünf bis sechs Jahren einen Teil des Lebensunterhaltes selbst verdienen. Mit zehn Jahren muß dieses Kind so viel erwirtschaften, daß es über seinen eigenen Unterhalt hinaus einen Beitrag zum Familieneinkommen leistet. Dieses Mädchen sammelt Altpapier und jeden anderen verwertbaren Abfall, den es auf seinen Streifzügen durch die Straßen Kalkuttas findet. Kinder sind begehrte, billige Arbeitskräfte in der Landwirtschaft oder beim Straßenbau.

*Wo kannst du »Durstigen« zu trinken geben?*

*Versucht, im Unterrichtsgespräch den Zusammenhang zwischen Schulbildung und Armut zu klären: Bildung bewahrt vor . . . Bildung ermöglicht . . .*
*Stößt die Möglichkeit, Armut durch Bildung zu beheben, auch auf Grenzen?*

**Ich bin ein Fremder gewesen, und ihr habt mich aufgenommen.**

## *Ein Ausländer in Deutschland*

Was immer wir auch tun, man dreht uns einen Strick daraus. Arbeiten wir hier, nehmen wir den Deutschen die Arbeitsplätze weg - haben wir keinen Arbeitsplatz, werden wir aus dem Land geworfen. Beantragen wir Arbeitslosenhilfe, nehmen wir den Deutschen die Butter vom Brot, - beantragen wir sie nicht, bekommen wir keine Aufenthaltsgenehmigung. Lassen wir unsere Kinder in der Heimat, stehlen wir den Deutschen das Kindergeld - holen wir unsere Kinder hierher, werden Gesetze gemacht, die das verbieten.

Wohnen wir in armen Stadtteilen, schreien viele »Ghetto!« - aber in anderen Stadtteilen will man uns auch nicht haben und viele schreien »Überfremdung«.

Wenn wir nach Hause gehen . . .?

## *Arbeitskräfte wurden geholt - aber Menschen kamen*

*1960:*
Die Situation auf dem Arbeitsmarkt diktierte, wo ausländische Arbeitskräfte gebraucht wurden. Der Arbeitgeber gab einen entsprechenden Auftrag an das zuständige Arbeitsamt. Über die ›Deutsche Kommission‹ im Anwerbeland wurde nach den Anwerbevereinbarungen die entsprechende Anzahl Arbeitskräfte ›importiert‹. »Groß angelegte Werbekampagnen der westdeutschen Arbeitsverwaltung luden mit Filmen, Broschüren und Plakaten zum Aufbruch ins Land der anscheinend unbegrenzten Möglichkeiten ein. Nur wenige Voraussetzungen galt es zu erfüllen: nämlich jung, kräftig und gesund zu sein. Das Wirtschaftswachstum wäre ohne ausländ. Arbeitskräfte nicht denkbar. Sie haben einen hohen Anteil an unserem heutigen Wohlstand.

*1970:*
Jeder vierte Ausländer hat 1970 durch Rationalisierung seinen Arbeitsplatz verloren, jedoch nur jeder 25. Deutsche.

*1980:*
Ein Großteil der ausländischen Arbeitslosen kehrt in ihre Herkunftsländer zurück, d. h. Arbeitslosigkeit und die damit verbundenen Kosten werden in die ohnehin ärmeren Länder exportiert, obwohl die Tatsache, daß Ausländer je nach Konjunkturlage hin- und hergeschoben werden, jeglicher Vorstellung von Menschenwürde und den Menschenrechten kraß widerspricht.

»Wir dürfen nicht vergessen: Die Ausländer kamen, weil wir sie gerufen haben. Sie haben unseren Wohlstand gemehrt, und sie zahlen noch heute mehr in unser soziales Netz ein, als sie herausbekommen.«

*Wenn ein Fremdling bei euch wohnt in eurem Lande, den sollt ihr nicht bedrükken. Er soll bei euch wohnen wie ein Einheimischer unter euch, und du sollst ihn lieben wie dich selbst; denn ihr seid auch Fremdlinge gewesen in Ägyptenland. Ich bin der HERR, euer Gott.*

*3. Mose 19,33–34*

*Welche Probleme stellen sich Menschen, die schon seit Jahren in Deutschland leben, und die nun zurückmüssen?*
*Dürfen wir Arbeitskräfte, die wir nicht mehr brauchen, einfach nach Hause schicken?*

## *... aber Menschen kamen*

Ihr wißt nicht, wie es ist, überall ein Fremdling zu sein. Ich bin in der BRD geboren. Meine Eltern arbeiten in der BRD.
Manch einer sagt: »Du bist Deutscher.«
Andere sagen: »Du bist ein deutscher Türke.«
Aber was bin ich wirklich?
In der Schule lerne ich mit deutschen Kindern.
Wir sind im gleichen Alter.
Meine Eltern arbeiten in den Fabriken und sind abgespannt.
Unsere Sprache ist uns fremd geworden, auch unsere Spiele und unser Handeln.
Meine türkischen Freunde riefen mich Deutscher! Ich hatte ihnen nicht die Hälfte meines Kuchens gegeben, das hat Ayse sehr verärgert.
»Bei uns ist es Tradition, unser Essen untereinander zu teilen. Du bist selbstsüchtig wie sie geworden«, hat sie gesagt.
»Du sprichst nicht unsere Sprache.«
»Du gehörst nicht zu uns.« Gewiß, aber wohin denn? Nenne mir ein Land, das lächelt. Ich will lernen, wie man das Brot teilt.
Ihr Vögel auf den Bäumen, ihr wißt nicht wie es ist, überall ein Fremdling zu sein!

## *Was können wir tun?*

- Wir können uns über die Situation der Ausländer und ihrer Familien bei uns informieren
- Wir können Argumente überprüfen und richtigstellen, die zu unangemessenem Reden und Handeln gegenüber Ausländern führen
- Wir können die Augen offen halten, wenn gesellschaftliche Probleme auf schwächere Gruppen abgeladen werden

*Gastfreundschaft*

In einer hessischen Großstadt hat eine evangelische Kirchengemeinde ein Zeichen gesetzt: Sie teilt sich ihre Räumlichkeiten mit der islamischen Gemeinde der Stadt. Diese hatte über Jahre hin keinen geeigneten Saal für ihre Gottesdienstfeiern finden können.

*Können wir ein vergleichbares Zeichen setzen, indem wir mit jemandem teilen, jemanden aufnehmen, jemandem »Raum« geben?*

**Ich bin nackt gewesen, und ihr habt mich gekleidet.**

Vor 4 Jahren hatte die Familie gebaut. Seit über 2 Jahren ist der Mann arbeitslos. Die Frau hilft in einer Metzgerei in der Nachbarschaft aus. Auch der Mann verdient durch gelegentliche Arbeit etwas hinzu. Die zwei Kinder, die noch in die Schule gehen, tragen Werbedrucksachen aus und füllen so die Familienkasse ein wenig auf. Die älteste Tochter liefert fast ihr ganzes Lehrgeld zu Hause ab. Die Familie will zeigen, daß sie trotz widriger Umstände noch mithalten kann. Aber es hilft alles nichts. Die Schulden wachsen über den Kopf. Im gleichem Tempo wird daheim die Stimmung immer gereizter, explosiver. Die Mutter schafft längst nicht mehr, was sie früher immer geschafft hat: trösten, beruhigen, ausgleichen. Es ist eine Frage der Zeit, bis die Familie wirtschaftlich und nervlich am Ende ist. Sie wird ihr Haus bald los sein und nachher ärmer dastehen als je zuvor. Was soll werden, wenn der Vater keine Anstellung mehr findet?

*Inwieweit haben Arbeitslose selbst schuld?*
*Inwieweit sind Strukturen verantwortlich?*
*Wie sehen das die, die Arbeit haben?*
*Wie sehen das die, die keine Arbeit haben?*
*Wie wirkt sich Arbeitslosigkeit aus im Verhalten gegenüber den Mitmenschen?*
*Wie wirkt sich Arbeitslosigkeit bei Jugendlichen aus?*
*Welche Auswirkungen hat Arbeitslosigkeit für die Angehörigen?*
*Welche Auswirkungen hat Massenarbeitslosigkeit auf diejenigen, die noch Arbeit haben?*

**Ich war krank, und ihr habt mich besucht.**

wußten sie schon
daß die nähe eines menschen
gesund machen
krank machen
tot und lebendig machen kann

wußten sie schon
daß die nähe eines menschen
gut machen
böse machen
traurig und froh machen kann

wußten sie schon
daß das wegbleiben eines menschen
sterben lassen kann
daß das kommen eines menschen
wieder leben läßt

wußten sie schon
daß die stimme eines menschen
einen anderen menschen
wieder aufhorchen läßt
der für alles taub war

wußten sie schon
daß das wort oder
das tun eines menschen
wieder sehend machen kann
einen der für alles blind war
der nichts mehr sah
der keinen sinn mehr sah in dieser welt
und in seinem leben

wußten sie schon
daß das zeithaben für einen menschen
mehr ist als geld
mehr als medikamente
unter umständen mehr als eine geniale operation

wußten sie schon
daß das anhören eines menschen
wunder wirkt
daß das wohlwollen zinsen trägt
daß ein vorschuß an vertrauen
hundertfach auf uns zurückkommt
wußten sie schon
daß tun mehr ist als reden
wußten sie das alles schon

*Wilhelm Willms*

*Karl Thylmann, Heilung des Aussätzigen*

*Wie wird Überwindung-Nähe-Wahrnehmung in dem Holzschnitt von Jesus und dem Aussätzigen dargestellt?*
*Wie verhaltet ihr euch als Klassengemeinschaft bei Krankheit einer Mitschülerin/eines Mitschülers?*
*Ein Krankenbesuch – besonders bei Schwerkranken – kostet oft Überwindung; nennt Gründe.*
*Eine Kranke sagt: »Ich habe keine Kraft mehr zum Gespräch. Vielleicht ist mir auch die Lust vergangen. Was soll ich auf die lästigen Fragen antworten? Trostversuche sind hohl und leer. Was soll ich dazu sagen! Diese banalen Gespräche sind oft nur billiges Geschwätz. Sie lassen mich nur kranker und einsamer zurück.«*
*Vergleicht die Aussagen von W. Willms:*
- *Was macht noch kranker?*
- *Was macht gesund?*

## *Ich war gefangen, und ihr seid zu mir gekommen.*

Ein Polizist hinter Panzerglasscheiben kontrolliert meinen Personalausweis, ein anderer untersucht mich nach Waffen. Je weiter ich auf diese Weise ins Gefängnis eingelassen werde, desto mehr spüre ich, wie meine Welt draußen bleibt, eine kalte, farblose Welt mich umfängt. Die Vorstellung, selbst eine Gefangene zu sein, schiebe ich frierend von mir und nehme dankbar die anderen wahr, die mit mir kamen.

Lange Diskussionen hat es gegeben über die Frage, ob man die fünf Lehrerinnen und Lehrer überhaupt einlassen wolle. »Unsere Gefangenen sind keine Zootiere«, war das stärkste Gegenargument des Anstaltspfarrers. Wir haben uns auf mehrere Besuche und einen Gesprächskreis mit Gefangenen geeinigt.

Beim Gang durch das Gefängnis klirrt immer wieder der Schlüsselbund unseres Führers. Alle Gebäude sind mehrfach gesichert. Endlich sitzen wir in einem ungemütlichen Kellerraum mit wenigen Tischen und Stühlen, der als Gemeinschaftsraum dient. Nach befangenem Warten werden vier Jugendliche hereingeführt. Zögernd setzen sie sich zu uns an die Gruppentische. Meine erste Reaktion ist Erleichterung. Kein Streifenanzug, keine Handschellen. Hatte ich das erwartet? Fernsehfilme kommen mir in Erinnerung. Der Junge neben mir hält sich an seiner Kaffeetasse fest und sieht auf die weiße Tischplatte. Schleppend kommt ein Gespräch auf. Warum – wie – seit wann ...? Anfangs scheu, dann immer bereitwilliger gibt er auf unsere Fragen Auskunft. Seine Strafe erduldet er willig. Er hat das Bedürfnis, seine Tat zu büßen. Zu Beginn seiner Haft dachte er an Flucht, an Selbstmord, wartete auf ein Wunder. Jetzt sieht er seine Bestrafung als Chance, als Beginn eines neuen Lebens: Er darf eine Schule außerhalb des Gefängnisses besuchen, will sogar sein Abitur machen. Zukunftspläne? Er weiß genau, was er tun will, wenn er erst mal draußen ist. Er wird immer lebhafter, redet, redet. Träume? Wie groß werden seine Chancen sein, seine Vorstellungen zu verwirklichen? Wie behindernd sind die Widerstände von außen – und dann vielleicht auch von innen? Beim Abschied sieht er mich an: »Sagen Sie Ihren Schülern, daß es sich für nichts, aber auch für gar nichts lohnt, den Knast zu riskieren. Und noch was: Lernen ist lebenswichtig. Sagen Sie ihnen das – absolut lebenswichtig.«

### *Gefängnisbesuch – wichtig für wen?*

*Sprecht über die Aussage des Gefängnispfarrers: »Unsere Gefangenen sind keine Zootiere.«*
*Warum – wie – seit wann? Welche Fragen würdet ihr dem Strafgefangenen stellen?*
*Wie groß werden die Chancen des Strafgefangenen sein, nach der Haft seine Zukunftspläne zu verwirklichen? »Wie behindernd sind die Widerstände von außen – und dann vielleicht auch von innen«?*
*Wie werden die Schüler die Nachricht des Gefangenen aufgenommen haben? Wie nehmt ihr sie auf?*
*Erstellt eine Collage: Schneidet aus Illustrierten Bilder von Menschen aus, und klebt sie zu einer »Menschenmenge« zusammen. Ordnet jedem/jeder in einer Sprechblase Vorurteile/Ängste gegenüber Vorbestraften zu.*

# Martin Luther: Befreit von Lebensangst

*Lukas Cranach, Martin Luther und Katharina von Bora, 1526*

*Mönche heiraten Nonnen, Titelblatt einer Flugschrift*

## *Ein Aufruf*

»Ein Christenmensch ist ein freier Herr über alle Ding und niemand untertan. Ein Christenmensch ist ein dienstbar Knecht aller Ding und jedermann untertan ...«

Von der Freyheyt eynisz Christen menschen.

Martinus Luther.

Vuittembergae. Anno Domini 1520.

»Drum soll seine Meinung in allen Werken frei und nur dahin gerichtet sein, daß er anderen Leuten damit diene und nutz sei, nichts anders sich vorstelle, denn was dem andern not ist. Das heißet dann ein wahrhaftig christlich Leben ...«

»Kein Werk, kein Gebot ist einem Christen not zur Seligkeit, sondern er ist frei von allen Geboten, und aus lauterer Freiheit umsonst tut [er] alls, was er tut, nichts damit zu suchen seines Nutzens oder Seligkeit. Denn er schon satt und selig ist durch seinen Glauben und Gottes Gnaden. Sondern [er will] nur Gott darinnen gefallen ...«

»Aus dem allen folget der Beschluß, daß ein Christenmensch lebt nicht in ihm selbst, sondern in Christo und seinem Nächsten. In Christo durch den Glauben, im Nächsten durch die Liebe. Durch den Glauben fähret er über sich in Gott, aus Gott fähret er wieder unter sich durch die Liebe und bleibt doch immer in Gott und göttlicher Liebe ...«

»Siehe, das ist die rechte, geistliche, christliche Freiheit, die das Herz frei macht von allen Sünden, Gesetzen und Geboten, welche alle andere Freiheit übertrifft, wie der Himmel die Erden. Welche geb uns Gott recht zu verstehen und behalten.«

*Amen.*

*Martin Luther*

## *Wir müssen dran!*

Wir wollen's halten ingemein.
Laßt doch nit streiten mich allein!
Ihr werten Teutschen, regt die Hand,
Erbarmt euch übers Vaterland.
Jetzt ist die Zeit, zu heben an
Um Freiheit kriegen, Gott will's han.
Herzu, wer Mannesherzen hat!
Gebt fürder nit der Lügen statt,
Damit sie han verkehrt die Welt!

Vor hat es an Vermahnung gefehlt
Und einem, der euch sagt den Grund;
Kein Lai euch damals weisen kunnt,
Und waren nur die Pfaffen glehrt;
jetzt hat uns Gott auch Kunst beschert,
Daß wir die Bücher auch verstahn.
Wohl auf, ist Zeit, wir müssen dran!

*Ulrich von Hutten*



## *Die Forderungen der Bauern*

»Wir Bauern wollen das Evangelium hören und ihm gemäß leben. Die sich gegen dieses Begehren auflehnen und aufbäumen, sind Feinde des Evangeliums.

Zum ersten ist unser Begehr, daß jede Gemeinde ihren Pfarrer selbst erwähle.

Zum anderen wollen wir den Kornzehnten gern geben; den Viehzehnten (von Füllen, Kälbern, Lämmern) wollen wir nicht mehr geben.

Zum dritten wollen wir frei sein. Nicht, daß wir völlig frei sein und keine Obrigkeit haben wollen; das lehret Gott uns nicht.

Zum vierten ist es bisher Brauch gewesen, daß der arme Mann von Wildbret, Geflügel oder Fischen im fließenden Wasser nichts fangen durfte; das dünkt uns unziemlich und unbrüderlich.

Zum fünften: Wir meinen, die Waldungen sollten den Gemeinden wieder anheimfallen.

Zum sechsten fühlen wir uns beschwert durch die Dienste, die von Tag zu Tag gemehrt werden! Wir begehren, daß man ein Einsehen habe und uns nicht so hart beschwere.

Zum siebenten: Die Herren sollen den Bauern nicht zu neuen Diensten zwingen und dringen noch anderes von ihm umsonst begehren.«

*Um 1500 lebten zwei Stände in besonderer Not und Unzufriedenheit: die Reichsritter, verarmt und (durch die Söldnerheere) bedeutungslos geworden, und die Bauern, die im 15. Jh. – nicht zuletzt durch die Einführung des Römischen Rechtes – immer mehr in Unfreiheit und Leibeigenschaft geraten waren.*
*Als Martin Luthers Schrift »Von der Freiheit eines Christenmenschen« erschien, erhoben sich die Reichsritter an Rhein und Mosel (Anführer: Ulrich von Hutten, Franz von Sickingen). Sie forderten die Auflösung der geistlichen Fürstentümer zugunsten des Reichsadels, wurden aber vom Erzbischof von Trier besiegt und damit endgültig bedeutungslos.*
*Auch die Bauern (Anführer waren z. B. Götz von Berlichingen und Florian Geyer) bezogen die Schrift Luthers auf ihr persönliches Los. Wiederholt hatten sie vergeblich versucht, sich in Aufständen von der Unterdrückung und Ausbeutung durch Adel und Geistliche zu befreien.*

*Im ausgehenden Mittelalter rechneten viele Menschen mit dem täglichen Untergang der Welt: Katastrophen, Seuchen und Kriege wurden als apokalyptische Zeichen für die zu Ende gehende Zeit verstanden: Das Gericht Gottes über die Menschheit mußte unmittelbar bevorstehen!*
*Gesteigert wurde diese Stimmung durch dunkle Prophezeiungen der Wanderprediger, Ablaßverkäufer, Wunderheiler, Astrologen und Flugblattverfasser, die mit den Ängsten der Menschen ein erfolgreiches Geschäft betrieben. Die schreckliche Angst vor dem Tod stand in unmittelbarem Zusammenhang mit der Furcht vor der Bestrafung durch Gott mit Fegefeuer und Höllenqualen. Durch Selbstkasteiungen, Bußübungen, Kauf von Ablässen, durch Wallfahrten oder kirchliche Stiftungen versuchten die Menschen, sich das Seelenheil zu erwerben.*

*Albrecht Dürer, Die vier apokalyptischen Reiter*

Und ich sah ein weißes Pferd. Und der darauf saß, hatte einen Bogen. Und es kam heraus ein zweites Pferd, das war feuerrot. Und dem, der darauf saß, wurde Macht gegeben, den Frieden von der Erde zu nehmen, und daß sie sich untereinander umbrächten. Und ihm wurde ein großes Schwert gegeben. Und ich sah ein schwarzes Pferd. Und der darauf saß, hatte eine Waage in seiner Hand. Und ich sah ein fahles Pferd. Und der darauf saß, dessen Name war: Der Tod, und die Hölle folgte ihm nach. Und ihnen wurde Macht gegeben über den vierten Teil der Erde, zu töten . . .

*Auszug aus Apokalypse 6, 2–8*

*Hans Luther*

1483

| | |
|---|---|
| 1483 | Martin Luther wird am 10. November in Eisleben geboren |
| 1493–1519 | Maximilian I., Kaiser des Deutschen Reiches |

Die Pest
Neun Kinder spielten im ersten Haus,
neun kleine Särge trug man heraus.
Um den Amboß vier Gesellen sich reihn,
am nächsten Tag ist der Schmied allein.
Und wer ihn suchte am Morgen darauf,
dem tat keine Hand die Tür mehr auf.
Der Seiler sitzt mit Weib und Kind,
da tickt die Totenuhr im Spind.
Und als der nächste Morgen scheint,
ist er wieder mit Weib und Kind vereint.
Zwei Knäblein zerren mühsam und schwer
den Sarg des Vaters im Karren daher,
den leeren Wagen bringt einer nach Haus
und geht gleich selbst zum Friedhof hinaus.

*Börries Freiherr von Münchhausen*

Die Beulenpest war die am meisten gefürchtete Seuche des Mittelalters. Am ganzen Körper der Erkrankten bildeten sich Eiterbeulen. Nach wenigen Tagen trat der Tod ein. Kein Arzt konnte helfen. Überall starben die Menschen, und ganze Ortschaften und Landstriche wurden entvölkert.

*Stelle fest, ob es in deiner Gemeinde noch Hinweise auf diese fürchterliche Krankheit gibt (z. B. Gedenksteine in der Kirche oder auf dem Friedhof, Berichte in der Chronik im Rathaus).*
*Auch heute gibt es Menschen, die davon reden, daß es Zeichen für ein nahes Ende gibt. Kannst du Beispiele nennen? Diskutiert sie in einem »Pro-und-Contra-Spiel«.*

| | |
|---|---|
| 1501–1505 | Luther studiert in Erfurt Rechtswissenschaften |
| 1505 | Magisterexamen. Erlebnis bei Stotternheim. Eintritt ins Augustinerkloster Erfurt |

*Margarethe Luther*

*Christus auf dem Regenbogen thronend, der die Guten belohnt (Lilie) und die Bösen bestraft (Schwert). Jüngstes Gericht. Mitteltafel des Altars von Hans Memling, 1471–73*

*Klösterliche Zusammenschlüsse von Menschen, die die Bibelstelle Matthäus 19,27ff. für sich ernst nehmen wollten und mit ihrem bisherigen Leben brachen, gab es bereits unter den ersten Christen. Was erhofften diese Menschen für sich?*
*Das Mönchtum war im ausgehenden Mittelalter nicht mehr sehr angesehen, aber die Klöster boten vielen Menschen die Möglichkeit, der Welt mit ihren Sorgen und Problemen zu entfliehen. Das Augustinerkloster in Erfurt war dafür bekannt, daß es sehr streng auf die Einhaltung der Regeln (Gehorsam, Armut, Keuschheit) achtete. Welche Vorteile und Gefahren hat ein solches Leben nach festen Regeln und in einem abgeschlossenem Bereich? Könntest du dir für dich ein solches Leben vorstellen?*

Als ich zwanzig Jahre ein Mönch gewesen bin und mich gemartert habe mit Beten, Fasten, Wachen und Frieren, daß ich allein vor Frost möchte gestorben sein, und mir so weh getan habe, wie ich es niemals mehr tun wollte, was habe ich damit anderes als Gott gesucht? – der da ansehen sollte, wie ich mein Ordensgelübde hielt und ein so strenges Leben führte. Denn ich glaubte nicht an Christus, sondern hielt ihn für nichts anderes als für einen strengen, schrecklichen Richter. Darum suchte ich andere Fürbitter, Maria und andere Heilige, ebenso meine eigenen Werke und Verdienste des Ordens. Das alles tat ich ja nicht um Geldes und Gutes, sondern um Gottes willen. Dennoch war es falsch und Abgötterei, weil ich Christus nicht kannte. *Martin Luther*

*Martin Luther als Mönch*

| | |
|---|---|
| 1507 | Luther wird zum Priester geweiht |
| 1510/11 | Luthers Romreise |
| 1512 | Luther promoviert zum Dr. theol., Professor in Wittenberg |

## *Liebe kann man sich nicht verdienen*

Denn ich schäme mich des Evangeliums nicht; denn es ist eine Kraft Gottes, die selig macht alle, die daran glauben, die Juden zuerst und ebenso die Griechen. Denn darin wird offenbart die Gerechtigkeit, die vor Gott gilt, welche kommt aus Glauben in Glauben; wie geschrieben steht: »Der Gerechte wird aus Glauben leben.«

*Römer 1,16+17*

## *Luther entdeckt Gottes Gerechtigkeit*

»Wiewohl ich als ein untadeliger Mönch lebte, verspürte ich doch unruhigen Gewissens, daß ich vor Gott ein Sünder sei, und daß ich mich nicht darauf verlassen könnte, durch meine eigene Genugtuung versöhnt zu sein. Ich liebte nicht nur nicht – nein, ich haßte den gerechten Gott, der die Sünder straft. Nicht gerade mit stummer Lästerung, sicherlich aber mit unermeßlichem Murren entrüstete ich mich über Gott und sprach: als ob es nicht genug sei, daß die elenden Sünder, die auf ewig durch die Erbsünde verloren seien, mit aller nur denkbaren Not durch das Gesetz der Zehn Gebote bedrückt wären, habe Gott noch durch das Evangelium Schmerz auf Schmerz hinzugefügt und durch das Evangelium selbst uns seine Gerechtigkeit und seinen Zorn angedroht. So tobte ich in meinem wilden und verwirrten Gewissen und bemühte mich ungestüm um jene Stelle bei Paulus, von der ich brennend gern gewußt hätte, was St. Paulus wollte.
Bis Gott sich erbarmte, und ich, der ich Tag und Nacht nachgedacht hatte, den Zusammenhang der Worte begriff, nämlich: Gerechtigkeit Gottes wird offenbart in dem, was geschrieben steht: der Gerechte wird aus Glauben leben. Da fing ich an, die Gerechtigkeit Gottes zu verstehen, durch die der Gerechte als durch ein Geschenk Gottes lebt, nämlich aus Glauben heraus. Und daß dies der Sinn sei: daß durch das Evangelium Gerechtigkeit Gottes offenbart werde, nämlich eine passive, durch die Gott uns in seiner Barmherzigkeit durch Glauben rechtfertigt, wie geschrieben steht: der Gerechte soll aus Glauben leben. Hier spürte ich, daß ich völlig neu geboren sei, und daß ich durch die geöffneten Pforten in das Paradies selbst eingetreten sei, und da erschien mir von nun ab die Schrift in einem ganz anderen Licht.
Und so sehr ich vorher die Vokabel Gerechtigkeit Gottes gehaßt hatte, so viel mehr nun hob ich dieses süße Wort in meiner Liebe empor, so daß jene Stelle bei Paulus mir zur Pforte des Paradieses wurde.«

*Martin Luther*

*Martin Luthers Arbeitszimmer lag vermutlich im Turm des Schwarzen Klosters zu Wittenberg. Man spricht daher von seinem »Turmerlebnis«. Der genaue Zeitpunkt seiner theologischen Entdeckung ist nicht bekannt.*

1513–18 Vorlesungstätigkeit über die Psalmen, Römerbrief, Galaterbrief und Hebräerbrief

*Martin Luther, 46 Jahre*

*Lukas Cranach d. J., Die Erlösung*

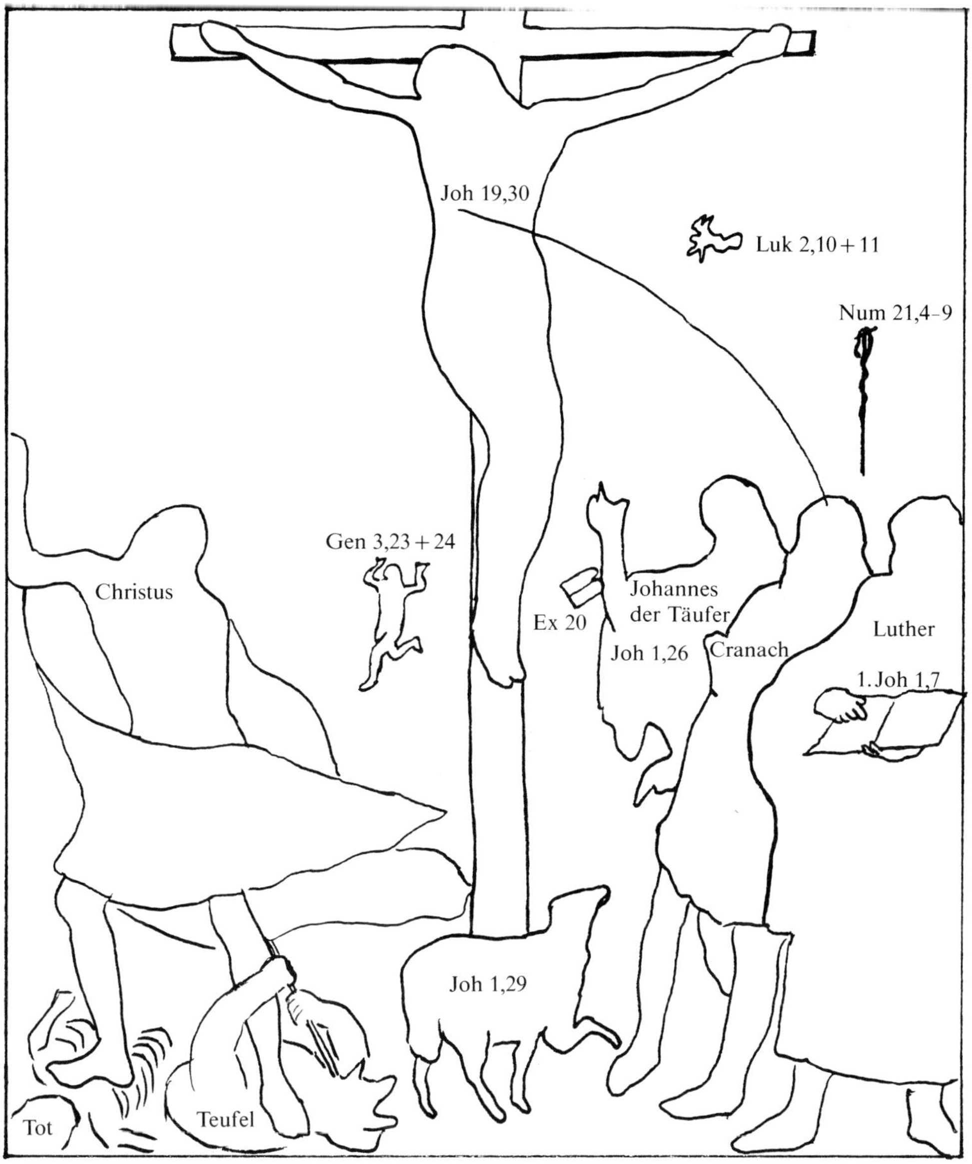


*Lucas Cranach wollte mit seinen Bildern Martin Luthers Reformation unterstützen. Auf diesem Altarbild schaut er den Betrachter an, als wollte er sagen: Sieh, was ich von Martin Luther gelernt habe! – Wer nicht dauernd darauf achten muß, was andere Menschen von ihm halten und wie er sich am ehesten ins rechte Licht setzen kann, weil er weiß, daß Gott ihn liebt, findet auch den Mut, über Mißstände offen zu reden. Kennst du solche Menschen?*

## *Erinnerungen an Martin Luther*

Es ist lange her.
Unbegreiflich die Zeit.
Ich brauche
nicht
alles zu wissen.
Es genügt,
nicht zu vergessen:
Gott
liebt mich,
so wie ich bin.

*Frieder Gadesmann*

Im Oktober 1517 ziehen auf den Straßen, die nach Jüterbog führen, Scharen festtäglich gekleideter Menschen. »Heute kommen aber viele Leute zum Ablaß«, sagte eine Frau und blickt zurück. »Ja«, antwortet der Mann, der neben ihr geht, »ich glaube, halb Wittenberg ist unterwegs, obwohl es über drei Meilen zu laufen sind.« »Und warum seid Ihr gekommen?« fragt die Frau. »Ach, eine ganz schlimme Geschichte! Ich wollte zu Weihnachten ein Schwein schlachten. Und wie ich mit dem Beil aushole, läuft mir ein Kind in den Weg –« »Heiliger Gott!« ruft die Frau entsetzt. »Und ich treffe das Kind. Es fällt um und ist tot.« »Da habt Ihr wohl mit den Gerichten zu tun gehabt?« »Das nicht. Es ist mehr ein Unglück als ein Verbrechen, meinten die Richter. Wie ich aber zu Ostern beichten will, sagt der Pfarrer, vom Totschlag kann nur der Papst lossprechen. Drum will ich mir heute einen päpstlichen Beichtbrief holen. – Und warum seid Ihr gekommen?« »Mein Mann ist im letzten Jahr gestorben«, antwortet die Frau, »ich möchte ihm gern einen Ablaß zuwenden und deswegen einen Ablaßzettel kaufen.«
Schweigend gehen sie ein Stück weiter. Dann fragt die Frau: »Was für ein Ablaß wird eigentlich heute gepredigt?« »Das ist eine merkwürdige Geschichte«, erwidert ihr Begleiter, »es kam so: Unser Erzbischof Albrecht ist zum Erzbischof und Kurfürsten von Mainz gewählt worden ...« »Aber er ist doch noch sehr jung!« wirft die Frau ein. »Ja«, antwortet bekümmert der Mann, »es geht heute alles seltsam zu. Und er behält sogar unser Erzbistum Magdeburg und das Stift Halberstadt.«
»Und was hat das alles mit dem Ablaß zu tun?« fragt die Frau. »Nun, Albrecht muß, wenn er Erzbischof von Mainz wird, das Pallium in Rom kaufen.« »Pallium? Was ist das?« »Ein schmaler Kragen aus Wolle, weiß und mit Kreuzen besetzt. Er wird vom Papst geweiht.« »Aber der kostet doch wohl nicht viel?« »Er kommt, wie ich gehört habe, auf 14000 Dukaten. Dazu kommen aber noch 10000 Dukaten, die Albrecht an Rom dafür zahlen muß, daß er zwei Erzbistümer innehaben darf.« »Das ist aber viel Geld!« bemerkt erschrocken die Frau. »Ist es auch. Und Albrecht hat es nicht. Aber das Bankhaus der Fugger in Augsburg hat das Geld vorgeschossen.« »Da ist aber unser Erzbischof jetzt arg in Schulden!« »Er hat darüber in Rom verhandelt«, erwidert der Mann, »und man ist ihm dort entgegengekommen. Ihr wißt ja, in Rom wird die neue Peterskirche gebaut. Alle Christen sollen mithelfen, daß Gott ein schönes Haus bekommt. Jeder, der dafür ein Geldopfer bringt, kann damit einen Ablaß gewinnen. Nun hat der Papst dem Erzbischof Albrecht die Oberleitung dieses Petersablasses in seinem Erzbistum und in Brandenburg übertragen. Die Hälfte des Ablaßgeldes geht nach Rom, die andere Hälfte darf Albrecht behalten. Freilich muß er damit seine Schulden an die Fugger bezahlen. Einer der Ablaßprediger ist Pater Johann Tetzel. Doch seht – da kommt er ...«

*Spielt die Geschichte weiter.*

Luther, der zu dieser Zeit zusätzlich zu seiner Professur den Predigtdienst an der Stadtpfarrei in Wittenberg versah, wurde immer wieder in Beichtgesprächen mit der Vorstellung des erkauften Strafnachlasses vom höllischen Fegefeuer konfrontiert.

Er fühlte, diese Sache ging ihn direkt an. Er mußte Stellung beziehen. In 95 in lateinischer Sprache geschriebenen Sätzen (Thesen), die er am 31. Oktober 1517 öffentlich aushängte, forderte er zu einer Gelehrtendiskussion auf.

1. Unser Herr und Meister Jesus Christus wollte mit seinem Wort: »Tut Buße« usw., daß das ganze Leben der Gläubigen Buße sei.

6. Der Papst kann Schuld nicht anders erlassen, als durch die Erklärung und Zusicherung, daß sie von Gott erlassen sei; allerdings kann er vergeben in ihm selbst vorbehaltenen Fällen; würde dies mißachtet, so bliebe die Schuld gänzlich unvergeben.

36. Jeder Christ, der seine Sünden aufrichtig bereut, hat den vollkommenen Nachlaß von Strafe und Schuld, der ihm auch ohne Ablaßbrief gebührt.

37. Jeder wahre Christ, ob lebendig oder tot, hat, von Gott gewährt, Anteil an allen Gütern Christi und der Kirche, auch ohne Ablaßbriefe.

62. Der wahre Schatz der Kirche ist das allerheiligste Evangelium von der Herrlichkeit und Gnade Gottes.

*Der Holzschnitt für ein Flugblatt ist die älteste uns bekannte Abbildung Luthers. Die Schrift wurde wohl unter großem Zeitdruck hergestellt (beachte die spiegelbildliche Schrift!). Die Erfindung der beweglichen Letter half besonders dabei, daß Martin Luther innerhalb kurzer Zeit zu einem populären Mann wurde. Die Thesen durcheilten Deutschland. Ins Deutsche übersetzt, wurden sie überall nachgedruckt und verbreitet. Es war wie ein letzter Tropfen, der ein Gefäß zum Überlaufen bringt: die Stunde einer jahrhundertealten Sehnsucht nach einer Reform der Kirche war angebrochen.*
*Die wissenschaftliche Disputation kam vorerst nicht zustande. Aber eine Anzeige in Rom führte zu einem Ketzerprozeß.*

1517

1517 Veröffentlichung der 95 Thesen
1518 Heidelberger Disputation. Eröffnung des Ketzerprozesses in Rom. Luther wird durch Kardinal Cajetan in Augsburg verhört
1519 Disputation mit Eck in Leipzig. Karl V. wird zum deutschen Kaiser gewählt

*Karl V.*

*Luther als Schüler des Teufels*

*Verbrennung der Bannandrohungsbulle*

*Kampfmittel von beiden Seiten: Spottbilder, die den Gegner verunglimpfen sollen, und Verbrennung von Büchern und Schriften, die den Gegner einschüchtern sollen. Sie sind Kampfmittel bis heute geblieben. Kannst du Beispiele dafür nennen?*

## Harte Auseinandersetzungen

### Luther vor dem Reichstag in Worms

»Weil denn Eure allergnädigste Majestät und fürstliche Gnaden eine schlichte Antwort begehren, so will ich eine Antwort geben, die weder Hörner noch Zähne hat. Wenn ich nicht mit Zeugnissen der Schrift oder mit klaren Vernunftgründen besiegt werde, so bleibe ich von den Schriftstellen besiegt, die ich angeführt habe, und mein Gewissen bleibt gefangen in Gottes Wort. Denn ich glaube weder dem Papst noch den Konzilien allein, weil es offenkundig ist, daß sie öfters geirrt und sich selbst widersprochen haben. Widerrufen kann und will ich nichts, weil wider das Gewissen zu handeln beschwerlich, unheilsam und gefährlich ist. Gott helfe mir. Amen.«

1521

1520 Luther veröffentlicht die drei reformatorischen Hauptschriften »An den christl. Adel«, »Von der Babylonischen Gefangenschaft der Kirche«, »Von der Freiheit eines Christenmenschen«
Luther verbrennt öffentlich die Bannandrohungsbulle

1521 Kirchenbann
Verhör vor dem Reichstag in Worms. Ablehnung des Widerrufs.
Luther wird auf die Wartburg in Sicherheit gebracht
Wormser Edikt: Reichsacht

## *Vom Dolmetschen*

*Matthäus 5,1-6 in verschiedenen Übersetzungen*

| *Luther* | *Pfäfflin* | *Zink* | *Die Gute Nachricht* | *Einheits-übersetzung* |
|---|---|---|---|---|
| Selig sind, die da geistlich arm sind; denn ihrer ist das Himmelreich. | Heil denen, die sich im Innersten arm wissen vor Gott! In ihnen bricht Gottes Herrschaft an. | Selig sind, die arm sind vor Gott (die nicht meinen, ohne ihn stark genug zu sein, die Gottes Barmherzigkeit brauchen und alles von seiner Liebe erwarten), denn Gott liebt sie und tut ihnen die Tür zu seinem Reich auf. | Freuen dürfen sich alle, die mit leeren Händen vor Gott stehen; denn sie werden Gottes Volk sein, wenn er sein Werk vollendet. | Selig, die arm sind vor Gott; denn ihnen gehört das Himmelreich. |
| Selig sind, die da Leid tragen, denn sie sollen getröstet werden. | Heil den Leidtragenden. Sie werden Trost finden. | Selig sind, die Leid tragen, denn Gott wird sie trösten. | Freuen dürfen sich alle, die unter der Not der Welt leiden, denn Gott wird ihnen ihre Last abnehmen. | Selig die Trauernden, denn sie werden getröstet werden. |
| Selig sind die Sanftmütigen; denn sie werden das Erdreich besitzen. | Heil den heldenhaften Duldern! Sie werden das Land der Verheißung erlangen. | Selig, die behutsam und freundlich sind, denn diese Erde wird ihnen gehören. | Freuen dürfen sich alle, die auf Gewalt verzichten; denn Gott wird ihnen die ganze Erde zum Besten geben. | Selig, die keine Gewalt anwenden; denn sie werden das Land ererben. |
| Selig sind, die da hungert nach der Gerechtigkeit; denn sie sollen satt werden. | Heil denen, die nach dem rechten Leben hungern und dürsten! Sie werden satt werden. | Selig, die nach Gerechtigkeit hungern und dürsten, denn Gott wird sie satt machen. | Freuen dürfen sich alle, die brennend darauf warten, daß Gottes Wille geschieht; denn Gott wird ihre Sehnsucht erfüllen. | Selig, die hungern und dürsten nach der Gerechtigkeit; denn sie werden satt werden. |

*Eine wörtliche Übersetzung der Bibel kann es nicht geben. Nenne Gründe dafür, warum das Übersetzen eine ständige Aufgabe ist. Wie würdest du Matthäus 5,1-6 »übersetzen«?*

1521/22 Luther übersetzt auf der Wartburg das Neue Testament (September-Bibel). Unruhen in Wittenberg. Luther kehrt gegen den Willen seines Kurfürsten nach Wittenberg zurück

*Man muß nicht die Buchstaben in der lateinischen Sprache fragen, wie man soll deutsch reden, sondern man muß die Mutter im Hause, die Kinder auf der Gasse, den gemeinen Mann auf dem Markt drum fragen und denselbigen aufs Maul sehen, wie sie reden, und darnach dolmetschen, so verstehen sie es denn und merken, daß man deutsch mit ihnen redet.*

*Martin Luther*

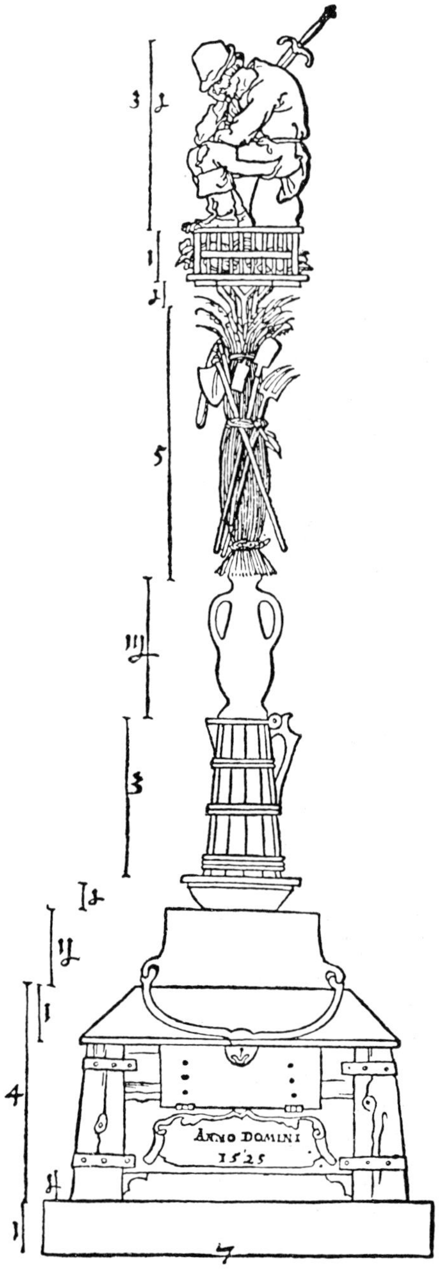

*Albrecht Dürer*
*Entwurf einer Gedächtnissäule für den Bauernaufstand*

Die aufständischen Bauern hofften auf Luther. Luther hielt viele der Forderungen für berechtigt. Deshalb klagte er die Fürsten an, sie seien schuld an dem Aufruhr, da sie schinden und schatzen, »bis es der arme, gemeine Mann nicht kann noch mag länger ertragen«. Die Bauern jedoch beschwor er, ihre Forderungen friedlich zu vertreten und vom Aufstand abzulassen, denn dieser sei ein verderbliches Werk des Teufels.
1525 kam es zum Krieg. Er wurde hart und grausam geführt. Bauern lynchten Adlige. Adlige ließen Bauern zu Tausenden zusammenschießen. Unter dem Eindruck einer Reise durch thüringische Aufstandsgebiete schrieb Luther eine umstrittene Schrift: »Das kann niemand leugnen, daß unsere Bauernschaft nicht im Recht ist, sondern sich mit schweren Sünden belädt und Gottes schrecklichen und unerträglichen Zorn erweckt, wenn die Bauern Treue, Huld, Eide und Pflicht, die sie ihrer Obrigkeit geschworen haben, brechen und in Ungehorsam fallen. Sie setzen sich freventlich gegen die von Gott verordnete und gebotene Gewalt, wenn sie sich selbst rächen und das Schwert nehmen ... Verlust ihres Lebens und Vermögens führet ...
Es sind christliche Brüder, ja – wie Judas Christus küßte und grüßte; Teufel regieren da.

Die Aufstände wurden von den Fürsten blutig niedergeschlagen, den Bauern ging es schlechter als vorher.

*Thomas Müntzer*

1525 Bauernkrieg. Katharina von Bora und Martin Luther heiraten. Hinrichtung von Thomas Müntzer
1526 Die Türken siegen über die Ungarn
1527 Truppen Karl V. verwüsten Rom

*Vergleicht die Stellungnahme Luthers mit den Abschnitten aus seiner Schrift »Von der Freiheit eines Christenmenschen« am Anfang dieses Kapitels.*
*Lies Römer 13.*

*Diskutiert, ob Leben nach dem Evangelium eine Neugestaltung der Gesellschaft einschließt.*

## *Ora et labora*

»Du hast gesagt, Martinus, ich fuhrwerkte herum, statt die Bibel zu lesen. Fünfzig Gulden wolltest du geben, wenn ich sie bis Ostern zu Ende gelesen hätte. Ich habe im Kloster lange genug in der Bibel gelesen, jetzt muß ich erst einmal tun, was ich gelesen habe. Bete du nur: Bete für mich, und ich arbeite für dich. ›Ora et labora‹, wie wir's gelernt haben, du in deinem Kloster, ich in dem meinen. So ein Gänsekiel wiegt leicht. Ich nehme Hacke und Schaufel in die Hand. Aber ich sorge auch dafür, daß du immer einen Vorrat an Gänsekielen hast. Wenn ich im Mai eine Erbse in den frisch gegrabenen und geharkten Boden lege, dann ist das ein Gebet, dann vertraue ich die Erbse der Erde an und dem Regen, den Gott schicken, und der Sonne, die er scheinen lassen wird, damit aus dieser einen Erbse eine Mahlzeit für uns alle werden kann. Was ich tue, ist wie beten. Wenn ich grabe, wenn ich säe, wenn ich ernte. Und wenn ich ein Zicklein schlachte, dann ist das auch beten. Und wenn ich einer Glucke Eier unterlege, dann ist das bitten. Und wenn ich ein Ei aufschlage und in den Kuchenteig gebe, dann ist das danken für die Gabe. Was redest du immer in Gleichnissen? Von den guten Bäumen, die gute Früchte tragen! Ich sorge dafür, daß es gute Früchte sind. Ich muß den Bäumen Leimringe gegen das Ungeziefer anlegen, ich muß ihren Wurzeln Luft verschaffen, ich muß sie zurückschneiden.
Und mische dich nicht ein, wenn ich Gott um Regen bitte! Für die Suppe kann ich sorgen, für Regen nicht. Ich bete um das, was ich nicht selber tun kann. Vielleicht geht ja morgen die Welt unter, deine Stimmung ist danach. Wie wäre es, wenn du in den Garten gingest und dieses Apfelbäumchen eigenhändig pflanztest, von dem soviel geredet wird? Ich pflanze Apfelbäumchen und Pflaumenbäumchen und Birnbäumchen, ob die Welt nun untergeht oder nicht. Und darauf vertraust du. Deine Käthe wird's schon pflanzen, und Gott wird die Welt schon nicht untergehen lassen, damit du an deinem Luthertisch sitzen bleiben und deine Gleichnisse schreiben kannst.

1528/29 Innerprotestantische Streitigkeiten. Marburger Religionsgespräche. Trennung zwischen Zwinglianern und Lutheranern
1530 Reichstag zu Augsburg: Confessio Augustana
1531 Bündnis der Protestanten (Schmalkaldischer Bund)

*Huldreich Zwingli*

Wäre das nicht ein Gleichnis für dich, Martinus? Reden ist Silber, Schweigen ist Gold? Immer hältst du uns vor: Das Weib schweige in der Gemeinde! Dann wäre unser Schweigen also Gold? Die meiste Zeit trage ich mein Schweigen wie einen Klumpen Gold mit mir herum und versuche, es in die kleine Münze des täglichen Tuns umzusetzen. Du sagst, der Geist muß täglich durch Lesen und Beten genährt werden, weil er immer wieder vergißt. Das ist wie bei der leiblichen Nahrung, man nährt sich und scheidet aus, einiges verbraucht man, und der Rest wird zu Speck. Das Wort allein ist zu wenig, und die Tat allein ist zu wenig, darum leben Mann und Frau beieinander, damit eines den anderen ergänze! Und wenn ich nicht am Morgen den Vorhang aufzöge und sagte: Martinus, es wird Frühling! Du würdest es nicht einmal merken. Hörst du mir eigentlich zu, Martinus?
Gott segne deinen Schlaf!«

*Christine Brückner*

Halle, 25. Januar 1546

Meiner freundlichen, lieben Käthen Lutherin, Brauerin und Richterin auf dem Saumarkt zu Wittenberg, zu Händen.

Gnade und Friede im Herrn! Liebe Käthe! Wir sind heute um acht aus Halle weggefahren, aber sind nicht gen Eisleben gekommen, sondern um neun wieder in Halle eingezogen. Denn es begegnete uns eine große ›Wiedertäuferin‹ mit Wasserwogen und großen Eisschollen und drohte uns mit der Wiedertaufe und hat das Land bedeckt. So können wir auch nicht zurück an der Mulde zu Bitterfeld und müssen allhier zu Halle zwischen den Wassern gefangen liegen, nicht daß uns danach dürstet zu trinken. Wir nehmen dafür gut Torgauisches Bier und guten Rheinischen Wein; damit laben und trösten wir uns dieweil, bis die Saale wollte heute (mit dem Hochwasser) zurückgehen. Denn weil die Leute und Fährmeister selbst kleinmütig waren, haben wir uns nicht wollen aufs Wasser begeben und Gott versuchen. Denn der Teufel ist uns gram und wohnt im Wasser. Es ist besser verwahret als beklaget und es ist nicht notwendig, daß wir eine Narrenfreude dem Papst samt seinem Anhang machen sollten. Ich hätte nicht gemeint, daß die Saale ein solches Bad machen könnte, daß sie über die Steinwege (hinweg) alles überrumpeln sollte. Jetzt nicht mehr. Betet für uns und seid fromm. Ich erachte, wärest Du hier, so hättest Du uns auch geraten, es so zu tun, damit Du siehst, daß wir auch einmal Deinem Rat folgen. Hiermit Gott befohlen. Amen. An St. Paulus Bekehrungstag, da wir auch uns von der ›Saala gen Halla‹ wendeten. 1546.

*Martinus Luther D.*

*Von Katharina von Bora ist wenig bekannt. Im Vordergrund des Interesses stand immer ihr Mann. Die Schriftstellerin Christine Brückner hat – auf der Grundlage von Briefen, die Martin Luther an seine Frau geschrieben hat – den Versuch unternommen, Luthers Theologie aus der Sicht einer Frau für den Alltag umzusetzen.*

2. Mit unsrer Macht ist nichts getan
wir sind gar bald verloren;
es streit' für uns der rechte Mann,
den Gott hat selbst erkoren.
Fragst du, wer der ist?
Er heißt Jesus Christ,
der Herr Zebaoth,
und ist kein andrer Gott,
das Feld muß er behalten.

3. Und wenn die Welt voll Teufel wär
und wollt uns gar verschlingen,
so fürchten wir uns nicht so sehr,
es soll uns doch gelingen.
Der Fürst dieser Welt,
wie saur er sich stellt,
tut er uns doch nicht;
das macht, er ist gericht'.
Ein Wörtlein kann ihn fällen.

4. Das Wort sie sollen lassen stahn
und kein' Dank dazu haben;
er ist bei uns wohl auf dem Plan
mit seinem Geist und Gaben.
Nehmen sie den Leib,
Gut, Ehr, Kind und Weib:
laß fahren dahin,
sie habens kein' Gewinn,
das Reich muß uns doch bleiben.

*Martin Luther 1528*

*Den Text dieses Liedes hat Martin Luther im Streit um die Bedeutung des Abendmahls geschrieben. Das »Wörtlein«, das als »Wort« stehen bleiben soll, ist das Wort »ist« aus Matthäus 26,26–28.*
*Dieses Lied wurde als Kampflied oft mißbraucht. Was hat man dabei im Text nicht beachtet?*

1546 — 1555

1546 Luther stirbt am 18. Februar in Eisleben
1555 Augsburger Religionsfriede. (Die Landesherren entscheiden über die Konfession ihrer Untertanen.)

*Luthers Totenmaske*

*Ich träume immer noch davon, daß wir Christen mehr von der Zukunft wahrnehmen als andere Leute.*
*Mehr von der Gefährdung der Menschheit unter*
*Bomben und Raketen und mehr von den Wegen zum Frieden, die uns der Herr gezeigt hat.*
*Daß wir mehr wahrnehmen vom Elend der Ärmsten unter den*
*Völkern und von den Wegen zur Gerechtigkeit.*
*Mehr von der brutalen Vernichtung der Schöpfung Gottes durch eine im Ursprung christliche Zivilisation, und entdecken, endlich, daß der erste Glaubensartikel ein Bekenntnis enthält, das entweder Konsequenzen hat oder wert ist, weggeworfen zu werden.*

*Ich stelle mir vor, wir könnten endlich die tausendfach theologisch abgesegneten Ausreden, mit denen wir uns seit alters gegen das Wort Jesu in der Bergpredigt abschirmen, weglegen und probeweise so etwas wie ein Ja zu seinem Willen versuchen.*

*Nein, ich interessiere mich nicht für Reformationsdenkmäler, wohl aber für Reformation, wenig für Bekenntnisschriften und sehr für ein Bekenntnis. Die Sprachkunst Luthers interessiert mich weit weniger als mich eine Kirche interessieren würde, die den Mut hätte, zu sprechen.*

*Jörg Zink*

# Der Glaube braucht Gemeinschaft

*Pablo Picasso, Es lebe der Friede, 1954*

## *Wann ist die Kirche tot?*

Kalte Gleichgültigkeit und Interesselosigkeit, das war die Atmosphäre hier in Yonderton, als der Pfarrer Herbert Wright sein Amt antrat. Am ersten Sonntag predigte er in einer völlig leeren Kirche. Am zweiten Sonntag war es genauso. Und wenn der junge Pfarrer an den Werktagen seine Gemeindemitglieder besuchte, um die kalte Gleichgültigkeit zu überwinden, erging es ihm nicht besser.

»Die Kirche ist tot«, so sagte man ihm, »tot ohne irgendwelche Hoffnung auf Wiederbelebung.« Aber – am Donnerstag nach jenem zweiten trostlosen Sonntag geschah's, daß eine Todesanzeige in der Zeitung des Nachbarortes erschien. Sie lautete: »Mit dem Ausdruck tiefsten Bedauerns und mit der Zustimmung seiner Gemeinde meldet Herbert Wright, Pfarrer zu Yonderton, den Tod der Kirche ›St. Francis‹ zu Yonderton. Trauer und Gedächtnisfeier findet am Sonntagmorgen um 11.00 Uhr statt. Die Bewohner von Yonderton sind hiermit herzlich eingeladen, an diesem letzten Akt ihrer Dorfkirche teilzunehmen.«

Um halb 11 Uhr war die bis dahin verachtete und stark verschmutzte Kirche gedrängt voll. Als ich die Kirche betrat, sah ich sogleich einen Sarg auf einer Bahre vor dem Altar stehen. Es war ein schlichter Eichensarg, nur mit einem vergoldeten Kruzifix geschmückt.

Pünktlich um 11.00 Uhr bestieg der Pfarrer die Kanzel; nachdem er einige Augenblicke mit gesenktem Haupt in stillem Gebet verweilt hatte, hub er an zu sprechen. »Sie haben es mir klargemacht, daß Sie ernstlich, davon überzeugt sind, unsere Kirche sei tot. Sie haben auch keinerlei Hoffnung auf Wiederbelebung; ich möchte nun diese Ihre Meinung auf die letzte Probe stellen. Bitte gehen sie alle einer nach dem anderen an diesem Sarg vorüber und sehen sie sich den Toten an, dann verlassen sie die Kirche durch das Ostportal. Danach werde ich die Trauerfeier allein beschließen. Sollten aber einige unter

Euch ihre Ansicht revidieren, und wären auch noch so Wenige unter Euch der Meinung, eine Wiederbelebung der Kirche sei doch vielleicht noch möglich, dann bitte ich diese, durch das Nordportal wieder hereinzukommen. Anstatt der Trauerfeier würde ich dann einen Dankgottesdienst halten dürfen.«
Ohne weitere Worte trat der Pfarrer an den Sarg und öffnete ihn mit ehrfurchtsvollen Gebärden.
Einer der letzten in der Prozession war ich, und so hatte ich Zeit genug, darüber nachzudenken: »Was war eigentlich die Kirche, woraus besteht sie? Würde es vielleicht ein Bild des gekreuzigten Heilandes sein? Aber nein, das konnte nicht sein, denn auf den Tod des Herrn war ja die Kirche gegründet. Lebt denn die Kirche überhaupt? Und wenn sie lebt, kann sie sterben?«
Ähnliche Gedanken hatten vielleicht meine Nachbarn, denn ich merkte, daß uns ein Schaudern und Gruseln überkam, je mehr wir uns dem Sarg näherten. Dazu erschreckte uns ein schrilles Knarren und Quietschen, das Nordportal drehte sich in seinen verrosteten Angeln, herein trat eine kaum zu zählende Schar. Und nun war es soweit, daß ich die tote Kirche sehen sollte.
Unwillkürlich schloß ich die Augen, als ich mich über den Sarg beugte. Als ich die Augen öffnete, sah ich nicht die ganze Kirche kalt und leblos im Sarge liegen, sondern nur – eines ihrer toten Glieder: Ich sah mich selbst – im Spiegel.

*Nehmt einen Kassetten-Recorder, geht auf die Straße, und sprecht Leute an.*
*Stellt ihnen folgende Fragen:*
*»Entschuldigen Sie bitte, dürfen wir Sie einen Augenblick stören? Wir machen für unseren Religionsunterricht in der Schule eine Umfrage zum Thema Kirche und möchten Sie fragen:*
*Welches ist nach Ihrer Ansicht die wichtigste Aufgabe der Kirche?*
*Was erwarten Sie selbst von der Kirche?*
*Was gefällt Ihnen nicht an der Kirche?*
*Was müßte in der Kirche nach Ihrer Ansicht anders sein?*
*Wie denken Sie über den Beruf des Pfarrers?*
*Gehen Sie noch in die Kirche?«*
*Stellt die Ergebnisse eurer Befragung zusammen. Am besten ihr nehmt für jede Frage einen großen Bogen und schreibt die Antworten darunter. Und was denkst du? Wie beantwortest du die Fragen?*



### *Antwort eines Christen*

Kirche ist notwendig, weil wir sie brauchen, um Christen zu sein. Keiner hat sich den Glauben selbst gegeben, jeder hat ihn von denen, die vor ihm glaubten. Gewiß gibt es Menschen, die durch persönliche Bibelbetrachtung und das Gebet um den Heiligen Geist zum Glauben kamen, aber die Bibel haben sie eben durch Vermittlung anderer Glaubender, und sie zeigt ihnen auch, daß Christen einen Leib bilden und aufeinander angewiesen sind. Keiner kann den Glauben für sich behalten, jeder ist ein Glied in der großen Kette der Glaubenden. Selbst wenn es möglich wäre, für sich allein Christ zu sein – was wäre das für ein Glaube, der die anderen sich selbst überläßt, um das Heil nur für sich zu erlangen? Keiner hat den Glauben wie einen festen Besitz, jeder kann ins

Zweifeln und Grübeln, in Not und Anfechtung geraten, so daß er fragt: Gott, wo bist du? Warum läßt du mich allein? Oder: das Leben wird auf einmal leer, die Botschaft Christi sagt einem nichts mehr. In solchen Zeiten der inneren Not ist die Gemeinschaft der anderen Christen eine große Hilfe. Sie beten für mich, wenn mir die Worte fehlen. Sie trösten mich, sie nehmen mich an und ertragen mich.

In der Kirche ist der Christ verbunden mit allen, die vor ihm waren, und mit allen, die mit ihm glauben. Geborgenheit zu schenken, ist etwas Mütterliches. Daher spricht man von der »Mutter Kirche«. Dieses Symbol drückt aus: In der Gemeinschaft empfängt er Hilfen für eine verantwortliche Lebensgestaltung.

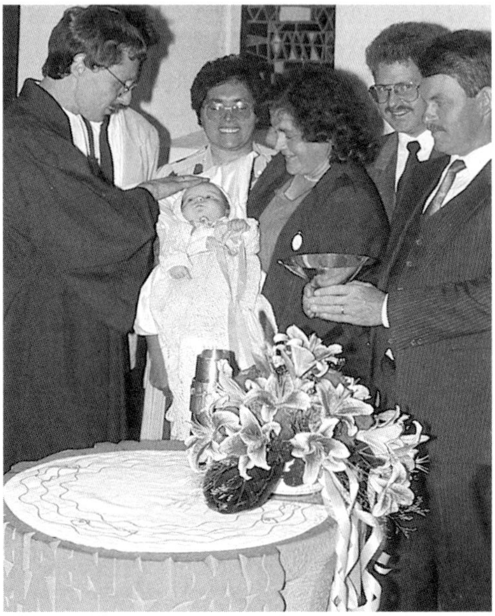

Sie waren gut versteckt. Obwohl sie mein Klopfsignal erkennen mußten, öffneten sie nicht sogleich. Ich klopfte und klopfte. Endlich Thomas' Stimme: Wer ist da?
Sie hockten in der hintern Kammer. Wie verschreckte Kaninchen hockten sie beisammen. Mir kam das Lachen.
Ihr Helden! sagte ich, da hockt ihr und zittert und fühlt euch als Waisen.
Wie redest du? Wie trittst du auf, als hättest du uns eine Nachricht zu bringen?
So ist es! ER lebt!
Du bist verrückt geworden.
Ich habe ihn gesehen!
Im Traum! Weibergeschwätz.
Weibergeschwätz? Wer war bei ihm unterm Kreuz? Wer? Ihr wart verschwunden wie Mäuse in ihren Löchern. Und jetzt: wer wagt es, zum Grab zu gehen? Frauen. Und ihr hockt da und gebt Jeschuas Sache verloren. ER aber lebt! Glaubts oder glaubts nicht. Ich sage euch aber, was er mir auftrug: Sag es den Unsern, daß du mich gesehen hast, und sag ihnen, er wartet auf sie im Galil. Und jetzt tut, was ihr wollt. Meinetwegen bleibt ihr hier hocken.

*Luise Rinser*

*Die Auferstehung haben in den Anfängen nur wenige erfahren, Frauen und Männer, auch Petrus und später erst Paulus. Und diese Erfahrungen waren entscheidend für ein neues Vertrauen in die Botschaft Jesu und für einen neuen Glauben aus ihr heraus:*
*Die Jesus-Jünger-Gemeinde erkennt und bekennt, daß Jesus kein anderer ist und war als der, auf den das Gottesvolk Israel gewartet hat. Der Messias, d.h. der Gesalbte (griechisch: Christus). Sie erkennen diesen Jesus als Gottes Sohn.*
*Sie versteht sich mehr und mehr als das »wahre« Israel, das endzeitliche Volk Gottes, das die Vollendung des Reiches Gottes durch die baldige Wiederkunft des Auferstandenen erwartet.*
*Lies Markus 8,27–30, und vergleiche mit Matthäus 16,13–20. Was hat sich verändert?*
*Doch die in naher Zukunft erwartete Wiederkunft Jesu Christi blieb aus.*
*Überlege, welche Probleme damit auftraten und gelöst werden mußten?*

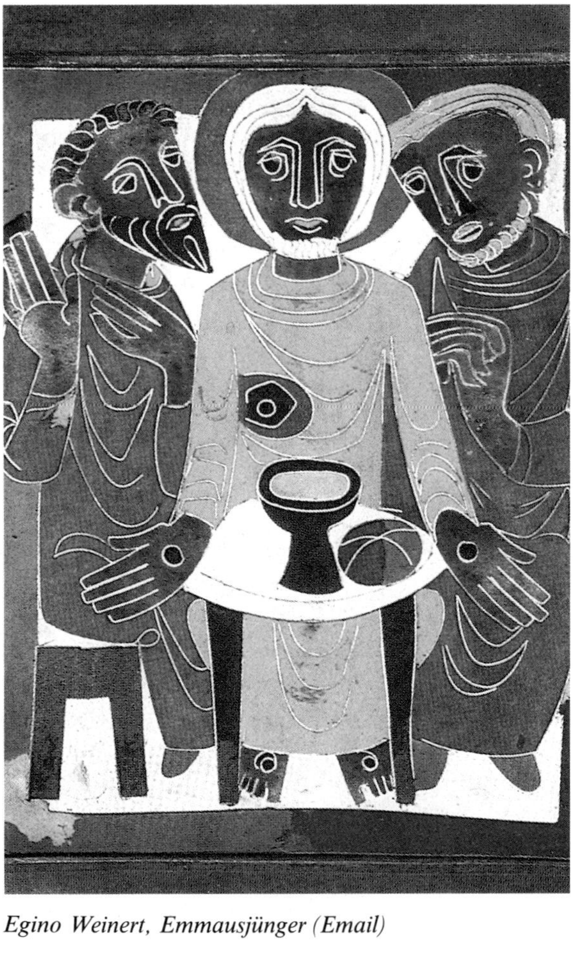

*Egino Weinert, Emmausjünger (Email)*

**Da kommst Du zu mir, Herr,**
*als einer der aufspielt zum Tanz*
*und bittet loszulassen,*
*herauszutreten aus mir selbst*
*und einzuwilligen in den Tanz mit Dir,*
*der zu Entdeckungen mich führt,*
*zu Bewegungen, zur Offenheit, zu Hoffnung*
*zum Leben mit Dir.*

*Da kommst Du zu mir, Herr,*
*als einer, der hüpft vor Freude*
*über das Wiedergefundene,*
*der annimmt und verströmt zugleich*
*Reichtum und Freiheit*
*und mir zutraut,*
*dass ich annehme und verströme*
*und auch dem Bruder gönne,*
*zu leben aus Deiner Fülle*
*umsonst.*

*Da kommst Du zu mir, Herr,*
*als einer der in die Flöte bläst,*
*der mir seinen Atem leiht,*
*den Atem*
*zum Wachsen, zum Werden, zum Sein.*
*Der Raum gewährt und Zeit zum Leben,*
*für das wir keine Zeit haben,*
*das wir nicht gewähren lassen,*
*sondern ersticken*
*mit unserem Eifer,*
*um Sauberkeit, Ordnung*
*und Erfolg.*

*Da kommst Du zu mir, Herr,*
*als einer der aufmerksam hinhört*
*auf den Schrei des Verletzten,*
*auf die Klage des Verfolgten,*
*auf das Seufzen des von Unrecht Getroffenen,*
*um meine Ohren zur Hellhörigkeit,*
*meine Füsse zum Mitgehen,*
*mein Herz zum Mitleiden*
*zu bewegen.*

*Da kommst Du zu mir, Herr,*
*als einer der zu tanzen wagt*
*trotz Abweisung und Verweigerung,*
*und angesichts von Verachtung*
*mich einlädt zur Unnachgiebigkeit,*
*zum Dennoch und Trotzdem,*
*zum Gebet,*
*in eine Bewegung mit Dir.*

*Da kommst Du zu mir, Herr,*
*als einer, der zu feiern weiss*
*angesichts der Forderungen*
*einer Leistungsgesellschaft,*
*die nach Stunden entlöhnt,*
*nach Hautfarbe und Geschlecht,*
*um einzuladen zur Menschlichkeit*
*für jeden.*

*Da kommst Du zu mir, Herr,*
*als einer der sich freut aufs Fest,*
*spielend und tanzend wirbt*
*in liebender Haltung*
*und einer Einladung ohne Ende*
*an den, der sich abwendet,*
*der seinen Rock schürzt,*
*zusammenbindet*
*sich verhüllt und versteckt,*
*entschuldigt,*
*um ihn zu verlocken*
*zum Tanz mit Dir,*
*zum Loslassen, zum Schenken,*
*zum Sich-Verschenken*
*und Mitfeiern beim Fest.*

*Helen Stotzer-Kloo*

Von Anfang an gab es Streit unter den Christen. Es fehlte nicht an Gegensätzen und Spannungen. Durch Paulus, die anderen Apostеln und durch viele unbekannte Christen wird die Botschaft des christlichen Glaubens in die Weite der griechisch-römischen Welt, ja sogar darüber hinaus, getragen. Damit wuchsen aber auch die Probleme für ein einheitliches Miteinander.
Ein Beispiel:
In der von Paulus gegründeten Gemeinde Korinth haben sich verschiedene Parteien gebildet. Es kommt zu Streitigkeiten, und die Gemeinde droht auseinanderzufallen.
Paulus schreibt aus Ephesus einen Brief nach Korinth.
Ein Körper besteht nicht aus einem einzigen Teil, sondern aus vielen Teilen. Wenn der Fuß erklärt: »Ich gehöre nicht zum Leib, weil ich nicht die Hand bin« – hört er damit auf, ein Teil des Körpers zu sein? Oder wenn das Ohr erklärt: »Ich gehöre nicht zum Leib, weil ich nicht das Auge bin« – hört es damit auf, ein Teil des Körpers zu sein? Wie könnte ein Mensch hören, wenn er nur aus Augen bestünde? Wie könnte er riechen, wenn er nur aus Ohren bestünde? Nun hat Gott aber jedem Teil seine besondere Aufgabe im Ganzen des Körpers zugewiesen. Wenn alles nur ein einzelner Teil wäre, wo bliebe da der Leib? Aber nun gibt es viele Teile, und alle an einem einzigen Leib.
Das Auge kann nicht zur Hand sagen: »Ich brauche dich nicht!« Und der Kopf kann nicht zu den Füßen sagen: »Ich brauche euch nicht!«
Gerade die Teile des Körpers, die schwächer scheinen, sind besonders wichtig. Die Teile, die als unansehnlich gelten, kleiden wir mit besonderer Sorgfalt, und genauso machen wir es bei denen, die Anstoß erregen. Die anderen Teile haben das nicht nötig. Gott hat unseren Körper zu einem Ganzen zusammengefügt und hat dafür gesorgt, daß die geringeren Teile besonders geehrt werden. Denn er wollte, daß es keine Uneinigkeit im Körper gibt, sondern jeder Teil sich um den anderen kümmert.
Wenn irgendein Teil des Körpers leidet, dann leiden alle anderen mit ihm. Und wenn irgendein Teil geehrt wird, freuen sich alle anderen mit.

*1. Korinther 12,14–26*

## Miteinander statt gegeneinander

*Kannst du von Streitigkeiten in deiner Gemeinde berichten? »Jedes Teil hat seine besondere Aufgabe«! Welche Auswirkungen hätte dies auf eine Gemeinde, die diese Aussage in ihrem alltäglichen Gemeindeleben verwirklicht?*

## *Aber Spaltungen waren nicht zu verhindern*

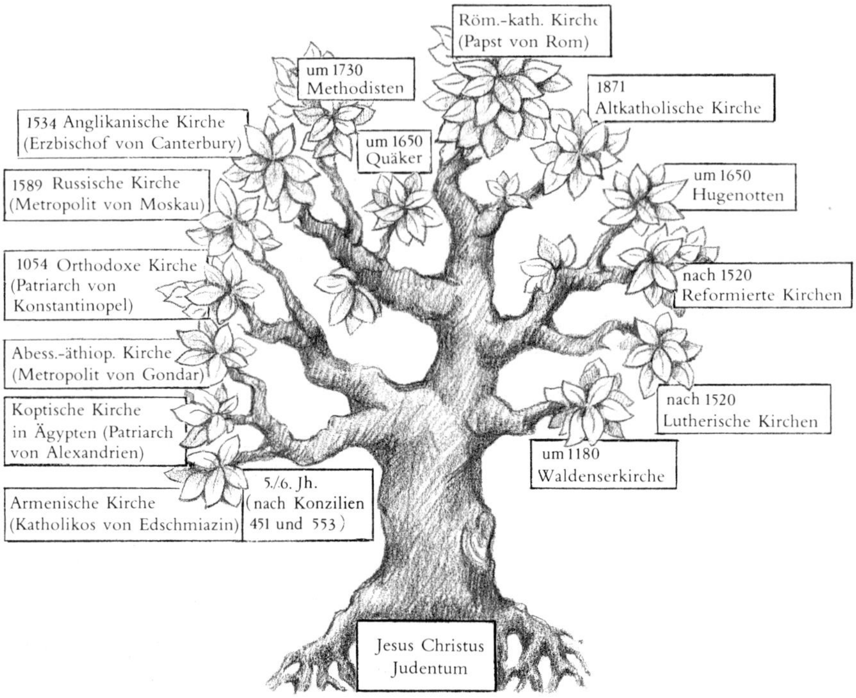


*Alle diese Kirchen haben - auch wenn es zum Teil große Unterschiede gibt - grundlegende Gemeinsamkeiten:*

*- Sie berufen sich auf Jesus Christus und die Bibel.*

*- Die Gültigkeit einer vollzogenen Taufe wird wechselseitig anerkannt.*

*- Die Glaubensbekenntnisse der altkirchlichen Zeit gelten nahezu in allen Kirchen.*

*Von welchen Kirchentrennungen weißt du Genaueres?*

*Informiert euch mit Hilfe eines Lexikons z. B. über die Entstehung, über ihren Namen und ihre heutige Verbreitung.*

## *Was sich in wenigen Jahren ändern kann!*

Sie haben einen weiten Weg hinter sich, die dunkelhäutigen Männer, die mit ihren schweren Rüstungen durch die Alpen nach Norden ziehen. Aus Theben in Ägypten stammen sie und sind mit Schiffen nach Italien gebracht worden. Nun sollen sie in Gallien einen Aufstand gegen die römische Besatzungsmacht niederschlagen. Sie haben den Befehl, die Dörfer der Aufständischen zu zerstören. Mit Härte sollen sie durchgreifen und wieder für Ruhe und Ordnung sorgen. Es kann nur noch wenige Tage dauern, dann wird es zu den ersten Kämpfen kommen.

Als die Legionäre im Rhone-Tal Rast machen, müssen sie sich zu einem Opfergottesdienst für die Götter Roms und zu Ehren des Kaisers versammeln. Da gibt es Unruhe unter den Soldaten. Mehrere von ihnen weigern sich, an den Opfern teilzunehmen. »Wir sind getauft und gehören dem Vater im Himmel. Jesus Christus hat uns gezeigt, was Gott will. Wir dürfen kein Unrecht tun.« »Wer nicht gehorcht, muß sterben,« erwidern die Offiziere, und nach einer kurzen Gerichtsverhandlung werden die ersten Meuterer mit dem Schwert getötet. Aber auch einer der Offiziere ist

Christ. Mauritius heißt er. Er hatte sich mit einem Brief an den Kaiser gewandt:
»Von dir, Kaiser, erhalten wir unsere militärischen Befehle, von Christus aber die Unschuld unserer Seelen. Du bezahlst uns die Mühen des Kriegsdienstes, Er aber gab uns das Geschenk des Lebens. Niemals können wir dir gehorchen, wenn Er etwas anderes von uns verlangt ... Schicke eine ganze Armee von Henkern, um uns zu foltern; laß uns Mann für Mann töten. Wir werden uns nicht einmal regen. Christen sind wir, und niemals werden wir das Blut von Brüdern vergießen ...«
Die Antwort des Kaisers war: Mauritius und die anderen Christen der Thebäischen Legion sind hinzurichten!
Ein kleiner Teil der Truppe, ihr Hauptmann trägt den Namen Gereon, hat von all dem nichts erfahren. Diese Schar von Legionären ist schon weit nach Gallien hineinmarschiert und hat fast die Stadt Köln erreicht. Aber auch für sie gilt der Befehl des Kaisers: Gehorsam oder Tod! Gereon und eine große Zahl christlicher Legionäre bleiben bei ihrem christlichen Glauben. Von kaisertreuen Offizieren werden sie zum Tode verurteilt.
Im Jahre 314, noch nicht einmal dreißig Jahre später, beschließt die Kirchenversammlung (»Synode«) von Arles, Kriegsdienstverweigerer zu exkommunizieren. Wer nicht bereit sei, als Soldat die Befehle des Kaisers auszuführen, der sei auch kein richtiger Christ und dürfe nicht am Abendmahl der Gemeinde teilnehmen. Bei dieser Synode ist auch Kaiser Konstantin anwesend, der gemeinsam mit seinem Mitkaiser Licinius ein Jahr vorher das Mailänder Toleranzedikt herausgegeben hat. Mit diesem Edikt nehmen die Christenverfolgungen ein Ende.

*Frieder Gadesmann/Heinz Grosch*

*Diese Dorfkirche in Aichschieß bei Stuttgart erinnert an den Märtyrer St. Gereon, der Ortsname St. Maurice im Schweizer Kanton Wallis erinnert an Mauritius. Welchen Namen trägt die Kirche deiner Kirchengemeinde? Informiere dich über die Herkunft des Namens.*

**DDR:** In den großen Städten werden immer weniger zentrale Gottesdienste gehalten und immer mehr in den einzelnen Gemeinden. So werden mehr Frauen erreicht.

**Argentinien:** Presse und Fernsehen weisen auf die Gottesdienste zum Weltgebetstag, die an vielen Orten stattfinden, besonders hin.

**Australien:** Der Weltgebetstag ist die größte und am meisten verbindende Bewegung für Frauen in der Kirche Australiens. Jedes Jahr wachsen Teilnehmerzahlen und Kollektenbeträge.

**Äthiopien:** Der Weltgebetstagsgottesdienst wurde in der Kirche der Adventisten in Addis Abeba gefeiert. Die verstärkte Teilnahme der katholischen Schwestern ist für viele wie ein Wunder.

**Ägypten:** Zum ersten Mal erhielt die ökumenische Frauengemeinschaft in Kairo den Segen des koptisch-orthodoxen Popen.

**Angola:** Seit der Weltgebetstag 1960 zum ersten Mal gefeiert wurde, ist er sehr erfolgreich. Über 2000 Frauen nehmen an diesem Tag am Gottesdienst teil, vor allem auch solche, die gewöhnlich nicht zur Kirche gehen. Oft kommen sie dann auch später wieder.

**Afghanistan:** In der Zeit großer Belastung ist der Weltgebetstagsgottesdienst besonders wichtig. Ein zusätzlicher Grund des Dankes war die Ankunft des medizinischen Teams aus Herat, eine Stunde bevor der Gottesdienst in Kabul begann. Seit Wochen hatten wir auf die Ankunft gehofft und darum gebetet.

**Dänemark:** Gottesdienste fanden in 112 Orten statt.

**Brasilien:** Die meisten der 22300 gedruckten Programme zum Weltgebetstag sind in Portugiesisch. Daneben gibt es aber auch Ausgaben in Englisch, Deutsch, Japanisch, Arabisch und neuerdings auch Chinesisch, um eine Gruppe von Immigranten aus Taiwan beteiligen zu können.

**Bundesrepublik Deutschland:** Bereits acht Monate vor dem Weltgebetstag findet ein dreitägiger zentraler workshop zur Vorbereitung der Leiterinnen der regionalen Frauenarbeit statt. Erstmalig wurde 1980 ein Weltgebetstag-Gottesdienst im Fernsehen übertragen.

**Griechenland:** Obwohl die Staatsreligion griechisch-orthodox ist, nehmen Frauen dieser Tradition nicht offiziell am Weltgebetstag teil. Es kommen aber viele einzelne Frauen zum Gottesdienst.

**Guatemala:** Frauen aus allen 22 Stadtvierteln strömen am Weltgebetstag in einer der größten Kirche der Stadt zusammen. Sie gehören 3 verschiedenen Kirchen und allen der Hauptstadt vertretenen Konfessionen an.

**Korea:** Zwölf verschiedene kirch Gruppen beteiligten sich an de reanischen Gottesdiensten, noch an den englischsprach Nach vorliegenden Berichten men an 73 Orten 6860 Gläubi den Gottesdiensten teil.

USA 1887. Das Land leidet noch immer an den Folgen des Bürgerkrieges. Aus Europa und Asien strömen unzählige Einwanderer ein auf der Suche nach einer besseren Zukunft. Aber in den meisten Fällen erwartet sie noch größere Armut, Arbeitslosigkeit und Elend. Umgetrieben von dieser Not, ruft Mary Ellen James von der presbyterianischen Kirche zu einem nationalen Gebetstag der Inneren Mission auf.

1890. Zwei Baptistinnen, Lucy Peabody und Helen Montgomery, soeben von einer Asienreise zurückgekehrt, rufen zu einem Gebetstag für die Äußere Mission auf. Sie sehen, daß in nächster Zeit riesige Aufgaben auf die asiatischen Frauen zukommen, diese aber durch ihre bisherige Erziehung überhaupt nicht darauf vorbereitet worden sind. Deshalb erreichen die beiden kurze Zeit später etwas geradezu Revolutionäres: Die Gründung der ersten Mädchenschulen und Universitätscolleges für Frauen in Indien, China und Japan.

Beide alljährlich stattfindenden Gebetstage stoßen bei den Frauen Nordamerikas auf großes Echo; 1919 werden sie zusammengelegt. Die Kollekten ermöglichen Bildungsarbeit sowie die Unterstützung notleidender Familien von Wanderarbeitern. Von Anfang an bilden also Beten und Handeln die beiden Grundpfeiler dieser neuen Laienbewegung.

Nach 1922 breitet sich der Gebetstag in andere englischsprachige Länder aus und wird 1927 zum ersten Mal als Weltgebetstag gefeiert. Gottesdienstmaterialien der folgenden Jahre sind geprägt von intensivem Bibelstudium, kompetenten Informationen über Frauen in andern Regionen der Welt und großem Einsatz für die Projekte. Die späteren wichtigen Aspekte sind somit von Anfang an prägend für diese Bewegung christlicher Frauen der Basis.

Die dreißiger Jahre sind gezeichnet von der Weltwirtschaftskrise. Doch wächst das Bemühen um ökumenische Zusammenarbeit, das 1941 zur Gründung der »Church Women United« in Nordamerika führt. Dieser neuen Dachorganisation wird in der Folge die Geschäftsführung des Weltgebetstages anvertraut.

In den Nachkriegsjahren erlebt die Bewegung einen neuen Höhepunkt. Frauen aus zuvor verfeindeten Ländern finden sich zum gemeinsamen Gebet zusammen, was viele als unerhörtes Geschenk der Versöhnung empfinden. In der Folge breitet sich der Weltgebetstag rasch über ganz Europa aus. Er hat eine wichtige Prüfung bestanden.

Zum 75. Jahrestag treffen sich 196 Frauen aus allen Ländern zum gemein

## *Weltgebetstag – ein ökumenisches Fest*

**Libanon:** In Beirut können nur Christen aus dem Westteil der Stadt am Gottesdienst teilnehmen. Über 150 Leute sind gekommen. Im Südlibanon können keine Gottesdienste gefeiert werden, die Kirchen sind geschlossen oder verwüstet und zerstört.

**Madagaskar:** Angeregt durch den Weltgebetstagsgottesdienst 1980 richteten Frauen Beratungsdienste für drogenabhängige Jugendliche ein.

**Mozambique:** Trotz sehr starker Regenfälle nahmen über 600 Frauen aus zwölf verschiedenen konfessionellen Gruppen am Gottesdienst in Maputo teil.

**Niederlande:** Der Weltgebetstag ist ein Tag der Aktionen, die über den ersten Freitag im März hinausreichen. Die Jugendliturgie wird in vielen Schulen und Jugendgottesdiensten gefeiert.

**Papua Neu Guinea:** Seit 1965 wird der Weltgebetstag in den meisten Gemeinden gefeiert, er ist ein besonderer Höhepunkt des Jahres. Die Ordnung wird in zwei Eingeborenen-Sprachen übersetzt und geht dann in Hunderte von Dörfern.

**Sambia:** In einigen Teilen des Landes wird der Gottesdienst den ganzen Tag über gefeiert, von morgens 9 Uhr bis abends 6 Uhr.

**Schottland:** Am 20. Februar 1980 wurde das goldene Jubiläum des Weltgebetstags in der St. Cuthbert's Parish Church in Edinburgh gefeiert.

**Sierra Leone:** Die Gebetsordnung ist ein wichtiges Mittel, um Kinder und Jugendliche für ihre Altersgenossen in anderen Teilen der Welt zu interessieren und ihnen den Geist weltweiter Geschwisterlichkeit bewußt zu machen.

**Singapur:** Den ganzen Tag über finden Gottesdienste in verschiedenen Sprachen statt. In einem gemeinsamen Abendgottesdienst versucht man, die verschiedenen Sprachgruppen zusammenzubringen. Die Liturgie folgt der englischen Ordnung, die anderen geben jeweils eigene Beiträge, chinesisch, tamil, malayisch/indonesisch, japanisch und thailändisch.

**Spanien:** Der Weltgebetstag findet immer größeren Anklang. Die Frauen interessieren sich stärker für politische und soziale Fragen, und die Toleranz im religiösen Bereich wächst.

**Sudan:** Zum ersten Mal wurde der Weltgebetstag 1976 von presbyterianischen Frauen im südlichen Sudan gefeiert. 1980 wurde ein nationales Komitee gegründet.

**Tonga-Inseln:** Die Frauen der Tonga-Inseln sind wegen der Zeitgrenze die ersten, die jedes Jahr den Weltgebetstagsgottesdienst feiern.

**Türkei:** Nahezu alle Gottesdienste werden in türkischer Sprache gehalten, es gibt aber auch Übersetzungen der Ordnung in Griechisch, Armenisch, Englisch und Französisch.

**Zypern:** Den Gottesdienst feiern Frauen der Church of England, der griechisch-orthodoxen Kirche, der armenischen Kirche, der römisch-katholischen und der maronitischen Kirche gemeinsam.

**Zaire:** Der Gottesdienst 1980 fand im Tempel der Kimbanguisten statt. Die kimbanguistischen Schwestern sollten sich nicht länger isoliert fühlen, und Protestanten und Katholiken sollten auch einmal eine kimbanguistische Kirche betreten. Bereits lange vor Beginn war der Tempel überfüllt, und viele standen noch draußen. Mehr als 6000 Menschen waren gekommen.

samen Gebet und Bibelstudium in sogenannten »kontinentalen Bibelwochen«. Es kommt zu wichtigen Begegnungen über Grenzen der Nationalität, Rasse, Kultur und Konfession hinweg.
Für die Amerikanerinnen ist nun der Zeitpunkt gekommen, den Weltgebetstag loszulassen und die Verantwortung einem Internationalen Komitee zu übergeben. 1968 treffen sich in Schweden Vertreterinnen aus 23 Ländern zur Gründung des Internationalen Weltgebetstagskomitees. Heute gehören ihm Delegierte aus 170 Ländern an, und noch immer gelten die damals festgelegten Aufgabenkreise und Richtlinien. Alle vier Jahre trifft sich dieses Gremium, dem je eine Vertreterin jedes Mitgliedlandes angehört, abwechselnd auf einem anderen Kontinent: 1970 in Thailand, 1974 in Mexiko, 1978 in Sambia und 1982 in der BRD.

Wo immer sie zusammenkommen, stellen sich die Delegierten den örtlichen Problemen. Sie nehmen die konkrete politische und kulturelle Situation zum Anlaß, darüber nachzudenken, was sie beitragen können zu mehr Gerechtigkeit und Frieden. Das Gebet wird als Quelle verbindender Kraft, aus der solidarisches Handeln fließt, verstanden, wie es eine in Sambia veröffentliche Erklärung ausdrückt: *Weltgebetstag – Informiertes Beten – Betendes Handeln.*
In wachsender Zahl beteiligen sich auch römisch-katholische Frauen. 1971 beschließt die Weltunion Katholischer Frauenorganisationen, ihren bis dahin am 25. März (Mariä Verkündigung) gefeierten eigenen Gebetstag zugunsten des Weltgebetstages aufzugeben. Darauf delegiert sie zwei Vertreterinnen ins Exekutivkomitee. Damit ist dem Weltgebetstag gelungen, was bisher noch keine kirchliche Organisation erreicht hat: Eine umfassende ökumenische Zusammenarbeit aller Konfessionen auf Weltebene.

*Ökumene ist das griechische Wort für die »ganze bewohnte Erde«. In den christlichen Kirchen heißt Ökumene Zusammenarbeit zwischen den verschiedenen Kirchen.*
*Heute gibt es auch Begegnungen zwischen Christen, Juden und Muslime. Erst wenn es ein Miteinander aller Konfessionen gibt, ist der Begriff Ökumene verwirklicht.*
*In jedem Jahr findet ein Weltgebetstag statt. Frauen aus christlichen Kirchen in aller Welt laden zum gemeinsamen Gebet ein. Wird in deiner Gemeinde der Weltgebetstag gefeiert?*

## rund um die Welt

## *Ein Schiff, das sich Gemeinde nennt*

*Nach Matthäus 8,23 und 14,32 ist das Schiff seit frühchristlicher Zeit ein Symbol für die Kirche.*
*Der Mast ist das Kreuz Jesu Christi, die Ruderer sind die Apostel. Die Zeichnung aus dem 4. Jahrhundert stellt die Arche Noahs dar, die – geleitet durch einen Leuchtturm (Christusmonogramm) – durch die Zeit geleitet wird.*

2. Das Schiff, das sich Gemeinde nennt, liegt oft im Hafen fest, weil sich's in Sicherheit und Ruh bequemer leben läßt. Man sonnt sich gern im alten Glanz vergangner Herrlichkeit, und ist doch heute für den Ruf zur Ausfahrt nicht bereit. Doch wer Gefahr und Leiden scheut, erlebt von Gott nicht viel. Nur wer das Wagnis auf sich nimmt, erreicht das große Ziel! Bleibe bei uns, Herr ...

3. Im Schiff, das sich Gemeinde nennt, muß eine Mannschaft sein, sonst ist man auf der weiten Fahrt verloren und allein. Ein jeder stehe, wo er steht, und tue seine Pflicht, wenn er sein Teil nicht treu erfüllt, gelingt das Ganze nicht. Und was die Mannschaft auf dem Schiff ganz fest zusammenschweißt in Glaube, Hoffnung, Zuversicht, ist Gottes guter Geist. Bleibe bei uns, Herr ...

4. Im Schiff, das sich Gemeinde nennt, fragt man sich hin und her: Wie finden wir den rechten Kurs zur Fahrt im weiten Meer? Der rät wohl dies, der andre das, man redet lang und viel und kommt – kurzsichtig, wie man ist – nur weiter weg vom Ziel. Doch da, wo man das Laute flieht und lieber horcht und schweigt, bekommt von Gott man ganz gewiß den rechten Weg gezeigt! Bleibe bei uns, Herr ...

5. Ein Schiff, das sich Gemeinde nennt, fährt durch das Meer der Zeit. Das Ziel, das ihm die Richtung weist, heißt Gottes Ewigkeit. Und wenn uns Einsamkeit bedroht, wenn Angst uns überfällt: Viel Freunde sind mit unterwegs auf gleichen Kurs gestellt. Das gibt uns wieder neuen Mut, wir sind nicht mehr allein. So läuft das Schiff nach langer Fahrt in Gottes Hafen ein! Bleibe bei uns, Herr ...

*Aus: Neue Geistliche Lieder BE 285. Gustav Bosse Verlag Regensburg.*

*Text und Melodie: Martin G. Schneider*

# Was steht in den Sternen?

*Stundenbücher des Duc de Berry, Der anatomische Mensch*

Und Gott sprach:
Es werden Lichter an der Feste des Himmels,
die da scheiden Tag und Nacht
und geben Zeichen, Zeiten, Tage und Jahre

*1. Mose 1,14*

*Wenn eine(r) eine Reise tut . . .*

## *Sandra kommt aus dem Urlaub*

»Hallo Sandra, schön, dich wiederzusehen. Du bist ja so braun gebrannt – Solarium oder Reise?«
»Reise«
»Und auf welchem Fleckchen dieses Erdballs bekommt man so'ne tolle Farbe?«
»In Ägypten«
»In Ägypten?? Du machst Witze!«
»Nein wirklich, meine Eltern wollten ja erst allein reisen, du weißt ja . . . zu teuer . . . das ›Kind‹ versteht doch nichts . . . und so, aber dann, na ja . . .«
»Wahnsinnig, hast du ein Schwein, erzähl mal, was hat dich am meisten beeindruckt – die Pyramiden? Oder hast du nur in der Sonne gelegen, die Sonne angebetet?«
»Weißt du, du sagst das so locker, aber in Ägypten haben die Menschen früher tatsächlich die Sonne angebetet – der Sonnengott RA war 1000 Jahre lang die oberste Gottheit Ägyptens.«
»Ach ja, Ra – ägyptischer Sonnengott, kenne ich von Kreuzworträtseln.«
»Einer der Pharaonen, Echnaton nannte er sich, hat sogar alle anderen Götter abgelehnt und nur einen verehrt, nämlich Aton, die Sonnenscheibe. Eigentlich hieß der Pharao . . . warte mal . . . Amenhotep? . . . oder Amenophis, ja so hieß er, aber weil er sich als Stellvertreter dieses Gottes Aton verstand, nannte er sich Echnaton, Sohn Atons.«
»Mensch, bist ja toll informiert, alle Achtung.«
»Ich habe den Thronsessel des Pharaos gesehen, darauf ist er mit seiner Frau zu sehen, und der Sonnengott streichelt die beiden geradezu mit seinen Strahlen . . .«
»Du hast dich ja wohl auch vom Sonnengott streicheln lassen – wenn man dich so sieht und hört. – Sandra, von den Göttern geliebt!«
»Und die Sonnenstrahlen haben Hände auf diesem Thronsessel, und direkt über die Gesichter der beiden halten die Sonnen-Hände das Anch-Zeichen, das Zeichen des Lebens . . . ach, jetzt fällt mir auch wieder sein Name ein, der Pharao hieß Tut-anch-amun, er war der Nachfolger Echnatons.«
»Du, den kenne ich, mein Bruder hat ein Poster von ihm in seinem Zimmer hängen, so 'ne Maske aus purem Gold, der steht auf so etwas.«
»Ja, ja, die Totenmaske ist weltberühmt, ich habe sie mit eigenen Augen gesehen.«

*Ra, der Sonnengott*

»Und wie hast du dich dabei gefühlt?«
»Geschämt habe ich mich.«
»Wie bitte??«
»Ja stell dir doch mal vor, was die Pharaonen alles getan haben, um sich für ein Leben nach dem Tod vorzubereiten. Und wir zerren sie aus ihren Gräbern, wir nehmen ihnen ihre Goldmasken ab und reißen ihnen die Mumienbinde vom Leib.«
»Aber die Wissenschaftler müssen doch ...«
»Ach hör doch auf! Denen ist ja nichts mehr heilig, das sind doch auch nur Grabräuber. Jedenfalls habe ich heute eine ganz andere Beziehung zu der Sonne und zu den Sternen!«

Eine Maske aus schierem Gold bedeckt den Kopf von König Tut-anch-amuns Mumie.

*Findet in einem Quiz heraus, was ihr über die ägyptischen Pharaonen und ihre Götter wißt.*
*Welche Gründe gibt es, die Gestirne, besonders die Sonne, als göttlich zu verehren?*

***Sandra schreibt einen Brief an ihre Patentante:***

*Liebe Carola!* *Montag, 15. Febr.*

Ich hoffe, Du hast meine Karte aus Ägypten bekommen.
Viele Erlebnisse dieser Reise haben mich mächtig beeindruckt, aber als ich meiner Klassenkameradin davon erzählte, machte sie sich nur lustig über mich. Deshalb habe ich ihr das Wichtigste gar nicht erzählt. Unser Führer in Ägypten war ein ganz toller Mann, unheimlich beschlagen! Wenn man da in einem Tempel stand und er erzählte, wurden die Götter richtig lebendig. Einmal, als wir morgens ganz früh einen Tempel besichtigten, habe ich mich von der Gruppe abgesetzt und bin ganz alleine zu den riesigen Götterplastiken im Allerheiligsten hinaufgestiegen. Wie sie mich ansahen! Mir lief eine Gänsehaut über den Rücken. Atwa, unser Führer, unterhielt sich oft mit mir und ich spürte, wie ehrfurchtsvoll er von Sonne und Sternen sprach.
Einmal traute ich mich, ihn direkt danach zu fragen, und er sagte, die Sterne

hätten Macht über uns und bestimmten unser Schicksal, ob wir daran glauben oder nicht. Und Atwa hält auch nichts von der Wissenschaft. Der Mensch ist nicht nur Hirn, sondern auch Körper und vor allem Seele. Davon haben die Ägypter schon immer viel gewußt, aber unsere vermeintliche »Wissenschaft« hat dieses ganze Wissen verschüttet. Und am letzten Tag sagte er mir auf den Kopf zu, daß ich im Sternbild des Zwillings geboren sei; und außerdem hat er mir Charaktereigenschaften genannt, die genau auf mich zutreffen. Früher habe ich mich über Horoskope ja nur lustig gemacht, aber seit Ägypten ist mir klar, daß unser Schicksal von den Sternen bestimmt wird. Ich brenne darauf, alles zu lesen, was ich über Sterndeutung finden kann.

Sei herzlich gegrüßt von Deiner
*Sandra*

*Schreibt einen Antwort-Brief an Sandra.*

*Der Thronsessel Tut-anch-amuns – rechts die Abbildung von der Rückenlehne*

***Aus Sandras Tagebuch:***

Freitag 19. Februar
Ich bin fasziniert ... was man durch Bücher alles entdecken kann ... für mich sind Türen, nein, ganze Scheunentore aufgegangen. Die früheste Menschheit hat schon die Sonne verehrt. – Stark, daß ich den berühmten Sonnengesang des Echnaton gefunden habe, er ist schön wie ein Liebeslied. Auch in der Bibel fand ich eine Stelle, die erstaunlich nach Sonnenverehrung klingt.

### *Der große Aton-Hymnus*

Dein Aufleuchten ist schön am Rande
des Himmels,
Du lebender Aton, der zuerst lebte!
Wenn du dich erhebst am östlichen
Rande des Himmels,
So erfüllst du jedes Land mit deiner
Schönheit.
Denn du bist schön, groß und funkelnd,
du bist hoch über der Erde:
Deine Strahlen umarmen die Länder, ja
alles, was du gemacht hast.
Du bist Re, und du hast sie alle
gefangengenommen;
Du fesselst sie durch deine Liebe.
Obwohl du fern bist, sind deine
Strahlen doch auf Erden;
Obwohl du hoch droben bist, sind deine
Fußstapfen der Tag!

Du bist in meinem Herzen,
Kein and'rer ist, der dich kennt,
außer deinem Sohne Echnaton.
Du hast ihn eingeweiht in deine Pläne
Und in deine Kraft.
Die Welt ist in deiner Hand,
Wie du sie gemacht hast.
Wenn du aufgegangen bist, so leben sie
Gehst du unter, so sterben sie.
Denn du selbst bist die Lebenszeit,
Und man lebt durch dich.
Alle Augen schauen auf deine
Schönheit,
Bis du untergehst.

### *Aus einem Sachbuch:*

Im Jahre 1921 wurden in einer kleinen Höhle der Dordogne in Frankreich sechs menschliche Skelette gefunden, die vor rund 100 000 J. sorgfältig bestattet worden waren. Die Grabbeigaben zeigen, daß man damals schon an ein Weiterleben nach dem Tod glaubte. Auch waren alle Skelette ost-westlich ausgerichtet. Dieser Ausrichtung kann nur die Beobachtung der Gestirne zugrunde liegen. Die Sonne ging blutrot im Westen unter, um mit der Morgenröte im Osten wieder aufzutauchen. Hatten etwa die Gestirne einen Weg gefunden, der sie unter der Erde hindurch und zurückführte? Konnten die Toten dieser Bahn folgen? Mußten sie dafür rot gefärbt werden wie die Gestirne? Bestreute man deshalb die Toten mit Ocker? Wagten sich die Steinzeitmenschen deshalb in das tiefe Dunkel der Höhlen, weil sie dieses Geheimnis ergründen wollten? Richteten sie deshalb hier Kultstätten ein?

### *Aus der Bibel:*

»Denn Gott ist Sonne und Schild. Herrlichkeit verleiht er und Gnade.«

*Psalm 84,12*

### *Aus einem Bildband*

Das berühmte Stonehenge ist etwa 4800 Jahre alt und könnte ein Sonnentempel gewesen sein. Seine Konstruktion setzt genaue Kenntnisse der Sonnenbewegung voraus. Dieser imposante Zeuge der Megalithkultur ragt aus der flachen Heide der englischen Grafschaft Wiltshire.

Er besteht aus 30 mächtigen, aufrecht stehenden Blöcken, jeder über 4 m hoch und bis zu 2,5 m breit. Diese tonnenschweren Steinungetüme wurden aus 180 km Entfernung herangeschafft.

## *Aus Sandras Tagebuch ...*

21. Februar

Alles, was ich lese, wirkt auf mich wie eine Erleuchtung. Wie kann auch das, was Menschen seit Jahrtausenden glauben, falsch sein? Für mich gibt es nichts Interessanteres, womit es sich zu beschäftigen lohnt. Auf mein Horoskop bin ich jede Woche sehr gespannt. Bis jetzt ist noch alles eingetroffen. Phantastisch, man kann wirklich in die Zukunft sehen und damit alles in den Griff bekommen. Die anderen sollen sich ruhig lustig machen, die haben ja keine Ahnung ...

22. Februar

Englisch-Arbeit zurück: 5. Mist. Naja, so was stand ja auch schon in meinem Horoskop! – Was interessiert mich das doofe Englisch ...

Habe am Mittwoch Termin bei einem Astrologen. Bin wahnsinnig gespannt ...

## *Die Sonne – ein Feuerball*



Die lebenspendende Energie der Sonne, der alleinigen Licht- und Wärmequelle unseres Sonnensystems, wird durch Atomkernumwandlungen in ihrem Innern erzeugt, die die Temperatur in den Tiefen des Sonnenballs bis auf 36 Millionen Grad Celsius hinauftreiben. Die Energieausstrahlung der Sonne ist so gewaltig, daß sie in jeder Sekunde über vier Millionen Tonnen Gewicht verliert. Trotz des Substanzverlustes in solchem Ausmaß wird sie als Energiequelle schätzungsweise noch mindestens weitere 16 Milliarden Jahre fortbestehen.

## *Die Sonne – ein Himmelskörper*

Die Sonne ist der mächtigste Himmelskörper. Sie beeinflußt die Persönlichkeit so stark, daß man ein erstaunlich genaues Bild des einzelnen Menschen geben kann, der geboren wurde, während sie ihre Kraft durch die bekannten und voraussagbaren Einflüsse eines bestimmten astrologischen Zeichens äußerte. Diese elektromagnetischen Schwingungen (es gibt beim augenblicklichen Stand der Forschung keinen besseren Ausdruck) bestimmen den Menschen auch im weiteren Verlauf seines Lebens durch die charakteristischen Eigenschaften seines Sonnenzeichens. Die Sonne ist zwar nicht der einzige Faktor, der bei der Analyse menschlichen Verhaltens eine Rolle spielt, aber man muß sie bei weitem am stärksten berücksichtigen.

*Informiere dich anhand des Lexikons über Astronomie und Astrologie*
*Ordne die beiden Texte Astronomie oder Astrologie zu*
*Nenne Gemeinsamkeiten und Unterschiede beider Texte.*

### *Ein Astrologe rechtfertigt sich*

»Es ist immer wieder beschämend, daß selbst gebildete Menschen behaupten, sie würden nicht an »Horoskope« glauben. Ein Horoskop ist eine mathematisch-astronomische Skizze, da gibt es nichts zu glauben. Diese Grundlage der Astrologie, nämlich ein bestimmtes Wissensgut der Astronomie, ist rein naturwissenschaftlich, exakt und immer wieder klar zu berechnen.«

### *Zwei Horoskope – zwei Vorhersagen*

Sandra ist im Sternzeichen der Zwillinge geboren. In zwei verschiedenen Tageszeitungen fand sie diese Horoskope für die gleiche Woche:

*Zwillinge:* Eine Beteiligung an geistigen Bestrebungen macht Ihnen viel Freude. Mit größeren Aufgaben haben Sie im Augenblick kein Glück. Verfolgen Sie Ihre Absichten und Vorhaben mit Festigkeit und Standhaftigkeit, was Ihnen nicht schwerfallen wird. Ende der Woche ist mit einem Glücksfall zu rechnen. Uneinigkeit im Alltag darf sie nicht beirren. Bei einem nahestehenden Menschen macht sich ein Befremden bemerkbar.

*Zwillinge:* Tage mit vielerlei Besprechungen kommen auf Sie zu. Eine alte Idee wird hervorgeholt und das öffnet überraschende Perspektiven. Bleiben sie jetzt aufmerksam und beweglich. Ihrem Partner gegenüber sollten Sie weder starrköpfig noch leichtsinnig sein. Bedenken Sie am Donnerstag, daß man oft Fehler macht, wenn man eine Sache für zu leicht hält.

Milchstraßensystem

*Vergleicht die Horoskope: Welche Problembereiche werden angesprochen? Welche Ratschläge werden gegeben? Lassen sich die Ratschläge verallgemeinern?*
*Vergleicht den Text des Astrologen mit den Horoskopen.*
*Welche Aussagen der Horoskope entsprechen den Behauptungen des Astrologen?*
*Überprüft eure Ergebnisse mit weiteren Horoskopen.*
*Informiert euch weiter über Astronomie und Astrologie.*

Milchstraßensystem

7. März

... war beim Astrologen ... endlose Berechnungen ... genau meinen Charakter beschrieben ... ich muß mich vor Unfällen an Schultern und Fingern hüten, na gut, daß ich das weiß ... auch meine Lunge ist gefährdet ... das Schlimmste: Ich werde sitzenbleiben! Hat mich wie ein Donner getroffen ... nur gut, daß ich es solange im voraus schon weiß dank Astrologie ...

14. März

... Mathearbeit 5 ... logisch ... Carola hat mich für Ostern eingeladen, prima ... bin deprimiert und froh zugleich, daß ich mit Hilfe der Astrologie in meine Zukunft sehen kann ... muß unbedingt noch mal zum Astrologen ... gut, daß ich zu Carola kommen kann ...

## Astrologie oder Gottvertrauen

### Freiheit oder Zwangsjacke

*Sandra:* Carola, darf ich dich um was bitten?
*Carola:* Na sicher, du doch immer, wo drückt denn der Schuh?
*Sandra:* Ich brauche 100 DM. Ich muß noch mal zum Astrologen; für den letzten Besuch sind schon meine Ersparnisse draufgegangen, und da ich wissen muß, was ich nach diesem Schuljahr machen soll ...
*Carola:* Wovon redest du?
*Sandra:* Du, Carola ... ich werde sitzen bleiben ...
*Carola:* Du glaubst, du bleibst sitzen?
*Sandra:* Nicht glauben – wissen! Ich weiß es!
*Carola:* Von wem?
*Sandra:* Vom Astrologen.
*Carola:* Und du glaubst diesen faulen Zauber?
*Sandra:* Ich weiß, daß sich viele Menschen danach richten, und ich weiß auch, daß mein Horoskop auf wissenschaftlichen Berechnungen beruht, die der Astrologe nach uralten Überlieferungen *und* nach neuesten Erkenntnissen erstellt; und das alles willst du als faulen Zauber abtun?
*Carola:* In der Antike war es das Orakel mit Erdspalten und Dämpfen, später waren es Kröten und Schlangen im Hexenkessel, noch später war es der Kaffeesatz und die Glaskugel, und heute sind es wissenschaftliche Berechnungen, mit deren Hilfe man in die Zukunft blickt.
*Sandra:* Ach, mach dich nur lustig. Ich weiß, woran ich glaube! Du bist blind wie die andern. Aber ich bin euch allen überlegen, ich sehe in die Zukunft, ich bin frei!
*Carola:* Nun gut. Du brauchst also Geld, um dir vom Astrologen sagen zu lassen, was du tun sollst. Ist das deine große Freiheit? Wann wirst du das nächste Mal Geld für ihn brauchen? Ich vermute, daß du für die Schule nichts mehr tust, weil ja sowieso schon alles vorausbestimmt ist und du dein Schicksal kennst?
*Sandra:* Genau das.
*Carola:* Richtig, genau das ist deine große Überlegenheit. – Sandra, ist deine vermeintliche Freiheit nicht eher eine Zwangsjacke? ›Ich weiß, woran ich glaube‹ sagst du. So beginnt auch ein

Kirchenlied, dort heißt es weiter ... ›Ich weiß, was fest besteht‹. Es ist ein Lied voller symbolischer Bilder: Da wird vom ›Wahn der Weisen‹ und vom ›Trug der Klugen‹ geredet. Jesus wird als ›Leuchte der Gedanken‹, als ›Licht der Höhe‹ dargestellt. Ich mag dieses Lied sehr, weil es mir damals sehr weitergeholfen hat.
*Sandra:* Du warst auch einmal in einer ähnlichen Situation? Hast du auch einmal an Astrologie ...?
*Carola:* Es war für mich ein langer Weg, besser: es ist ein Weg, aber - der Weg ist das Ziel! Vielleicht stehen alle Menschen in dieser Spannung von Glaube und Aberglaube, nicht nur heute, sondern seit Jahrtausenden.
*Sandra:* In der Spannung von Glaube und Aberglaube? Aber was ist der Unterschied von Aberglaube und Glaube?
*Carola:* Keine leichte Frage. Nun, ich denke, der Aberglaube legt fest, macht abhängig. Du kannst dich nicht mehr frei entscheiden, nicht mehr für dich selbst verantwortlich handeln. Du bist wie eine Marionette.
*Sandra:* Bin ich auf dem Weg, mich wie eine Marionette von den Astrologen abhängig zu machen?
*Carola:* Das meinte ich vorhin mit Zwangsjacke.
*Sandra:* Und dein Glaube - macht dich frei und unabhängig?
*Carola:* Weißt du, da gibt es Begriffe, die gehören für mich zusammen: Glaube, Vertrauen, Verantwortung, Freiheit. Wer an den lebendigen Gott glaubt, der sich nicht auf einen Sockel stellen läßt und sich auch nicht in Stein meißeln läßt, sondern der ein ›Wege-Gott‹ ist, der mitzieht, wohin ich auch gehe, wohin ich mich auch entwickle, der mir die Freiheit des Für und Wider läßt - wer an diesen Gott glaubt, der uns in Jesus faßbar wurde, der braucht keine Horoskope, keine Amulette, keine Talismanen und was es noch alles im Bereich des Aberglaubens gibt. Die Suche nach dem lebendigen Gott, der in die Freiheit führt, ist eine lange Geschichte, die in der Bibel schon mit Abraham beginnt.
*Sandra:* Erzähle weiter ...

***Aus Sandras Tagebuch ...***

3. April

Gestern habe ich mit Carola bis tief in die Nacht zusammengesessen ... viel erzählt ... wahnsinnig, was sie alles weiß ... und ihre tollen Bücher, die hätte ich früher haben müssen ... Von Abraham und dem Mondgott Nanna ... von Josef und dem Sonnengott Aton ... von den Israeliten in Kanaan und den Göttern Baal und Astarte ... von den Israeliten in Babylon und dem Sonnengott des Hamurabi ... Vieles war mir ganz neu ... manches Vertraute - wie z. B. die Schöpfungsgeschichte - sehe ich jetzt mit anderen Augen ... super ist das, spannend und verwirrend zugleich. Ich glaube, ich bin die Sache bisher doch ein wenig naiv angegangen.

*Was Carola erzählte oder vorlas, findest du in Auszügen auf den folgenden Seiten.*
*Das von Carola erwähnte Lied findest du im Ev. Kirchen-Gesangbuch Nr. 278. Kannst du die Symbolsprache deuten?*

*Carola erzählt*

Verlieren sich auch die Anfänge im Dunkel der Vorzeit, so wissen wir doch heute, daß sich die Verehrung der Gestirne im Laufe der Jahrtausende bei vielen Völkern zum Zentrum der Religion entwickelt hat.

*Die Sumerer* besaßen eine weit vorausgeschrittene Zivilisation. Sie hatten bereits um 3500 v. Chr. mehrere Städte gegründet. Eine davon war die Stadt *Ur*. Eine Lehmziegelmauer mit hohen Toren umgab ein Labyrinth aus engen Gassen und Bazaren, einen Friedhof, den Palast des Königs, einige Tempel zur Anbetung des Mondgottes *Nanna* und - aufragend wie ein gewaltiger, künstlicher Berg, den Zikkurat, ein vierstufiges Ziegelbauwerk, in dessen oberstem Stockwerk Nanna und seine Frau *Nin Gal* leben sollten.

Ihr Machtbereich reichte so weit wie der Schatten des Zikkurats. In diesem Schatten fühlten sich die Menschen auf magische Weise sicher. Woher man das alles weiß?

Man hat den Turm und die Grundmauern der Stadt ausgegraben und - welche Sternstunde für die Archäologie! - 30000 mit Keilschriften bedeckte Tontafeln gefunden, die erste bekannte Schriftsprache der Menschheit.

Abraham, der Urvater der Israeliten, kam laut 1. Mose 11,31 aus dieser Stadt Ur. Er muß den Mondgott *Nanna* und seinen mächtigen Zikkurat gekannt haben. Aber er glaubte, einem anderen Gott mehr vertrauen zu können, einem Gott, der nicht festsaß auf einem künstlichen Berg, sondern mit ihm zog, der ihn in ein anderes Land, in eine neue Zukunft führte.

In einer sehr spannenden Geschichte berichtet die Bibel, wie Josef, ein Urenkel Abrahams, später in Ägypten der mächtigste Mann nach dem Pharao wird (1. Mose 37-50). War dieser Pharao *Echnaton* (Amenhotep), wie Thomas Mann in seinem Werk »Josef und seine Brüder« vermutet? In einem Gespräch zwischen Pharao und Josef fragt dort der Pharao:

*»Euer Gott, wer ist er und was ist es mit ihm? Deines Vaters Ältervater, sagst du, hat ihn entdeckt? Das klingt, als hätte er den wahren und einzigen Gott gefunden. Sollte es möglich sein, daß so fern von mir und so lange vor mir ein Mann es ausmachte, daß der wahre und einzige Gott das Sonnenrund ist, der Schöpfer von Blick und Erblicktem, mein ewiger Vater am Himmel?«*

*»Nein, Pharao«, antwortete Joseph lächelnd. »Beim Sonnenrund blieb er nicht stehen. Er war ein Wanderer, und selbst die Sonne war nur eine Station seiner mühsamen Wanderschaft. Unruhvoll war er und ungenügsam- nenne es Hochmut, daß er so war.*

*So könnte der Zikkurat von Ur ausgesehen haben. Im Flachland ragte er hervor, wie ein riesiger künstlicher Berg.*

*Denn des Mannes Hochmut war, daß der Mensch solle allein dem Höchsten dienen. Darum ging sein Trachten über die Sonne hinaus.*
*Sie anbeten, fand er, heiße zu nah und niedrig beten, und lieber gar nicht, sagte er sich, als zu nah und zu niedrig, denn das sei ein Greuel.«*
*Amenhotep hatte sich verfärbt. Vorgebeugt saß er, auch den Kopf in der blauen Perücke noch vorgestreckt, und preßte sein Kinn mit den Fingerspitzen zusammen.*

*Die Ägypter* unterdrücken schon bald nach Echnaton die Nachfahren Josefs. Zwischen Moses, ihrem Befreier, und dem Pharao (vielleicht Ramses II) ist keine Rede mehr von Freundschaft. Lange und hartnäckig mußte Moses mit dem Pharao um die Freigabe des kleinen Volkes kämpfen. Beim Auszug aus Ägypten machen dann die Israeliten mit ihrem Gott die wichtigste Erfahrung ihrer Geschichte: *Gott ist der, der in die Freiheit führt!*
Aber diese Freiheit, der Glaube an einen unsichtbaren Gott, ist so schwer auszuhalten. Götterplastiken waren da viel sichtbarer, greifbarer, realer. Obwohl den Israeliten die Herstellung von geschnitzten Bildern verboten wird (vgl. 2. Mose 20,4 f.), übertreten sie dieses Verbot.

Auch nach der Landnahme in Kanaan werden Baal und Astarte, die Gestirn-Götter der Bewohner dieses Landes, immer wieder zu Fallstricken für die Israeliten: *»Sie sollen Euch zu Bedrückern werden und ihre Götter zu Fallstricken für euch«* (1. Richter, 2,3).

Immer wieder wird der Glaube an den lebendigen Gott herausgefordert durch Götzenglaube, durch den Glauben an die Gestirne, und Jeremia entlarvt etwa 580 v. Chr. die »Zeichen des Himmels« als »reines Nichts«.

*Und die Israeliten taten, was böse ist in den Augen Jahwes, und sie dienten den Baalen. Sie verließen Jahwe, den Gott ihrer Väter, der sie aus dem Lande Ägypten herausgeführt hatte, und folgten anderen Göttern aus denen der Völker ringsum. Sie warfen sich vor ihnen nieder sie erzürnten Jahwe. Sie verließen Jahwe, um dem Baal und der Astarte zu dienen.*

*1. Richter 2,11 ff.*

Kurz darauf geraten die Israeliten in *Babylonische Gefangenschaft.*
*Die Babylonier* hatten seit 2000 v. Chr. die sumerische Kultur weitergetragen und aus der Astrologie der Sumerer eine wissenschaftliche Astronomie entwikkelt. Sie behielten die Bauweise des Zikkurats bei. Aus der Bibel kennen wir die Geschichte vom Turmbau zu Babel (1. Mose 11,1-9).
Wie die Sumerer glaubten die Babylonier an die Göttlichkeit der Sterne, besonders der Planeten, von denen Sonne und Mond als Hauptgötter verehrt wurden. Die Welt war nach dem Glauben der Babylonier den Launen und willkürlichen Entscheidungen dieser Götter unterworfen, die man jedoch anhand der Astrologie glaubte vorhersagen zu können. - Welche erneute Herausforderung für den Glauben der Israeliten! Und welche befreiende Erkenntnis: Sonne und Mond sind wie wir Geschöpfe unseres Gottes! Mächtig und gewaltig sind sie, aber wieviel mächtiger und gewaltiger muß erst ihr Schöpfer sein: Gott gab ihnen auch Herrschaft, aber nicht über unser Schicksal, sondern über die Zeit, über Tag und Nacht. Sie regeln den Zeitablauf - nicht mehr, aber auch nicht weniger.

*Im Anfang schuf Gott den Himmel und die Erde. Die Erde aber war wüst und leer. Finsternis lag über dem Abgrund, und der Geist Gottes schwebte über den Wassern.*
*Da sprach Gott: »Es werde Licht!« Und es ward Licht. Gott sah, daß das Licht gut war, und Gott schied zwischen dem Licht und der Finsternis. Gott nannte das Licht Tag, und die Finsternis nannte er Nacht. Es ward Abend, und es ward Morgen: erster Tag.*
*Nun sprach Gott: »Es sollen Leuchten werden am Firmament des Himmels, damit sie scheiden zwischen dem Tag und der Nacht; sie sollen als Zeichen dienen, für Festzeiten und Tage und Jahre. Sie sollen Leuchten sein am Firmament des Himmels, um über die Erde zu leuchten.« Und es geschah so. Gott machte die beiden großen Leuchten, die größere Leuchte zur Herrschaft über den Tag, die kleinere Leuchte zur Herrschaft über die Nacht, dazu die Sterne. Gott setzte sie an das Firmament des Himmels, damit sie über die Erde leuchten, damit sie über den Tag und über die Nacht herrschen und zwischen dem Licht und der Finsternis scheiden. Und Gott sah, daß es gut war. Es ward Abend, und es ward Morgen: vierter Tag.*

*Hamurabi erhält vom Sonnengott die Symbole der Gerechtigkeit. Zu Hamurabis größten Leistungen gehört seine Gesetzessammlung, die von einem fortschrittlichen Rechtswesen zeugt.*

*Kamen die Weisen aus dem Morgenland, die 500 Jahre später dem Stern von Betlehem folgten, um den neugeborenen Messias zu sehen, aus Babylon? Waren es sternenkundige Israeliten, die nach der Befreiung aus babylonischer Gefangenschaft durch Cyrus im Land geblieben waren? Waren es Astrologen? Oder Astronome? Oder ist die Geschichte nur eine Legende?*

Immer wieder waren spätere Generationen versucht, den Geist der Freiheit einzutauschen gegen magisches Verschaffen von Genuß, Ruhm, Sicherheit und Besitz. Das Neue Testament erzählt, daß auch Jesus eine solche Versuchung bestehen mußte:
Der Versucher bietet ihm in der Wüste ein Leben an, das aus Sicherheit, Ruhm, Macht und Genuß besteht – wenn Jesus ihn anbetet

*(Vgl. Matthäus 4,1–11)*

Aber Jesus lehnt ab.

*Sind die Christen in ihrer Nachfolge Jesus darin gefolgt? Haben sie auf Sicherheit, Ruhm und Macht verzichtet? Würde Jesus seinen Nachfolgern Schwierigkeiten machen, wenn er wiederkäme?*
*Würden ihm seine Nachfolger Schwierigkeiten machen? Bettina Wegener, eine neuzeitliche Liedermacherin, singt: »Jesus, bleib oben, sonst schlag'n se dich tot.«*

Im letzten Jahrhundert stellte sich der große russische Schriftsteller *Dostojewskij* vor, daß Jesus im spanischen Sevilla des 16. Jahrhunderts wiedererschiene.
Dort läßt ihn der Großinquisitor als »Ärgsten der Ketzer« in den Kerker werfen und will ihn auf dem Scheiterhaufen verbrennen lassen, weil Jesus es

abgelehnt hatte, Steine in Brot zu verwandeln. Nachts, in tiefer Finsternis, tritt der Großinquisitor, einen Leuchter in den Händen, langsam zu seinen Gefangenen in das Verlies und überschüttet ihn mit Vorwürfen:

*»Und war dir nicht an der Freiheit ihres Glaubens schon damals, vor eineinhalb tausend Jahren, mehr gelegen als an allem anderen? Warst nicht du es, der seinerzeit so oft beteuerte: ›Ich mache euch frei?‹ Nun hast du sie gesehen diese freien Menschen!*

*... Der übermächtige wissende Geist ... sprach zu dir in der Wüste, und unsere Bücher haben uns überliefert, daß er dich versuchte. ...*

*Erinnere dich der ersten Frage! Dem Sinn, nicht dem Buchstaben nach hieß sie so: Du willst in die Welt treten und hast leere Hände, nur die Verheißung einer Freiheit, die von Menschen in ihrer Einfalt und angeborenen Stumpfheit nicht erfaßt werden kann, ja, die sie erschreckt; denn nichts ertragen sie schwerer, die einzelnen und die Menge, als eben bedingungslose Freiheit.*

*Sieh diese Steine der nackten, glühenden Wüste! Mach sie zu Brot – und die Menschheit wird hinter dir herlaufen wie eine Herde, dankbar und hörig, wenn auch immer in Angst, du könntest von ihr deine Hand zurückziehen und mit ihr dein Brot. Du aber wolltest die Menschen nicht der Freiheit berauben und verwarfst das Ansinnen. Denn wo ist noch Freiheit, entschiedest du, wenn der Gehorsam mit Broten erkauft ist? Du sagtest: Der Mensch lebt nicht vom Brot allein. ...*

*Deine Zuversicht war, daß auch der Mensch, dir nachfolgend, bei Gott ausharren würde, nicht bedürfend des Wunders. Aber da dem Menschen die Fähigkeit abgeht, ohne das Wunder gläubig zu bleiben, schafft er sich selbst seine Wunder. An die Wunder der Zauberer, die Hexerei alter Weiber wird er sich halten ... Du wolltest sie nicht durch ein Wunder gebannt. Dich dürstete nach freier Hingabe, nicht nach dem feigen Entzücken des Sklaven nach Macht, die ihn außer sich bringt. Aber du stelltest zu hohe Anforderungen an die Menschen.«*

**Der Herr ist der Geist. Wo aber der Geist des Herrn ist, da ist Freiheit.**
2. Korinther 3,17

***Aus Sandras Tagebuch ...***

5. April

... bin sehr gespannt auf heute nachmittag ... Carola kennt einen Kulturhistoriker, Herrn Kaiser, der „Glaubensvorstellungen und Werthaltungen seiner Mitmenschen" untersucht – sagt Carola ... muß sowieso ein Interview für die Schülerzeitung machen ... schlage ich gleich zwei Fliegen mit einer Klappe ...

*Interview*

*Carola:* Herr Kaiser, die Astrologie war doch gegen Ende des vergangenen Jahrhunderts so gut wie ausgestorben. Ich habe gelesen, daß vor rund 30 Jahren kaum eine Zeitung eine Horoskopspalte brachte, und heute gibt es kaum eine Zeitung, die keine bringt.
*Kaiser:* Das ist richtig. Nach einer Umfrage liest jeder zweite Bundesbürger zwischen 15 und 50 interessiert sein Horoskop in der Zeitung und jährlich werden 300000 astrologische Kalender verkauft. Astrologische Wochenzeitschriften wie »das neue Zeitalter« oder »Die neue Weltschau« haben im wahrsten Sinne astronomische Auflagezahlen.
*Carola:* Wie erklärt sich dieses gestiegene Interesse?
*Kaiser:* Nun ja, unser Leben ist in den letzten Jahrzehnten immer unüberschaubarer geworden, und das in fast allen Bereichen: Arbeitsplatz, Schule, Umwelt – um nur die engeren Kreise zu nennen. Unbewältigte, oft uneingestandene Ängste und Ohnmachtgefühle bewirken zunehmend Sehnsucht nach Glück, nach Sicherheit, nach Überschaubarkeit. Von diesen Ängsten und Sehnsüchten leben die Horoskope.
*Carola:* Aber die meisten Voraussagen sind doch so vorsichtig abgefaßt, so ungenau und mehrdeutig. Oft sind es doch nur allgemeingültige Ratschläge oder einfache Lebensweisheiten.
*Kaiser:* Sicher – je konkreter die Ratschläge, desto eher werden sie sich als falsch erweisen. Aber wer an Astrologie glaubt, läßt sich auch von solchen Voraussagen nicht verunsichern. Er glaubt, daß Horoskope Schicksalsdeutungen sind, die auf komplizierten Berechnungen basieren und daß Astrologen durch uralte Überlieferungen wissen, wie die einzelnen Sternkonstellationen die Menschen zu bestimmten Zeiten beeinflussen.
*Sandra:* Machen sie sich dadurch nicht abhängig wie Marionetten von der Astrologie und den Astrologen? Überlassen sie sich nicht willenlos deren Führung?
*Kaiser:* Ja und nein. Es ist sicher nicht gefährlich, sich nach allgemeinen Lebensweisheiten zu richten. Aber dein Vergleich mit der Marionette stimmt natürlich da, wo ich mich in Charakter und Schicksal festgelegt fühle und nur darauf aus bin, hinter die Schleier meiner Bestimmung zu blicken – statt mich als entwicklungsfähiger Mensch zu verstehen.
*Carola:* Ich verstehe: Zweifeln soll man an allem, was mich festlegt, mich nicht mehr offen sein läßt. Für mich entscheidet sich hier Glaube – oder Aberglaube. Vielen Dank, Herr Kaiser.

**Aberglaube heißt: ausgeliefert sein, – meinen, alles sei vorherbestimmt.**

**Christlicher Glaube**
**kann Berge versetzen;**
**nicht im Sinne von Zauberei**
**und Magie,**
**sondern weil er Kraft, Mut und Vertrauen schenkt.**

# Ohne Wunder geht es nicht

*Meerwurf, Ausspeiung des Jona*

**Alle werden staunen.**

*Herr Walser:* Grüß Gott, Herr Inspektor.
*Herr Huth* (Polizeiinspektor): Grüß Gott, Herr Walser. Bitte nehmen Sie Platz.
*Herr Walser:* Sie haben mich gebeten, einmal vorbeizukommen.
*Herr Huth:* Ja, das habe ich, Herr Walser. Also ... wissen Sie ... ja, wie soll ich sagen .. ich bin in einer etwas schwierigen Lage.
*Herr Walser:* Was ist denn los? Sprechen Sie es ruhig aus.
*Herr Huth:* Also, ich weiß ja, daß Sie ein unbescholtener Bürger sind. Es ist auch nicht direkt Anzeige erstattet worden. Deshalb habe ich Sie ganz inoffiziell gebeten zu kommen. Ich möchte nur vermeiden, daß sich daraus Schwierigkeiten ergeben.
*Herr Walser:* Ich habe nichts zu verbergen.
*Herr Huth:* Stimmt es, daß Sie sich in der letzten Zeit - sagen wir mal - in einer finanziell sehr angespannten Lage befanden?
*Herr Walser:* Ja, das stimmt. Angespannte Lage ist noch vorsichtig ausgedrückt. Ich wußte nicht mehr, wie ich meine Familie ernähren sollte, Kleidung beschaffen usw. Dabei war ich wirklich nicht schuld an dieser Notlage. Es kam einfach zu viel zusammen. Sie können sich über mich erkundigen.
*Herr Huth:* Das glaube ich Ihnen gern. Geht das schon länger so oder erst kurze Zeit?
*Herr Walser:* Es hat schon vor ein paar Monaten angefangen, als ich arbeitslos wurde. Aber jetzt stand mir das Wasser bis zum Hals. Ich wußte nicht aus noch ein. Die Kaufleute wollten nicht mehr anschreiben, und ich konnte meine Kinder doch nicht hungern lassen.
*Herr Huth:* War denn niemand da, der Sie unterstützen konnte?
*Herr Walser:* Nein, niemand. - Oder doch: Jetzt habe ich Hilfe erfahren.
*Herr Huth:* Herr Walser, Sie sagen selbst, Sie hätten Hilfe bekommen. Das ist auch eigentlich der Grund, warum ich Sie hergebeten habe.
*Herr Walser:* Die Hilfe?
*Herr Huth:* Ja. Man hat mich darauf aufmerksam gemacht, daß Sie plötzlich und auf unerklärliche Weise zu Geld gekommen sind.
*Herr Walser:* Woher wissen Sie das?
*Herr Huth:* Nun, ich möchte keine Namen nennen - aber man hat mich darauf hingewiesen, daß Sie auf einmal Ihre Schulden bezahlen, außerdem recht reichlich einkaufen und ihre Familie eingekleidet hätten.
*Herr Walser:* Das stimmt. Ich bin so froh und dankbar, daß ich das endlich konnte.
*Herr Huth:* Herr Walser, mir ist klar, daß ich kein Recht habe, diese Frage jetzt zu stellen. Aber ich möchte Ihnen Ärger ersparen. Mir sind merkwürdige Andeutungen zu Ohren gekommen, woher Sie das Geld haben.
*Herr Walser:* Was heißt hier: merkwürdige Andeutungen? Ein Wunder ist geschehen!
*Herr Huth:* Ein Wunder ... so wurde mir auch berichtet. Haben Sie vielleicht eine Erbschaft gemacht oder im Lotto gewonnen? Entschuldigen Sie nochmals, daß ich so direkt frage.
*Herr Walser:* Fragen Sie ruhig, dann kann ich es bezeugen: Gott hat ein Wunder getan. Er hat mir das Geld geschenkt.
*Herr Huth:* Ja ... aber wie?
*Herr Walser?* Vorige Woche war ich ganz verzweifelt. Ich konnte meiner Frau und den Kindern nicht mehr in die Augen sehen. Ich wußte keinen Ausweg mehr. Da erkannte ich ganz klar: Nur Gott kann noch helfen, und er wird es tun. So ging ich in die Kirche und rief Gott im inständigen Gebet um Hilfe an. Als ich getröstet und voller Zuversicht

aufstand und heimgehen wollte, sah ich plötzlich einen größeren Geldbetrag auf dem Teppich liegen. Gott hatte mich erhört. – Ja, das ist alles.

*Herr Huth:* Sie haben also das Geld dort in der Kirche gefunden.

*Herr Walser:* Ja.

*Herr Huth:* Und dieses Geld haben Sie an sich genommen und dafür dann Lebensmittel und Kleidung für sich und Ihre Familie gekauft.

*Herr Walser:* Ja, natürlich, dafür hatte ich es doch erbeten und bekommen!

*Herr Huth:* Haben Sie denn gar nicht darüber nachgedacht, wie das Geld dahin gekommen ist?

*Herr Walser (erstaunt):* Nein! Es kam von Gott. Und Gottes Wege sind wunderbar.

*Herr Huth:* Es könnte doch sein, daß jemand das Geld verloren hat. Haben Sie nicht daran gedacht?

*Herr Walser:* Nein, auf diese Idee wäre ich nicht gekommen. Es war ja so deutlich Gottes Geschenk.

*Herr Huth:* Aber wie erklären Sie sich das? Gott läßt doch nicht einfach Geld vom Himmel regnen!

*Herr Walser:* Es ist nicht meine Aufgabe, Gottes Wunder zu erklären. – Glauben Sie etwa nicht an Wunder?

*Herr Huth:* Ja ... doch ... nein ... jedenfalls nicht an solche. So naiv kann man doch nicht sein!

*Herr Walser:* Aber Herr Inspektor! Das ist nicht naiv! Das sind Glaube und Vertrauen.

*Herr Huth:* Gut, Herr Walser. Das will ich Ihnen nicht absprechen. Aber Sie müssen sich klarmachen, daß jemand das Geld verloren haben kann. Sie machen sich dann der Fundunterschlagung schuldig, wenn Sie die Sache nicht melden und das Geld abgeben. Glauben Sie mir, Sie haben nichts als Ärger – und den möchte ich Ihnen ersparen. Nehmen Sie einen guten Rat an!

*Herr Walser:* Ihre Bürokratie will nur kein Wunder wahrhaben. Setzen Sie sich doch mal mit dem Pastor in Verbindung. Der wird Ihnen bestätigen, daß Gott Wunder tut.

*Peter Handke*

*Ist an Herrn Walser ein Wunder geschehen?*

*Wie beurteilen die Beteiligten den Fund des Geldes in der Kirche?*

*Sammle Begriffe, die das Wort »Wunder« enthalten. Suche in Zeitungen und Zeitschriften nach Reportagen, die über »Wunder« berichten.*

*Sage in einem Satz, was für dich ein Wunder ist. Oder: Bilde eine Satzfolge: Es ist ein Wunder, wenn ...*

*Notiere die Fragen, die dir in einem Kapitel über »Wunder« beantwortet werden sollten.*

*Reinhold Langner, Der Schrei*

**Alle werden satt werden.**

Daß Jesus all die Menschen wunderbar mit Brot speiste, ist jedem bekannt. Aber es gibt noch viele andere Dinge, die rar sind, zumindest heutzutage.
Jesus zog sich zurück. Mit einem Boot fuhr er über den See an einen abgelegenen Ort, um allein zu sein. Die Volksscharen in den Städten hörten davon und folgten ihm zu Fuß nach. Als er die Augen erhob, sah er, wie viele Menschen um ihn versammelt waren und wie viele noch herandrängten. Und er empfand Mitleid mit ihnen und heilte die Kranken. Als es Abend wurde, traten seine Jünger zu ihm und sprachen: »Herr, die Zeit ist vorgerückt, es ist spät. Entlasse die Menge. Sie haben keine Zeit und wir auch nicht!«
Da wandte sich Jesus an seine Jünger: »Weshalb sollen sie weggehen? Gebt ihnen doch Zeit, gebt ihnen von eurer Zeit!« Da sagten sie zu ihm: »Wir haben ja selber keine, und was wir haben, dieses wenige, wie soll das reichen, um uns um alle und am Ende noch um jeden einzelnen zu kümmern?« Doch fand es sich, daß einer von ihnen noch fünf Termine frei hatte, zur Not, mehr nicht, dazu zwei Viertelstunden.
Und Jesus lächelte und sagte: »Gut, das ist doch schon etwas! Stellen wir's den Leuten zur Verfügung!« Und er ließ die Volksscharen erneut Platz nehmen. Er nahm die fünf Termine, die sie hatten, und dazu die beiden Viertelstunden. Er blickte auf zum Himmel und sprach ein Segensgebet. Dann teilte er das Vorhandene auf und ließ austeilen die kostbare Zeit, die sie hatten, durch seine Jünger an die vielen Leute. Und siehe, es reichte nun das wenige für alle. Keiner ging leer aus. Ja sie füllten am Ende noch zwölf Tage mit dem, was übrig war an Zeit. Und dabei waren es an die fünftausend Männer, die Frauen und Kinder gar nicht gerechnet.
Es wird berichtet, daß die Jünger staunten. Denn alle sahen es: Selbst das Unmögliche wird möglich durch ihn.

*Lothar Zenetti*

*Die Menschen zur Zeit Jesu versuchten, überwältigende Erfahrungen in der Sprache der Wunder auszudrücken. Das war ein verbreitetes und anerkanntes Erzählmittel. Lothar Zenetti hat dies in seiner Geschichte »Die wunderbare Zeitvermehrung« ebenfalls versucht. Was möchte er mit seiner Erzählung ausdrücken?*
*Versuche, dir bekannte Wundergeschichten in ähnlicher Weise zu übertragen. Bring dabei zum Ausdruck, was dir wichtig ist, was du erfahren hast.*

*Regine Schönthaler, Von allen Seiten umgibst du mich*

## *Das Reich Gottes ist nahe*

Und Jesus stieg aus und sah die große Menge; und sie jammerten ihn, denn sie waren wie Schafe, die keinen Hirten haben. Und er fing eine lange Predigt an.
Als nun der Tag fast vorüber war, traten seine Jünger zu ihm und sprachen: Es ist öde hier, und der Tag ist fast vorüber; laß sie gehen, damit sie in die Höfe und Dörfer ringsum gehen und sich Brot kaufen.
Er aber antwortete und sprach zu ihnen: Gebt ihr ihnen zu essen! Und sie sprachen zu ihm: Sollen wir denn hingehen und für zweihundert Silbergroschen Brot kaufen und ihnen zu essen geben?
Er aber sprach zu ihnen: Wieviel Brote habt ihr? Geht hin und seht! Und als sie es erkundet hatten, sprachen sie: Fünf und zwei Fische.
Und er gebot ihnen, daß sie sich alle lagerten, tischweise, auf das grüne Gras. Und sie setzten sich, in Gruppen zu hundert und zu fünfzig.
Und er nahm die fünf Brote und zwei Fische und sah auf zum Himmel, dankte und brach die Brote und gab sie den Jüngern, damit sie unter ihnen austeilten, und die zwei Fische teilte er unter sie alle.
Und sie aßen alle und wurden satt.
Und sie sammelten die Brocken auf, zwölf Körbe voll, und von den Fischen.
Und die, die Brote gegessen hatten, waren fünftausend Mann.

*Markus 6,34–44*

### *Hättest du auch so reagiert wie die Jünger?*

*Arbeite heraus, wozu Jesus auffordert; was alles »satt werden« bedeuten kann; worin das Wunder besteht. Stelle dir Situationen vor, in denen Christen durch diese Erzählung »satt« werden könnten.*
*Du hast aktuelle »Wunderberichte« aus Zeitungen und Illustrierten gesammelt. Vergleiche diese Berichte mit der »Speisung der 5000«.*

## *Wenn ihr nicht Zeichen und Wunder seht, so glaubt ihr nicht* (Johannes 4,48)

*Was Jesus ablehnt*

Und die Pharisäer kamen heraus und fingen an, mit ihm zu streiten, versuchten ihn und forderten von ihm ein Zeichen vom Himmel.
Und er seufzte in seinem Geist und sprach: Was fordert doch dieses Geschlecht ein Zeichen? Wahrlich, ich sage euch: Es wird diesem Geschlecht kein Zeichen gegeben werden!
Und er verließ sie und stieg wieder in das Boot und fuhr hinüber.

*Markus 8,11–13*

*Was Jesus zeigen möchte*

Wenn ich aber mit Hilfe von Gottes Geist die bösen Geister austreibe, so könnt ihr daran sehen, daß Gott schon angefangen hat, mitten unter euch seine Herrschaft aufzurichten.

*Matthäus 12,28*

Dann werden die Augen der Blinden aufgetan und die Ohren der Tauben geöffnet werden.
Dann werden die Lahmen springen wie ein Hirsch, und die Zunge der Stummen wird frohlocken. Denn es werden Wasser in der Wüste hervorbrechen und Ströme im dürren Lande.

*Jesaja 35,5+6*

*Warum lehnt Jesus »Zeichen«, also »Beweiswunder« ab?*
*Überlegt: Wem verdankt Jesus die Kraft, Wunder zu tun; worauf möchte er hinweisen; wozu will er Menschen befähigen?*
*Jesaja wollte mit seiner Vision ausdrücken: Dort, wo mein Traum lebendig, wirklich wird, dort ist Gott ganz nah. Was heißt das für Jesu Wunder?*
*Malt oder schneidet Bilder aus, und stellt sie zu einer Collage zusammen zum Thema: So könnte es im Reiche Gottes zugehen.*

## *Die vielen Wunderheiler – der eine Sohn Gottes*

Wunder gehörten in der Welt vor 2000 Jahren zur Alltagserfahrung des Menschen: Aus dem Judentum sind Wunderheilungen des Rabbi Chamina ben Dosa überliefert. Auf den Straßen konnte man Wunderpredigern begegnen. Auch den römischen Kaisern wurden wundersame Heilungen zugeschrieben.
Die Menschen damals glaubten, daß Gott oder die Götter jederzeit die Pläne der Menschen zunichte machen oder fördern könnten. Anschaulich wird dies in einer Szene, die der Evangelist Johannes (12,28f.) berichtet: Als Jesus in Jerusalem predigte, »da sprach eine Stimme vom Himmel ... Die Menge, die dort stand, hörte die Stimme, und einige sagten: Es hat gedonnert! Andere meinten: Ein Engel hat zu ihm gesprochen.«

Wir sehen heute in einem Wunder zuerst die Außerordentlichkeit des Ereignisses, ein Außerkraftsetzen der Naturgesetze. Die Menschen der Bibel glaubten, in einem Wunder Gottes Taten zu erfahren.
Die Wunder Jesu verweisen auf den Willen Gottes. So wollen Wundererzählungen auch nicht nachprüfbare Fakten überliefern. Sie zeigen, daß Gott zum Wohl des Menschen in den Weltlauf eingreift. Und Wunder schildern, wie es im Reich Gottes zugeht.

*Warum erzählten die christlichen Gemeinden die Wunder weiter?*

## *Die vielen »Wunder« und das eine Wunder Gottes*

Das griechische Heiligtum Epidauros war weit über die Landesgrenzen hinaus bekannt. Dort wurden Menschen durch Wunder geheilt:
Euphanes aus Epidauros war ein Junge. Er hatte Blasensteine und schlief im heiligen Raum. Es schien ihm, daß Gott zu ihm trat und sagte: »Was wirst du mir geben, wenn ich dich gesund mache?« Er erwiderte: »Zehn Würfel«. Da lachte der Gott. Als es tagte, kam er gesund heraus.
Hermon von der Insel Thasos kam als Blinder und wurde geheilt. Da er keinen Arztlohn entrichtete, machte Gott ihn sofort wieder blind. Nachdem er wiedergekommen war und nochmals im heiligen Raum geschlafen hatte, stand er gesund auf.
Der Rabbi Chamina ben Dosa heilte durch Gebete: Um 90 n. Chr. erkrankte der Sohn des Rabbi Gamliel. Darauf sandte der Rabbi zwei seiner Schüler zu Rabbi Chamina ben Dosa, damit dieser für seinen Sohn um Erbarmen bitte. Rabbi Chamina ben Dosa tat, worum ihn die beiden Boten baten. Als er vom Beten zurückkehrte, sprach er zu ihnen: »Gehet heim! Das Fieber hat ihn verlassen.« Da sprachen sie zu ihm: »Bist du denn ein Prophet?« Er erwiderte: »Weder bin ich ein Prophet, noch der Sohn eines Propheten.«
Die zwei Boten aber setzten sich nieder und schrieben die genaue Stunde auf. Und als sie zu Rabbi Gamliel kamen und berichteten, sprach er zu ihnen: »Wahrhaftig. Genau um diese Stunde verließ meinen Sohn das Fieber, und er bat uns um Wasser, um zu trinken.«

*Babylonischer Talmud*

*Vergleicht die außerbiblischen Wunderheilungen miteinander: Welche Personen treten jeweils auf?*
*Alle Wundererzählungen folgen einem ähnlichen Schema in ihrem Aufbau. Suche die Gliederungspunkte heraus, und benenne sie durch eine Überschrift.*
*Wenn in den unterschiedlichen Wundererzählungen immer die gleichen Personen auftreten und der gleiche Aufbau festzustellen ist – was rückt dann in das Zentrum der Wundergeschichten? Worin liegt das Besondere der Wunder Jesu?*

## *»Glauben Sie an Wunder, Herr Professor?«*

»Bei der Arbeit mit meinen Studenten kann ich immer wieder feststellen, daß unter Christen kaum ein Thema so umstritten ist wie das Thema Wunder. Die einen sagen, Wunder gibt es nicht; die anderen glauben an Wunder. Für mich steht außer Frage, daß Jesus durch seinen Umgang mit den Menschen, bei ihnen Veränderungen hervorgerufen hat, die man nur als Wunder bezeichnen kann. Manches wird im Prozeß der Überlieferung von Wundergeschichten an schmückendem Beiwerk hinzugekommen sein. Aber es gibt keinen Zweifel: Jesus hat Menschen geheilt. Ja, ich glaube an Wunder. Weil ich davon überzeugt bin, daß der Glaube Berge versetzen kann. Und ich glaube an Jesus Christus, der mit seinen Wundern nichts beweisen, mit seiner Botschaft und mit seinen Taten aber auf Gottes große Macht hinweisen wollte: ›Heilt die Kranken in der Stadt und sagt den Leuten: Gott richtet jetzt seine Herrschaft bei euch auf!‹ Das ist auch eine Aufforderung an uns heute.«

**Alle werden sehen.**

Du, der du gesund bist, warum hilfst du mir so selten? Warum treibst du deine Scherze auf meine Kosten? Deine Frage: »Rate mal, wer vor dir steht!?« kann ich nur beantworten, wenn ich dich gut kenne. Aber der, den ich gut kenne, stellt eine solche Frage nicht. Ich kenne wohl zu wenige Menschen gut genug. Oft kann ich mir selber helfen. Ich brauche aber deine Hilfe in besonders schwierigen Fällen. Eine Münze kann ich von der anderen unterscheiden; einen Schein von dem anderen jedoch nicht.
Du, der du gesund bist, hast du keine Probleme? Brauchst du keine Hilfe?

*»Wenn mir das passiert wäre«! Schreibe aus der Sicht eines Behinderten, Einsamen, Kranken: Was wären deine Pläne und Hoffnungen?*
*Was bedeutet das – blind sein? Kannst du dich an eine Situation erinnern, in der du »blind« warst? Blind für ...*

*Er aber schrie noch vielmehr*

Und sie kamen nach Jericho. Und als er aus Jericho wegging, er und seine Jünger und eine große Menge, da saß ein blinder Bettler am Wege, Bartimäus, der Sohn des Timäus.
Und als er hörte, daß es Jesus von Nazareth war, fing er an, zu schreien und zu sagen: Jesus, du Sohn Davids, erbarme dich meiner!
Und viele fuhren ihn an, er solle stillschweigen. Er aber schrie noch viel mehr: Du Sohn Davids, erbarme dich meiner!
Und Jesus blieb stehen und sprach: Ruft ihn her! Und sie riefen den Blinden und sprachen zu ihm: Sei getrost, steh auf! Er ruft dich!
Da warf er seinen Mantel von sich, sprang auf und kam zu Jesus.
Und Jesus antwortete und sprach zu ihm: Was willst du, daß ich für dich tun soll? Der Blinde sprach zu ihm: Rabbuni, daß ich sehend werde.
Jesus aber sprach zu ihm: Geh hin, dein Glaube hat dir geholfen. Und sogleich wurde er sehend und folgte ihm nach auf dem Wege.

*Markus 10,46–52*

*Suche zu dem Bild von Thomas Zacharias einen passenden Titel.*

*Was hat sich für Bartimäus durch die Begegnung mit Jesus verändert? Welche Voraussetzungen muß der Blinde mitbringen, um geheilt zu werden? Beschreibe den Moment des »Wieder-Sehens«.*
*Setzt euch in einen Kreis: Zwei sitzen Rücken an Rücken in eurer Mitte. Sie schließen die Augen und versuchen den Partner zu beschreiben; es sollten nicht nur Äußerlichkeiten sein.*

*Der Blinde sieht, die Sehenden sind blind*

Heißt sehen auch: gesehen werden?
Heißt nichts sehen: nicht gesehen werden?
Man muß sich Gehör verschaffen, um gesehen zu werden!
Heißt glauben: schreien können?
Heißt glauben: mit Jesus gehen?
Wer glaubt, muß sehen und schreien!

## *Eine Geschichte in Bildern*

*Kees de Kort*

***E**rzähle die Geschichte von der Heilung eines Gelähmten. »Wer kann Sünden vergeben als Gott allein?«*

**Alle werden gesund.**

Es saßen da aber einige Schriftgelehrte und dachten in ihren Herzen:
Wie redet der so? Er lästert Gott! Wer kann Sünden vergeben als Gott allein?
Und Jesus erkannte sogleich in seinem Geist, daß sie so bei sich selbst dachten, und sprach zu ihnen: Was denkt ihr solches in euren Herzen?
Was ist leichter, zu dem Gelähmten zu sagen: Dir sind deine Sünden vergeben, oder zu sagen: Steh auf, nimm dein Bett und geh umher? *Markus 2,6–9*

***D**ieses Streitgespräch findet sich in der Geschichte von der Heilung eines Gelähmten. Worum geht es?*

## *Klagen, nichts als Klagen*

Was nützt mir die Gesundheit,
wenn mir keiner meine Schuld vergibt?

Was nützt mir ein gesundes Auge,
wenn ich ständig weinen muß?

Was nützt mir der starke Arm,
wenn mir niemand seine Hand entgegenstreckt?

Was hilft es mir, wenn mich einer führt,
ich aber die Schönheit der Welt nicht sehen kann?

Was, wenn mir einer die Hand reicht,
ich aber keinen Arm habe?

Was hilft es mir, wenn mir jemand
die Sünden vergibt, ich aber krank bleibe?

***S**uche nach einer Antwort auf die Klagen.*

## *Nicht alle können an Jesus glauben*

*Der Evangelist Markus hat seine Wundergeschichte etwa im Jahre 80 aufgeschrieben. In dem Kapitel »Wer bist du, Jesus?« kannst du mehr über Jesus und das Judentum erfahren.*

Markus wird gefragt: Jesus hat doch so vielen Menschen geholfen und sie ohne zu fragen geheilt. Warum können viele Menschen nicht in Jesus Christus den Sohn Gottes erkennen?
Und Markus antwortet: Viele Menschen haben in Jesu Gegenwart Gottes Nähe gespürt. Und nach seiner Auferstehung wußten sie: Jesus lebt, er ist Gottes Sohn.
Andere haben nicht so empfunden und erschraken sehr über Jesus. Für sie stand fest, daß nur Gott Sünden vergeben darf. Wer anderes behauptet, lästert Gott. In den Augen dieser Menschen war Jesus sehr gefährlich. Er setzte sich selbst an die Stelle Gottes: das war etwas Unerhörtes.
Warum nicht alle Menschen an Jesus glauben können, hat Markus seinen Lesern erklären wollen; deshalb fügte er in die Wundererzählung von der Heilung eines Gelähmten ein Streitgespräch ein.

*Lies Markus 2,1-12. Warum erschrecken die Menschen?*
*Zur Zeit Jesu glaubten die Menschen, daß ein enger Zusammenhang zwischen Schuld und Krankheit oder Not bestünde. Inwiefern ist diese Information für das Verständnis der Wundergeschichte wichtig? Welchen Eindruck würde die Geschichte von der Heilung eines Gelähmten hervorrufen, wenn das Streitgespräch fehlen würde?*
*Was tun die Freunde des Gelähmten, was tut der Gelähmte selbst, um seine Gesundheit wiederzuerlangen? Was kann Jesus aus ihrem Handeln erkennen?*
*Stellt die Heilungsgeschichte und ihren möglichen Fortgang in einer Pantomime dar. Versucht, Gefühle wie Glück und Freude, Trauer und Staunen zum Ausdruck zu bringen.*

## *Die Gelähmte*

Es war Sonntagfrüh, so gegen acht Uhr. Sie gähnte, stellte sich das Radio an, drehte sich auf die andere Seite, zog sich die Bettdecke bis unter die Augen.
Im Radio sang gerade so eine aufdringliche Frauenstimme einen dieser modernen deutschen Schlager. Sie hörte nur irgendwas von *». . . ein Sonntag im Bett macht das Leben erst komplett, wer's noch nicht probiert, hat vom Leben nichts kapiert . . .«*.
Das reichte ihr schon. Ohne ihre Lage zu verändern, schaltete sie das Radio wieder ab. Sie mußte lachen, wenn sie an ihren Vater dachte, den es nie länger als bis fünf Uhr morgens im Bett hielt, ob werktags oder sonntags. Und dann jeden Morgen das gleiche Zeremoniell: erst ›Trimm dich‹ im Keller und dann unter die Dusche, kalt. Sie bekam schon bei dem Gedanken daran eine Gänsehaut.
»Ilona, kommst du jetzt endlich! Vati sitzt schon ganz ungeduldig im Auto! Wir wollen uns doch Neugebauers Rohbau anschauen fahren.«
Von weitem hörte sie die Glocken läuten. ›Was interessiert mich Neugebauers Rohbau!‹
Sie konnte diese aufdringliche Stimme ihrer Mutter nicht mehr hören. ›Überall schleifen sie mich mit! Wir sind ja schließlich eine Familie! Und wenn ich mal meine Meinung sage, dann hören sie sowieso nicht drauf! – Ach, davon verstehst du nichts! Lern' du erst mal einen Beruf, dann kannst du mitreden!‹
Sie hatte es sich mit der Zeit abgewöhnt, mitzureden. Überhaupt hatte sie sich vieles abgewöhnt mit der Zeit. Manchmal kam sie sich vor wie festgeschnürt, wie in Schraubzwingen eingedreht.
Heute blieb sie liegen. Was soll's? So ein Sonntag ist sowieso der langweiligste

Tag der Woche. Bringt ja doch alles nichts. Gestern in der Schule hatte ihr Klassenlehrer zu ihnen gesagt: »Ihr braucht gar keinen Sonntag, ihr seid viel zu dumm, um damit etwas anfangen zu können.«

Wahrscheinlich hatte er sogar recht.

Ihre Eltern waren inzwischen weggefahren – und nachher würden sie wieder mit ihren vorwurfsvollen Gesichtern rumlaufen.

Sie hatten ja recht. Ja, sie hatten alle recht! Die Lehrer, Eltern, Verwandten. Was sollte man denn gegen ihre ständigen Motzereien sagen können. Sie hatten ja schließlich was aufgebaut! *Auf* – gebaut? *Ver* – baut haben sie uns alles!

Ja, heute blieb sie liegen. Sie konnte gar nicht anders als reglos daliegen, erschlagen, fast wie festgebunden von dieser langweiligen Lustlosigkeit, gelähmt vom Überdruß an allem. Sie sähe schon lange so schlecht aus, hatte ihre Mutter gestern gesagt. Sie äße ja kaum noch. Ja, Abmagerungskur, hatte ihr Vater gespottet.

»Früher wären wir froh gewesen über jedes Stück trockenes Brot!«

»Und heute trampelst du dir deinen Fettbauch auf deinem blöden Trimmdich-Esel runter!« Das dachte sie aber nur, denn sie hatte es sich abgewöhnt, etwas zu sagen.

Manchmal hatte sie Mitleid mit ihren Eltern. Vielleicht hätte sie vorhin doch aufstehen sollen. Aber sie konnte es einfach nicht. Da war keine Kraft in ihr. Wenn der Großvater noch lebte! Sie stellte sich ihr tragbares Fernsehgerät ein und schaute geistesabwesend auf die Bilderfolge.

Es klingelte draußen, sie blieb liegen. Nach dem dritten Klingeln stand sie schließlich auf, und vor der Tür stand Jo.

»Was ist denn mit dir los, bis du krank?« – »Mir ist nicht gut«, sagte sie und fragte sich, warum Jo gerade zu ihr käme. Sie hatte sie immer geschätzt wegen ihrer ruhigen und überlegten Art. Jo war die Beste in der Klasse. Irgendwie hatte sie sie bewundert, sich aber immer unterlegen gefühlt. »Ich wollte dich zu uns einladen. Meine Schwester ist über's Wochenende nach Hause gekommen. Ich habe dir doch von ihr erzählt!«

Jo sprach nicht laut, eher zu leise. Aber irgendwie hatte ihre Stimme etwas Ermutigendes. ›Ihre Schwester‹, ja, sie erinnerte sich, ›sie war blind und lebte in einem Internat.‹

In Ilona regte sich etwas. »Weißt du«, sagte Jo, »ich würde mich auch gern mal mit dir unterhalten. Mit den anderen aus der Klasse kann man ja doch nicht reden.«

Sie sagte das mit einer erstaunlichen Selbstverständlichkeit. »Komm doch mit! Meine Schwester freut sich schon darauf. Es kommt ja sonst keiner zu ihr«.

Es kam Ilona vor, als würden dieser lachende Mund, der zutrauliche Blick, diese mit frageloser Bestimmtheit gesprochenen Worte, die ausgestreckte Hand sie geradezu aus ihrer Umklammerung herausreißen wollen. Bis in den späten Abend blieben sie zusammen.

Sie fuhr mit dem Fahrrad nach Hause. Langsam, nur zögernd, trat sie in die Pedale, als wollte sie es nicht glauben.

Allmählich wurde sie schneller und schneller und schneller. Ja doch, das hatte ihr gutgetan heute abend.

Das erste Mal seit langer Zeit hatte sie wieder Heißhunger verspürt. Da hatte sie jemand an die Hand genommen, ohne lange zu fragen und ihr gesagt: ›Komm' mit, ich brauch' dich, du bist OK!‹

Und dieses blinde Mädchen. Es konnte nicht sehen – aber dennoch ...

Lange konnte sie nicht einschlafen.

*Manfred Löhde*

*Ist mit Ilona ein Wunder geschehen?*
*Könnt ihr euch an ähnliche Erlebnisse erinnern?*

**Du hörtest meine Stimme.**

»Sei brav, bade jetzt!«

*Was will der Karikaturist aussagen?*
*Sehen so auch Wunder Jesu aus?*

***Denn du, Herr, bist mein Retter***

Ich rief zu dem Herrn in meiner Angst, und er antwortete mir.
Ich schrie aus dem Rachen des Todes, und du hörtest meine Stimme.
Du warfest mich in die Tiefe, mitten ins Meer, daß die Fluten mich umgaben.
Alle deine Wogen und Wellen gingen über mich, daß ich dachte, ich wäre von deinen Augen verstoßen, ich würde deinen heiligen Tempel nicht mehr sehen.
Wasser umgaben mich und gingen mir ans Leben, die Tiefe umringte mich, Schilf bedeckte mein Haupt.
Ich sank hinunter zu der Berge Gründen, der Erde Riegel schlossen sich hinter mir ewiglich.
Aber du hast mein Leben aus dem Verderben geführt, Herr, mein Gott!
Als meine Seele in mir verzagte, gedachte ich an den Herrn, und mein Gebet kam zu dir in deinen heiligen Tempel.
Die sich halten an das Nichtige, verlassen ihre Gnade.
Ich aber will mit Dank dir Opfer bringen.
Meine Gelübde will ich erfüllen
dem Herrn, der mir geholfen hat!

*Jona 2,3–10*

*Dies ist das Gebet des Propheten Jona: Aus tiefster Not, aus dem Bauch eines Fisches, ruft er den Herrn um Hilfe an. Im Buch Jona ist die Vorgeschichte zu lesen: Was bringt Jona in seine mißliche Lage? Wie kommt es zu seiner Errettung?*
*Wie ist die Geschichte des Jona zu verstehen? Sucht nach vergleichbaren Situationen aus unserer Zeit.*

# Kein Gott außer Allah

*Koran-Handschrift*

*Die Legende von der Kaaba*

**Shahada (Das Glaubenszeugnis)**

In der Sandsteppe Arabiens liegt die Oasenstadt Mekka mit der Kaaba. Die Kaaba ist ein uraltes Heiligtum der arabischen Stämme. Die Araber erzählen sich von Mekka Geschichten, die an Geschichten aus der Bibel erinnern. Es sind Geschichten von Adam, von Noah und von Abraham.

Mekka, sagen die Araber, ist die älteste heilige Stätte der Welt. Sie geht auf Adam, den Stammvater der Menschen, zurück. – Einst, so berichten sie, wanderte Adam durch das arabische Land. Da kam er an die Stätte und erblickte dort einen leuchtenden, weißen Stein. Ergriffen blickte Adam auf. Der hellleuchtende Stein erinnerte ihn an die Seele des Menschen, wie Gott sie geschaffen hatte, ehe er, Adam, in Sünde fiel und das Paradies verlassen mußte. Er erinnerte ihn an den Glanz Gottes, den er damals schauen durfte, als in seiner Seele das Urwissen noch strahlte, das ihn mit Gott und der ganzen Schöpfung verband. Der Stein erinnerte ihn wieder an seinen Ursprung, und die Erkenntnis leuchtete in Adam auf: »Gott hat mich an diese Stätte geführt und hat mir diesen Stein gezeigt, damit ich die Erinnerung wiedergewinne. Ich, meine Kinder und Kindeskinder sollen an die Stätte der Erinnerung kommen, damit wir unseren Ursprung nie vergessen!« Siebenmal schritt Adam um den leuchtenden Stein herum. Aus erinnernder Seele rief er den Namen Gottes aus. Dann holte er Steine vom Berge Hira und baute aus ihnen ein würfelförmiges Haus um den heiligen Stein. Wegen seiner würfelähnlichen Form heißt das Heiligtum Kaaba (=Würfel). Jedermann soll zu ihm wandern, sagen die Araber. Er soll es umschreiten und dabei den Namen Gottes ausrufen. Darum wird es seit der ältesten Zeit »Haus Gottes« genannt.

Weiter erzählen die Araber: Als die Große Flut die ganze Erde bedeckte, schwamm Noahs Arche siebenmal um die heilige Stätte herum. Die Flut richtete ihr Zerstörungwerk an, aber die Fundamente blieben erhalten. Den heiligen Stein rettete Gabriel, der Engel Gottes.

Viertausend Jahre später irrte Hagar, die Stammuter der Araber, durch die Wüste. Hagar war Saras Magd gewesen. Dann wurde sie Abrahams Nebenfrau. Aber Abraham hatte sie verstoßen. In ihren Armen trug sie das verdurstende Söhnchen Ismael. Dem Tode nahe stürzte sie zu Boden. Verzweifelt rief sie Gott um Hilfe an. Da sprang zu ihren Füßen die Quelle Semsem auf. Ihr Name malt das Rauschen der Quelle. Hagar hörte darin die Hilfe und die Nähe Gottes. Hagar und Ismael ließen sich in dem Tal nieder. Es war das Tal der Kaaba. Das stellte sich aber erst heraus, als Abraham nach dem Tode Hagars seinen Sohn Ismael besuchte. Abraham entdeckte unter den Trümmern das Fundament, das Adam gelegt hatte. »Hier ist das Haus des Einen Gottes«, sagte Abraham, »des Gottes vom Ursprung der Welt und der Menschen, den einmal alle verehrt haben. Wir müssen es wieder aufbauen.« Zusammen mit Ismael stellte Abraham die Kaaba wieder her. Ismael empfing vom Engel Gottes den heiligen Stein zurück, der aber aus Trauer über den Götzendienst in der Welt zum schwarzen Stein geworden war.

*Mekka*

Zweitausend Jahre später hatte sich vieles geändert. Ein Nachkomme der Söhne Ismaels aus dem Stamm Kuraisch hatte die Stadt Mekka bauen lassen für sich und seinen Stamm.

360 Götterbilder standen nun im Kreis um das Haus Gottes herum.
Die Araber beteten zu diesen Göttern, zum Mondgott, zum Sonnengott, zur Fruchtbarkeitsgöttin, zur Schicksalsgöttin, zum Liebesgott, zu den Geistern und Seelen der Vorfahren.
In großen Karawanen wanderten die arabischen Stämme Jahr für Jahr im Monat Ramadan zur Kaaba. Im Monat Ramadan herrschte Frieden unter den Stämmen. Alle Fehden zwischen den Stämmen und die Blutrache zwischen den Sippen mußten im Wallfahrtsmonat ruhen. Der Gottesfrieden vereinigte dann die Stämme. Auf sicheren Wegen brachten die Karawanen neben den Opfergeschenken ihre Waren mit. In der Wallfahrtsstadt Mekka konnten sie kaufen und verkaufen. Datteln von den Oasen, Weihrauch aus dem Südreich der Könige von Saba, Waffen, Getreide und Öl, Stoffe aus Baumwolle, ja sogar Edelsteine und Seide aus Indien und China brachten die Karawanen aus Nord und Süd, West und Ost.
Die Rechnung der Kuraischiten war aufgegangen. Mekka, die Stadt im unfruchtbaren Tal der Sandsteppe, wurde zur reichen Stadt. Araber aus anderen Stämmen ließen sich in Mekka nieder. Auch Fremde, Christen und Juden, erwarben das Wohnrecht. Sie alle lebten von den Wallfahrten und dem Karawanenhandel.
Aber die Kuraischiten blieben die Herren der Stadt. Die vornehmen Sippen des Stammes behielten sich das Recht vor, Wasser und Brot an die Wallfahrer zu verkaufen. Sie forderten dafür Wucherpreise. Nur gegen ein Wuchergeld gaben sie die Erlaubnis, in der Kaaba zu beten und Opfergaben darzubringen. Da sie immer mehr Geld an sich brachten, mußten die Ärmeren von ihnen leihen. Sie taten es nur zu einem Wucherzins von mindestens 50 Prozent. Sie kauften Waren auf und verkauften sie zu verteuertem Preis in fernen Landen. Dazu rüsteten sie Karawanen aus und kauften Sklaven, die die Karawanen auf den gefährlichen Wegen verteidigten.

### *Mohammeds Jugend*

Mohammed wurde um das Jahr 570 nach Christus in Mekka als Sohn des Abdallah und der Amina geboren. Mohammed bedeutet »der Vielgepriesene«. Seine Familie gehörte zu einem verarmten Seitenzweig der Kuraischiten. Abdallah starb noch vor der Geburt seines Sohnes. Abdallah bedeutet »Knecht Gottes«. Der Name des Vaters erinnerte Mohammed an den Einen Gott, den Herrn und Schöpfer der Welt.
Nach dem Tod der Mutter sorgte der Onkel Abu Talib für Mohammed. Abu Talib besaß großen Einfluß in der Stadt. Er war der Besitzer eines reichen Handelshauses. Als Mohammed zwölf Jahre alt war, nahm ihn der Onkel zum ersten Mal auf eine Karawanenreise nach Syrien mit. Damit entschied der Onkel, daß Mohammed Kaufmann in seinem Handelsgeschäft werden sollte. Unter Abu Talib wuchs Mohammed zum Mann heran. Bald leitete er selbständig Karawanen im Auftrag des Onkels. Die Karawanenbegleiter ordneten sich bereitwillig Mohammed unter. Sie schätzten seinen edlen Charakter, seine Hilfsbereitschaft und Aufrichtigkeit. Man konnte sich auf sein Wort verlassen. Darum hieß er bald überall im mekkanischen Volk Amin, der »Treue«.

### *Chadidscha*

Von Mohammeds Zuverlässigkeit hörte Chadidscha, eine Kaufmannswitwe. Chadidscha besaß ein großes Vermögen. Unter den kuraischitischen Frauen war sie die vornehmste und reichste. Jeder aus ihrer Sippe hatte es auf ihr Vermögen abgesehen. Aber Chadidscha dachte nicht daran, ihre Unabhängigkeit aufzugeben. Sie war eine entschlossene und

*Minarett*

tatkräftige Frau, die ein Geschäftsunternehmen zu leiten verstand. Darum schickte sie einen ihrer Diener zu Mohammed und machte ihm den Vorschlag, in ihre Dienste zu treten. Mohammed sollte als Karawanenbegleiter ihre Waren nach Syrien bringen.
Chadidscha hatte sich in Mohammed nicht getäuscht. Seine Geschäfte brachten nicht selten doppelten Gewinn. Mohammed bewunderte Chadidscha, er begann sie zu lieben. Chadidscha bewunderte Mohammed. Als sie erkannte, daß sie ihn mehr als jeden anderen Menschen liebte, bot sie ihm selbst die Ehe an. Damals war Mohammed 25 und Chadidscha 40 Jahre alt.
Selten ist eine Ehe so glücklich gewesen wie zwischen Mohammed und Chadidscha. Chadidscha hatte Mohammed reich und unabhängig gemacht. Aber sie gab ihm mehr. Sie wurde sein wirklicher Freund. Sie kannte Mohammed aus tiefstem Herzen. Ihre Liebe war wie ein starker Schutz, der sich um Mohammed legte. In Mohammed begannen sich nämlich tiefe Veränderungen vorzubereiten. Mohammed wurde anders. Es war, als müßte ein Mensch sterben und von neuem geboren werden; oder, wie Mohammed es später erzählte, als würde einem Menschen sein altes Herz aus dem Leibe gerissen und dafür ein neues Herz eingepflanzt.
Mohammed verlor die Freude an den Handelsgeschäften und an den üppigen Gastmählern der Reichen. Chadidscha ließ ihn gewähren. Sie vertraute ihrem Mann. »Wenn ein Mensch ohne äußeren Grund unruhig geworden ist, kommt diese Unruhe von Gott oder von einem Geist«, sagte sie, wenn man sie aufforderte, Mohammed von seinen Grübeleien abzulenken. »Mohammed ist ein guter und rechtschaffener Mann. Gott verläßt keinen Menschen, der die Wahrheit sucht.« In dieser Auffassung wurde Chadidscha von ihrem Vetter Waraka bestärkt, der Christ geworden war und die Heiligen Schriften las.

### *Die Nacht Al-Kadr*

In der Nähe der Stadt liegt der Berg Hira. Mohammed zog es in die Einsamkeit hinaus, dort, wo er allein war, allein mit den Gedanken und Fragen, die ihn unruhig gemacht hatten. Vierzig Jahre war

*Die Kaaba in Mekka*

er inzwischen geworden. Aber noch wußte er die Antwort nicht. Würde Gott ihm antworten? In der Höhle des Berges durchwachte er die Nächte in religiösen Betrachtungen. Viele Tage hintereinander brachte er in der Einsamkeit zu. Oft kehrte er zu Chadidscha nur zurück, um sich Lebensmittel für dieselbe Anzahl von Tagen zu holen.
Im Monat Ramadan hielt sich Mohammed wieder in der Höhle auf. Es kam die Nacht, die die heiligste Nacht im Leben Mohammeds werden sollte, die Nacht Al-Kadr.
Die Nacht Al-Kadr ist die Nacht des Schicksals: Gott entschied über sein Leben.
Die Nacht Al-Kadr ist die Nacht der Bestimmung: Gott bestimmte ihn zum Propheten.
Die Nacht Al-Kadr ist die Nacht der Macht: Gott ergriff Besitz von ihm.
Nach langem Wachen war Mohammed in Schlaf gesunken. Sein letzter Blick galt einem Stern, der groß über ihm leuchtete. Der Schlaf breitete tiefe Nacht über ihn, als ginge der Stern unter, den er eben noch sah. Öfter schon hatte Mohammed Träume, ehe der Morgen aufglühte. Jetzt aber sah er es ganz deutlich. Ein Bote stand vor ihm, gewaltig an Kraft. In den Händen hielt er eine mit Schriftzeichen bedeckte Stoffrolle, ein Tuch wie aus Brokat, darauf die Buchstaben funkelten. Näher und näher trat der Bote an ihn heran. »Lies!« rief der Engel mit mächtiger Stimme. »Ich kann nicht lesen«, rief Mohammed in Angst. Da preßte der Bote Gottes das Tuch auf ihn. »Lies!« rief er wieder. »Ich muß sterben«, antwortete Mohammed, »ich kann nicht lesen!« Doch der Engel ließ nicht von ihm ab. Ihm war, als würgte ihn der Engel mit dem funkelnden Tuch. »Lies!« hörte er zum dritten Mal. In Todesangst stieß er die Frage aus: »Was soll ich lesen?« Dann aber hörte er, wie der Engel ihm vorsprach:

*»Lies! Trag vor!*
*Trag vor in des Herrn Namen,*
*Der euch schuf aus blutigem Samen!*
*Trag vor! Er ist der Geehrte,*
*Der mit dem Schreibrohr lehrte,*
*Was noch kein Menschenohr hörte.*
*Doch der Mensch ist störrischer Art,*
*Nicht achtend, daß Er ihn gewahrt.*
*Doch zu Gott führt einst die Fahrt.«*

*Sure 96*

*Islamisches Credo*

Drei Jahre lang verkündete Mohammed sein Erlebnis nur wenigen Vertrauten. Deutlich unterschied er zwischen seinen eigenen Gedanken und den Worten, die ihm die Stimme ins Herz herabsandte. Auf sie mußte er achten. Er wollte nur das Werkzeug sein, durch das Gott die Botschaft weitergibt, die der Engel ihm vorsprach. Kein eigenes Wort durfte sich da einmengen. Bis an sein Lebensende wird die Stimme über ihn kommen, Mal um Mal. Wenn die Verse, die er nachsprechen sollte, in ihn eindrangen, stürzte er zu Boden, als läge ein Gewicht auf ihm, das ihn erdrückte. Gehüllt in seinen Mantel, vernahm er Wort für Wort. Er vergaß nicht eines. Dann erhob er sich und trug vor, nicht seine, sondern Gottes Verse:

*»Beim Stern, wenn er untergeht!*
*Euer Landsmann geht nicht in die Irre,*
*und er betrügt sich nicht,*
*auch redet er nicht aus eigenem Antrieb.*
*Dies ist nichts anderes als eine Offenbarung, die offenbar ist.*
*Einer, der gewaltig an Kraft ist, hat ihn unterwiesen,*
*einer, der einsichtsvoll ist.*
*Er stand still in der Höhe des Himmels.*
*Dann näherte er sich und schwebte herab*
*und kam auf zwei Bodenlängen entfernt heran*
*oder noch näher*
*und offenbarte seinem Diener seine Offenbarungen.*

*Sure 53*

*Paul Schwarzenau*

*Zu den Anhängern Mohammeds gesellten sich immer mehr Arme, die von den Kuraischiten verachtet wurden. Die Kuraischiten selbst wußten nicht, wie sie sich Mohammed gegenüber verhalten sollten. Als aber Mohammed dazu aufforderte, die 360 Götterbilder rund um die Kaaba einzustürzen, beschlossen sie, ihn zu töten.*
*Warum verachteten die Kuraischiten die Armen, und warum wollten sie Mohammed töten?*
*Mohammed konnte entfliehen, und es gelang ihm und seinen Anhängern in der Oasenstadt Medina Aufnahme zu finden. Für die Bereitschaft der dort lebenden arabischen Stämme, Mohammed aufzunehmen, gibt es zwei denkbare Erklärungen: Zum einen hofften die Stämme, ihre Streitigkeiten untereinander mit Mohammed als Schiedsrichter beenden zu können. Zum anderen wird ihnen die Lehre Mohammeds von dem einen Gott bekannt gewesen sein, denn in Medina lebten auch viele Juden.*
*Die Geschichte von der Kaaba wird dir in einigen Punkten bekannt vorkommen. Woher?*
*Überlege, wie diese Geschichte entstanden sein könnte. Erinnere dich daran, daß die Stämme Israels einmal Nomaden waren wie die Araber.*
*Mohammed floh im Jahr 622 nach Medina. Mit diesem Jahr begann auch eine neue Zeitrechnung bei den islamischen Völkern.*

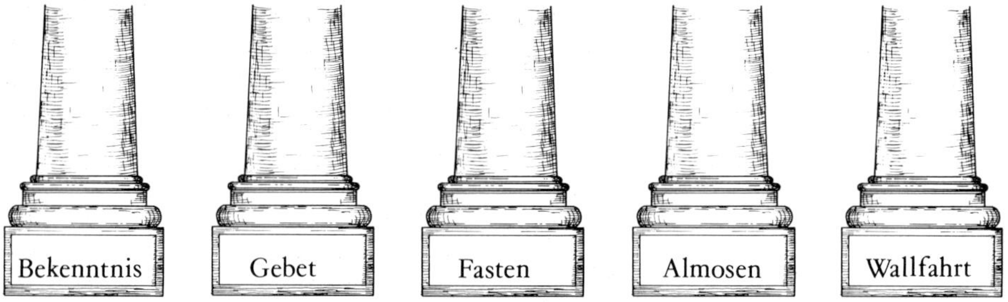


## *Die »fünf Pfeiler« des Glaubens im Islam*

»Islam« ist ein arabisches Wort, das sowohl »Gehorsam« und »Unterwerfung« als auch »Frieden« bedeutet. Wer im Islam lebt, ein »Moslem« ist, vertraut sich ganz und gar Gott an, ordnet seinen Willen ganz dem Willen Gottes unter, will in vollkommener Übereinstimmung, im Einklang mit dem Willen Gottes leben. Den Islam annehmen bedeutet also nicht die Annahme einer bestimmten religiösen Lehre, sondern die Übernahme einer bestimmten religiösen Lebensform, wie sie durch den Propheten Mohammed vermittelt worden ist. Deshalb empfängt derjenige, der Moslem werden will, auch nicht einen längerdauernden Unterricht, in dem er erst mit der Lehre vertraut gemacht würde, um danach dann in die Gemeinschaft der Gläubigen aufgenommen zu werden

(wie dies in den christlichen Kirchen üblich ist), sondern es genügt, daß er in Gegenwart von zwei Zeugen dreimal das Bekenntnis ausspricht:
Ich bekenne, daß es keinen Gott gibt außer dem einen Gott (= »Allah«);
Ich bekenne, daß Mohammed der Gesandte des einen Gottes ist.
Hat derjenige, der Moslem werden will, dieses Bekenntnis vor Zeugen ausgesprochen, so lernt er, den Islam zu leben, in die islamischen Lebensformen sich einzuüben und sie lebenslang zu praktizieren.
»Islam« bedeutet aber auch »Friede«, und dies bedeutet, daß man durch Unterwerfung und Gehorsam gegenüber Gott, durch Einklang mit dem Willen Gottes sowohl körperlichen als auch geistigen Frieden erlangen kann, der dem einzelnen innere Ruhe gibt und damit den Grundstein für den Frieden in der Gesellschaft legt.
Der Islam umfaßt demnach das gesamte Leben; kein Bereich des menschlichen Lebens wird außer acht gelassen, alles soll in Einklang miteinander und im Einklang mit dem Willen Gottes stehen. Freilich: da das Gesetz vollkommen ist, der Mensch aber unvollkommen, werden die menschlichen Handlungen nie voll mit dem Gesetz übereinstimmen, nie ganz und gar dem entsprechen, was das Gesetz sagt. Entscheidend ist aber nicht, ob die volle Übereinstimmung mit dem Gesetz gelingt, sondern die Absicht des Menschen, in voller Übereinstimmung mit dem Gesetz zu handeln.
Mohammed faßte das Wesentliche des Islam so zusammen: »Islam ist, die täglichen Gebete zu verrichten, das jährliche Fasten zu halten, die Pilgerfahrt zu vollziehen und die Zekât-Steuer zu zahlen.« Zusammen mit dem Glaubenszeugnis des Moslem sind dies die »fünf Pfeiler« des Islam, die im Mittelpunkt des religiösen Lebens eines jeden Moslem stehen.

*Hans-Martin Thelemann*

*Mohammed läßt von der Kaaba die alten Götterbilder entfernen*

*»Allah« heißt »der eine Gott«, zu ihm und zu Mohammed bekennen sich alle Muslime in ihrem Glaubenszeugnis. Zeichne in dein Heft fünf Säulen, je eine für die »fünf Pfeiler« des Islam. In die erste Säule »Shahada« kannst du bereits hineinschreiben, was du über das Glaubenszeugnis des Islam weißt. Und in das Dach, das die Säulen tragen, notiere, was du über den Islam und seine Entstehungsgeschichte erfahren hast.*
*Die unerläßliche Voraussetzung des Islam ist das Glaubensbekenntnis, dessen sechs Grundartikel lauten:*
*Ich glaube an Gott*
*an Seine Engel*
*an Seine Bücher*
*an Seine Gesandten*
*an die Wiederauferstehung nach dem Tode und den Jüngsten Tag*
*und an die göttliche Vorherbestimmung.*
*Worin unterscheidet sich das islamische Glaubensbekenntnis vom »Vaterunser«?*
*Wenn du etwas über die Welt des Islam erfahren möchtest, dann solltest du die Märchen aus »Tausendundeiner Nacht« lesen oder den spannenden Jugendroman aus der Zeit der Kreuzzüge »Der Berg des Unheils« von Jürgen Gadow.*

**Ssalat (Das tägliche Gebet)**

Ibn Ishaq (ca. 704–760) war der erste geschichtliche Forscher der arabischen Welt. Er sammelte in seinem Buch »Das Leben des Propheten« Berichte und Erzählungen über den Propheten Mohammed. Die Lebensbeschreibung enthält zwar zahlreiche Legenden, also Geschichten, die das Geheimnis des Propheten den Gläubigen versuchen zu deuten; aber weil dies Buch bereits etwa 100 Jahre nach Mohammeds Tod entstanden ist, berichtet es doch auch sehr wirklichkeitsnah über die Anfänge des Islam.

So erzählt Ibn Ishaq diese Geschichte:
Zuerst hatte der Prophet daran gedacht, wie die Juden mit einer Trompete zum Gebet aufrufen zu lassen, doch dann mißfiel ihm dieser Gedanke, und er ließ eine Klapper machen, durch deren Schlagen die Muslime zum Gebet gemahnt wurden. In dieser Zeit hatte Abdallâh ibn Zaid einmal einen Traum und ging am nächsten Morgen zum Propheten und erzählte ihm davon:

*Muezzin ruft die Gläubigen zum Gebet*

»Letzte Nacht ging im Traum ein Mann an mir vorüber. Er war mit zwei grünen Gewändern bekleidet und trug eine Klapper in der Hand. Ich fragte ihn:
›Du Diener Gottes, verkaufst du mir die Klapper?‹
›Was willst du damit machen?‹
›Wir rufen zum Gebet damit.‹
›Soll ich dir dafür etwas Besseres sagen?‹
›Nämlich?‹
›Der Ruf: Allâhu akbar, Allâhu akbar, Allâhu akbar! Ich bekenne, daß es keinen Gott gibt außer Gott! Ich bekenne, daß es keinen Gott gibt außer Gott! Ich bekenne, daß Mohammed der Prophet Gottes ist! Ich bekenne, daß Mohammed der Prophet Gottes ist! Auf zum Gebet! Auf zum Gebet! Auf zum Heil! Auf zum Heil! Allâhu akbar, Allâhu akbar! Es gibt keinen Gott außer Gott!‹ «
Als er dies dem Propheten erzählt hatte, rief dieser aus:
»Wahrlich, ein wahrer Traum.«

*Ibn Ishaq*

Mit diesem Ruf wird seitdem im Islam fünfmal täglich zum Gebet gerufen: Vor Sonnenaufgang, am Mittag und Nachmittag, am Abend und in der Nacht. Vor dem Gebet muß der Muslim seinen Körper waschen, so wie es der Koran vorschreibt:
*Wenn ihr hintretet zum Gebet, so waschet euer Gesicht und eure Hände bis zu den Ellbogen und waschet eure Häupter und auch eure Füße bis zu den Knöcheln. Und wenn ihr durch Samen verunreinigt seid, so reinigt euch. Und wenn ihr krank oder auf einer Reise seid ... und ihr findet nicht Wasser, dann nehmt guten Sand und reibt euch damit das Gesicht und die Hände ab. Der eine Gott will euch keine Last auferlegen, jedoch will er euch reinigen und seine Gnade an euch vollenden.* *Sure 5*

Der Gläubige muß ein reines Gewand tragen, sich an einem reinen Ort aufhalten (deshalb wird ein Gebetsteppich auf den Boden gelegt) und sein Gebet in Richtung Mekka sprechen.

*Versuche zu erklären, warum der Islam so großen Wert auf Reinheit vor dem Gebet legt.*
*Über die richtige Haltung während des Gebets kannst du in dem Buch »Meine Religion, deine Religion« von Antoinette Becker nachlesen. Dort werden das Judentum, das Christentum und der Islam anschaulich und in verständlicher Sprache vorgestellt.*

*Kuppel einer Moschee*

## *Der Koran*

Der Koran ist das Heilige Buch der Muslime. »Koran« heißt übersetzt: Buch der Lesungen. Mohammed diktierte den Koran seinen Schreibern in den Jahren 610 bis 632. Mohammed ist aber nicht der Verfasser des Koran: Allah offenbarte ihm jedes Wort, und zwar in arabischer Sprache, damit Mohammeds Landsleute die Worte Allahs verstehen konnten. Etwa 20 Jahre nach Mohammeds Tod wurde die endgültige Fassung des Korans festgelegt. Vorher verglich man die abgeschriebenen Texte, damit kein einziges Wort verloren gehen konnte und damit alle Abschriften übereinstimmten. So gibt es heute für 600 Millionen Muslime auf der Welt nur eine, die richtige Fassung des Koran.
Der Koran spricht von der Allmacht Allah's und von der Erschaffung der Welt durch Allah; und er erzählt von Noah, Mose, Abraham und Jesus. Die Offenbarungen Allahs wollen die Gläubigen insbesondere auf den Tag des Jüngsten Gerichts vorbereiten. Der Koran teilt den Gläubigen mit, wie sie im Einklang mit dem Willen Allah's leben sollen. Wer so lebt, kann hoffen, durch Allah's Barmherzigkeit in das Paradies zu gelangen. Das Paradies aber ist ein Geschenk Allah's, das man nicht durch ein noch so vorbildliches Leben selbst erreichen kann.
Der Koran ist in 114 Abschnitte unterteilt, die Suren.
Sie sind – mit Ausnahme der ersten – nach abnehmender Länge geordnet.

*Wodurch unterscheiden sich Koran und Bibel voneinander? Wie offenbarte Gott den Christen seinen Willen?*

*Koranexemplar aus dem 8. Jahrhundert*

## *In Medina*

Nach der geglückten Flucht aus Mekka wird Mohammed mit seinen Anhängern in Medina erwartungsvoll empfangen.
Immer wieder hielten ihn die Vertreter der verschiedenen Sippen an und baten ihn, bei ihnen zu bleiben, ihren Besitz mit ihnen zu teilen und ihren Schutz zu genießen, doch er forderte sie jedes Mal auf, seinem Kamel den Weg freizugeben, da es unter Gottes Befehl stehe. So zog das Tier von einem Gehöft zum anderen, bis es zu den Mâlik vom Stamm *Naddschâr* kam und dort beim Tor der Moschee niederkniete, damals noch ein Platz zum Trocknen der Datteln, der zwei Waisen des Stammes gehörte, die unter dem Schutz des Mu'âdh ibn Afrâ standen. Da der Prophet nicht abstieg, erhob sich das Kamel wieder und schritt ein Stück weiter, wobei ihm der Prophet den Zügel frei ließ und es nicht leitete. Es drehte jedoch wieder um, kehrte an die erste Stelle zurück, kniete erneut nieder, blieb erschöpft liegen und legte seinen Hals auf die Erde. Der Prophet stieg ab, Abu Ajjûb trug das Gepäck in sein Haus, und der Prophet bezog bei ihm Quartier. »Wem gehört dieser Dattelplatz?« fragte er dann den Mu'âdh und dieser antwortete ihm:
»Zwei Waisen, die unter meinem Schutz stehen. Ich werde sie zu ihrer Zufriedenheit dafür entschädigen, so daß du ihn als Moschee nehmen kannst.«
Der Prophet befahl, dort eine Moschee zu errichten, und blieb so lange bei Abu Ajjûb wohnen, bis die Moschee und seine Wohnräume fertiggestellt waren. Er selbst nahm an den Bauarbeiten teil, um die Muslime dafür zu begeistern, und sowohl die Auswanderer aus Mekka als auch die Helfer aus Medina arbeiteten unermüdlich. Einer von ihnen reimte:
Wenn wir uns setzen, während der Prophet sich müht, dann sagt man, daß vor uns die Arbeit flieht.

*Ibn Ishaq*

## *Die Moschee*

Die Moschee ist das Haus der Versammlung und des Gebetes. Auf arabisch heißt Moschee: Ort, an dem man sich niederwirft. Ursprünglich wurden die Moscheen dem Haus Mohammeds nachgebaut. Dort versammelten sich die Gläubigen, dort blieben Obdachlose über Nacht, dort beteten alle mit dem Propheten.
Moscheen sind in vielen Ländern auf der ganzen Welt zu finden. Manche sind alte, herrliche Bauwerke, manche sind in irgendeinem Haus untergebracht. In Berlin zum Beispiel ist die Moschee der türkischen Moslems inmitten einer Reihe von Geschäftshäusern zu finden.
Die Moschee besteht aus einem großen, rechteckigen Saal mit seitlichen Säulenhallen. An allen Seiten sind Eingänge. Die Wand, die nach Mekka gerichtet ist, heißt die Qibla. Dort befindet sich eine Nische, die Mihrab, die die Richtung nach Mekka angibt. Auf dieser Seite ist der Gebetssaal, so daß die Gläubigen die Mihrab sehen und sich nach Mekka wenden, wenn sie sie anschauen.
Vor den Moscheen befindet sich oft ein Brunnen oder ein Wasserbecken, das den Gläubigen die vorgeschriebenen Waschungen ermöglicht. Neben den Moscheen stehen hohe Türme, die Minarette. Der Muezzin, der Gemeindebeamte, steigt fünfmal am Tag auf das mit kleinen Balkonen versehene Minarett und ruft viermal in alle Richtungen: »Ich bezeuge, daß es keinen Gott gibt, außer Allah! Kommt her zum Gebet! Allah ist groß, es gibt keinen anderen

Gott außer Allah!« In der Moschee gibt es keinen Stuhl, keine Bank. Der Raum ist oft mit sehr schönen Teppichen ausgelegt.
Für die Freitagspredigt gibt es einen Mimbar, eine erhöhte Kanzel mit einer kleinen Treppe. Der Imam, der Vorbeter, steigt die Stufen zum Mimbar hinauf, um von dort zu den Gläubigen zu sprechen. Es gibt keine Bilder, keine Statuen, nur die schöne arabische Schrift, Verse des Korans und Verzierungen schmücken die Wände. Diese sind oft in den schönsten Farben gemalt, in den Stein gehauen, in Holz geschnitzt oder in Silber gegossen. Die Moschee ist keine Kirche. Sie ist ein Ort, an dem Moslems zusammenkommen, um freitags zu beten oder um sich zu versammeln. Die Moschee ist nicht nur zum Gottesdienst geöffnet. Die Moslems besuchen die Moschee, um den Koran zu studieren, um nachzusinnen, um alleine zu beten. Früher wurde die Moschee auch als Gerichtshof benutzt, da das islamische Recht Allahs Recht ist und Gesetz und Religion eng miteinander verbunden sind. In der Moschee kann auch unterrichtet werden, wie zum Beispiel in Berlin. Dorthin kommen die türkischen Kinder, um arabisch lesen zu lernen und den Koran zu lesen und zu verstehen.

*Antoinette Becker*

*Pult für Koranleser*

*Notiere, was eine Moschee und eine Kirche gemeinsam haben und worin sie sich unterscheiden. Reserviere in deinem Heft eine Seite für Begriffserklärungen, z. B. Moschee: Ort, an dem man sich niederwirft; Versammlungshaus. - Mihrab: ...*

## Sawm (Das Fasten)

*»Haltet streng das Fasten bis zur Nacht«*

Es war im Monat Ramadan, als der Engel Allah's Mohammed im Traum erschien und ihn zum Propheten bestimmte. Zur Erinnerung an die Erscheinung des Engels und die Worte Allah's fasten die Muslime im Monat Ramadan:

*»O ihr, die ihr glaubt, vorgeschrieben ist auch das Fasten, wie es den Früheren vorgeschrieben wurde; vielleicht werdet ihr gottesfürchtig sein. Gezählte Tage! Wenn aber einer unter euch krank ist oder auf Reisen, (der faste die gleiche) Anzahl von andern Tagen; und sie, die es vermöchten (und nicht fasten), sollen zur Sühne einen Armen speisen. Und wer aus freien Stükken Gutes tut, dem soll Gutes werden; und daß ihr fastet, ist euch gut, wenn ihr es begreift. Der Monat Ramadan, in welchem der Koran herabgesandt wurde als eine Leitung für die Menschen und als Zeugnis der Leitung und Unterscheidung – wer von euch den Mond sieht, der beginne das Fasten in ihm. Erlaubt ist euch, zur Nacht des Fastens eure Weiber heimzusuchen. Und esset und trinket, bis ihr einen weißen Faden von einem schwarzen Faden in der Morgenröte unterscheidet. Alsdann haltet streng das Fasten bis zur Nacht.«* *Sure 2,183ff.*

Der Monat Ramadan richtet sich nach dem Mondkalender, so daß der Fastenmonat im Lauf der Zeit durch das ganze Sonnenjahr wandert und nacheinander in die unterschiedlichen Jahreszeiten fällt. Mit 12 Jahren fängt ein Muslim an zu fasten: Er beginnt mit einem Fastentag, dann folgen zwei, dann zehn; mit fünfzehn Jahren fastet er wie ein Erwachsener den ganzen Monat.

Das Fasten ist auch ein Dank an Allah dafür, daß er das ganze Jahr über genug Nahrung schenkt. In der Zeit des Fastens versuchen die Gläubigen, Allah gegenüber unbedingt gehorsam zu sein und seinen Willen über alle menschlichen Bedürfnisse und Neigungen zu stellen.

Ist der Monat Ramadan zu Ende, wird in der islamischen Welt ein großes Fest gefeiert: »Idu l Fitr«, das Fest des Fastenbrechens oder auf türkisch »Ramazan Bairam«. Das Bairamfest ist ein Familienfest: Mit Verwandten und Freunden wird zusammen gegessen und getrunken, die Kinder werden beschenkt, den Mitmenschen wird etwas Gutes getan.

*Wann dürfen die Muslime im Fastenmonat essen und trinken?*
*Nenne Gründe für das Fasten in unserer Gesellschaft. Warum fasten Muslime?*
*Gibt es auch im Christentum Fastenzeiten?*
*Erkundigt euch ausführlicher über das Bairamfest: Manches ist mit unserem Weihnachtsfest zu vergleichen, vieles ist aber auch ganz anders.*

## Zakat (Die Abgabe für die Armen)

*»Spendet von dem Guten, das ihr erwarbt« (Sure 2,273)*

Zur Zeit Mohammeds mußten die Menschen keine anderen Abgaben leisten als die Zakatsteuer. Sie war kein Almosen, sondern eine allgemeine Pflicht, an die notfalls mit Gewalt erinnert wurde. Mohammed wollte die Wichtigkeit dieser Zahlungen betonen und erklärte sie zu einer der fünf religiösen Pflichten – gleichrangig neben Shahada, Ssalat, Sawm und Hadschdsch.

*»Die Frömmigkeit besteht nicht darin, daß ihr eure Angesichter nach Westen oder Osten wendet; vielmehr ist fromm,*

*wer da glaubt an den einen Gott, den Jüngsten Tag, die Engel, die Schrift (=den Koran) und die Propheten, und wer sein Geld aus Liebe zu Gott ausgibt für seine Angehörigen, die Waisen, die Armen, den Pilger und die Bettler und für den Loskauf von Gefangenen;*
*und fromm ist, wer das Gebet verrichtet und die Armensteuer zahlt sowie diejenigen, welche ihre Versprechen halten, wenn sie eins gegeben haben, und standhaft sind im Unglück, Not und Drangsalszeit: Sie alle sind es, die redlich sind, und sie alle sind die wirklich Gottesfürchtigen.«*

*Sure 2,177*

*Worin besteht für den Islam die wahre Frömmigkeit?*
*Die Armensteuer wird jährlich erhoben; ihre Höhe ist im Koran nicht einheitlich und nicht endgültig festgelegt: Sie beläuft sich auf mindestens 2,5% des Barvermögens und auf bis zu 10% anderer Erlöse.*
*Wofür soll die Armensteuer verwendet werden?*
*Wie nehmen sich Christen der Armen an?*

*Öllampe im Innern einer Moschee*

## Die Eroberung Mekkas

**Hadsch (Pilgerfahrt)**

Mohammed und seine Anhänger konnten von Medina aus zahlreiche Stämme für den Glauben an Allah gewinnen: Manche auf friedlichem Wege, andere mit Waffengewalt. Alle erkannten Mohammed als Propheten an und waren bereit, ihn bei seinem wichtigen Ziel zu unterstützen: der Eroberung Mekkas, der Stadt, die die Kaaba beheimatete.
Als Mohammed im Jahr 630 gegen Mekka vorrückte, war seine Macht schon so groß, daß die Mekkaner ihm keinen nennenswerten Widerstand mehr entgegensetzen konnten. Nach der Einnahme der Stadt erklärte Mohammed Mekka zur heiligen Stadt, zum Zentrum des Islam. Der Glaube an Allah hatte über den Unglauben der Mekkaner gesiegt. Den folgenden Siegeszug des Islam um die halbe damals bekannte Welt erlebte der Prophet nicht mehr; er starb im Jahr 632.

*Welche Gründe könnte Mohammed für die Eroberung Mekkas angeführt haben?*

## »Und der Menschen Pflicht gegen Allah ist die Pilgerfahrt«

Einmal im Leben sollte jeder Muslim zum Heiligtum nach Mekka pilgern, so wie es der Koran fordert:

*»Siehe, das erste (Gottes-)Haus gegründet für die Menschen, wahrlich, das war das in Mekka – ein gesegnetes und eine Leitung für alle Welt. In ihm sind deutliche Zeichen – die Stätte Abrahams. Und wer es betritt, ist sicher. Und der Menschen Pflicht gegen Allah ist die Pilgerfahrt zum Hause, wer da den Weg zu ihm machen kann. Wer aber ungläubig ist – siehe, Allah ist reich ohne alle Welt.*

*Sure 3,96ff.*

Die Pilgerfahrt findet jedes Jahr im 12. Monat des Mondjahres, im Monat Dhul-Hidschah, statt. »Hadschdsch« bedeutet, sich auf einmal zu Gott hinzuwenden und sich anzustrengen, das »Ich« zu beherrschen.
Unvergeßlich bleibt jedem Teilnehmer die Kaaba, die er siebenmal umschreitet.

Die Zahl 7 bedeutet vollständige Hingabe. Der Pilger küßt wie einst Mohammed den schwarzen Stein und empfängt so gleichsam den Bruderkuß des Propheten. Und er wird das Gefühl nicht vergessen, zu der weltweiten islamischen Gemeinschaft zu gehören: 2 Millionen Muslime nehmen jedes Jahr die Mühen einer Hadschdsch auf sich, beten gemeinsam und lesen im Koran und feiern zum Schluß der Pilgerfahrt ein großes Fest: »Kurban Bairam« ist ein Opferfest, bei dem zur Erinnerung an Abraham, der als Ersatz für die Tötung seines Sohnes ein Tier opferte, ein Hammel geschlachtet und gegessen wird. Das Opfer ist ein Zeichen dafür, daß die Muslime ihr Gut und Leben im absoluten Gehorsam für die Sache Allahs hinzugeben bereit sind. »Kurban Bairam« ist der höchste Feiertag im Islam, an dem alle Muslime gemeinsam ein Festgebet sprechen und sich so mit den Teilnehmern an den Pilgerfahrt zu einer weltumfassenden Einheit zusammenschließen.

*Pilger auf dem Weg nach Mekka*

***»Christus Jesus ist nur der Gesandte Gottes«***

*Aber sie haben (Christus Jesus) nicht getötet und nicht gekreuzigt. Vielmehr erschien ihnen (ein anderer) ähnlich (so daß sie ihn mit Jesus verwechselten und töteten). Nein, Gott hat ihn zu sich (in den Himmel) erhoben. Gott ist mächtig und weise.*

*Sure 4,157f.*

*Ihr Leute der Schrift! Treibt es in eurer Religion nicht zu weit und sagt gegen Gott nichts aus, als die Wahrheit! Christus Jesus, der Sohn der Maria, ist nur der Gesandte Gottes und sein Wort, das er der Maria entboten hat, und Geist von ihm. Darum glaubt an Gott und seine Gesandten und sagt nicht (von Gott, daß er in einem) drei (sei)! Hört auf (so etwas zu sagen)! Das ist besser für euch. Gott ist nur ein einziger Gott. Gepriesen sei er! (Er ist darüber erhaben) ein Kind zu haben. Ihm gehört (vielmehr alles), was im Himmel und auf der Erde ist. Und Gott genügt als Sachwalter. Christus wird es nicht verschmähen, ein (bloßer) Diener Gottes zu sein, auch nicht die (Gott) nahestehenden Engel.*

*Sure 4,171f.*

*Maurischer Bogen – Symbol des Glaubens*

***F**aßt mit eigenen Worten zusammen, was im Koran über Jesus gesagt wird.*
*Was wird demgegenüber in der Bibel über Jesus gesagt? Lies im Neuen Testament insbesondere 1. Korinther 15,1-5 und Makkabäer 1,9-11; vergleiche auch das Kapitel in diesem Buch über Jesus Christus.*
*Vergleiche Mohammed und Jesus Christus miteinander: Worin unterscheiden sie sich in ihrer jeweiligen Bedeutung für den Islam bzw. für das Christentum voneinander?*
*Was verbindet, was trennt Islam und Christentum? Lies die »Ringparabel« von Lessing im Missionskapitel: Kann sie Anstoß zu einem Gespräch zwischen beiden Religion sein?*
*Bittet einen gläubigen Muslim zu euch, und befragt ihn über den Islam. Sammelt vorher die Fragen, die euch wichtig sind.*

## *»Ein Mädchen ist genausoviel wert wie ein Junge ...«*

Als ich Günal kennenlernte, war sie erstaunt, einer Deutschen zu begegnen, die Interesse an ihrer Religion, dem Islam, zeigte, ohne dabei gleich eine abwertende Haltung einzunehmen. »Meistens stoße ich bei Deutschen auf Ablehnung«, erklärte sie mir, »dabei unterscheide ich mich äußerlich doch gar nicht so sehr von ihnen. Ich trage kein Kopftuch wie meine Freundin Jasemin und spreche gut deutsch. Ich glaube, das ist, weil ich Türkin bin. In Deutschland Türkin zu sein, ist wirklich nicht leicht!«
Günal ist 16 Jahre alt, lebt seit zehn Jahren in der Bundesrepublik, besucht noch die Schule und will später gern Lehrerin werden. Meine Frage, ob sie in der Bundesrepublik bleiben möchte, verneint sie entschieden. Ihre Zukunft stellt sie sich im Heimatland vor, um dort gegen das immer noch in breitem Ausmaß existierende Analphabetentum anzukämpfen.

Zu Hause sprechen sie nur türkisch, da ihr Vater sehr darauf achtet, daß die Verbindung zum Heimatland nicht abreißt. Für Günals Mutter, die nicht berufstätig ist, ist das schlecht, da sie so die deutsche Sprache nicht erlernen konnte und sehr auf die Hilfe ihrer Töchter angeweisen ist.
»Was soll ich dir von unserer Religion erzählen?« antwortet sie auf meine Frage. »Siehst du auf unser Leben, dann verstehst du unsere Religion. Unsere Religion ist Leben. Ich sage dir den Unterschied zu euch an einem Beispiel. Ich habe erlebt, daß deutsche Kinder erst in den Religionsunterricht gingen und hinterher in der Pause mit einem Stück Brot Fußball spielen. Und nichts ist passiert; keiner hat geschimpft. Das kann ich mir bei uns nicht vorstellen. Nicht bei den religiösen Familien. Einstellung und Verhalten sollen übereinstimmen. Das ist für Muslime vielleicht einfacher, weil im Koran gesagt wird, was wir tun müssen. Wir haben ganz viele feste Verhaltensvorschriften.
Bei den Deutschen ist das oft anders und für uns schwer zu verstehen. Ich kenne nicht nur den Koran, ich kenne auch vieles von der Bibel, denn man

muß soviel wie möglich wissen, das sagt schon der Koran. Und in der Bibel steht, soviel ich weiß, man soll zu den anderen Menschen gastfreundlich sein.

Heiraten will Günal auch, wie fast alle türkischen Mädchen, aber erst will sie ihre Ausbildung beenden. Und auch für sie ist es selbstverständlich, daß der zukünftige Ehemann von den Eltern ausgesucht wird. »Wieso denn nicht? Meine Eltern kennen mich genau. Und sie haben mehr Erfahrungen mit dem Leben. Sie wissen, wie ein Mann sein muß, damit er zu mir paßt. Warum soll ich ihnen nicht vertrauen?«
Auf meine Frage, ob es nicht möglich sei, daß sie sich in einen Jungen verliebe, ohne daß dieser vorher von ihren Eltern als zukünftiger Ehemann ausgesucht worden sei, reagiert Günal nachdenklich. »Weißt du, bei uns ist das anders als bei den deutschen Mädchen. Wir kommen nicht soviel mit den Jungen zusammen. Wir können nicht einfach so einen Freund haben und dann nach ein paar Wochen vielleicht noch einen anderen. Aber ich kann mir vorstellen, falls ich mal einen Jungen kennenlerne, den ich mag und meine Eltern finden, daß er zu mir paßt, daß ich ihn auch heiraten darf.«
Ob sie sich vorstellen kann, daß dies vielleicht ein deutscher Junge sein könnte? »Überleg mal, wenn meine Familie zurück in die Türkei geht. Welcher deutsche Ehemann würde dann sagen, ist gut, Günal, gehen wir mit deiner Familie in die Türkei. Er kann die Sprache nicht, und er bekommt keine Arbeit dort. Er würde nie mitkommen. Dann müßte ich bei meinem Ehemann in Deutschland bleiben. Aber ich liebe mein Land, und mein Vater hat uns versprochen, wenn meine Schwester und ich mit der Ausbildung fertig sind, dann gehen wir zurück in die Türkei.«
Ich habe den Eindruck, daß Günal mehr Möglichkeiten und Freiheiten hat, ihr Leben zu gestalten als viele andere Mädchen aus der Türkei. »Ja sicher, nimm doch Jasemin. Sie darf überhaupt nichts. Sie darf nicht mit zum Schwimmen. Sie darf nicht mit zum Turnen. Sie darf keine Ausflüge mitmachen. Sie muß nach der Schule gleich nach Hause, und dann darf sie nicht mehr raus. Sie macht den ganzen Haushalt, weil die Mutter erst abends nach Hause kommt. Vor allem, ihre Brüder können ihr befehlen, was sie wollen. Das finde ich unmöglich, aber das ist bei vielen türkischen Familien noch so, da sind die Brüder wichtiger und können alles bestimmen. Mein Vater hat gesagt, wenn wir Brüder hätten, dann wäre das nicht so, denn ein Mädchen sei genausoviel wert wie ein Junge. Etwas anderes steht auch nicht im Koran. Und das finde ich auch richtig, aber das müssen viele Türken noch lernen.«

*Christine Huth-Hildebrandt*

*Auf welche Schwierigkeiten stoßen Muslime in Deutschland? Versuche nachzuvollziehen, wie ein eher traditionell denkender und handelnder Muslim zu einer moderneren Glaubens- und Lebensauffassung finden kann.*
*Auf welche Schwierigkeiten wird Günal bei einer Rückkehr in ihr Heimatland stoßen?*
*Erstellt eine Collage zum Thema: So leben Muslime, so leben Christen in Deutschland.*
*Ladet jugendliche Muslime ein, und sprecht mit ihnen über ihren und euren Glauben. Bereitet mit ihnen zusammen ein »Verständigungsfest« vor. Klärt vorher eure unterschiedlichen Erwartungen ab, und sprecht über das Essen und Trinken, Tanzen und Spielen, damit es hinterher nicht zu Mißverständnissen kommen kann.*

# Es gibt keinen Weg zum Frieden – der Frieden ist der Weg

*Pablo Picasso, Der Krieg*

*Pablo Picasso, Der Friede*

## *Soll ich meines Bruders Hüter sein?*

Seit Urzeiten sehnen sich die Menschen nach Frieden, nach Frieden mit sich selbst, mit der Natur, mit Gott.
In einer etwa 2500 Jahre alten Geschichte wurden all diese Erfahrungen zusammengefaßt und immer wieder neu erzählt, bis heute:

Es begab sich aber nach etlicher Zeit, daß Kain dem Herrn Opfer brachte von den Früchten des Feldes.
Und auch Abel brachte von den Erstlingen seiner Herde und von ihrem Fett.
Und der Herr sah gnädig an Abel und sein Opfer, aber Kain und sein Opfer sah er nicht gnädig an. Da ergrimmte Kain sehr und senkte finster seinen Blick.
Da sprach der Herr zu Kain: Warum ergrimmst du? Und warum senkst du deinen Blick?
Ist's nicht also? Wenn du fromm bist, so kannst du frei den Blick erheben. Bist du aber nicht fromm, so lauert die Sünde vor der Tür, und nach dir hat sie Verlangen; du aber herrsche über sie.
Da sprach Kain zu seinem Bruder Abel: Laß uns aufs Feld gehen! Und es begab sich, als sie auf dem Felde waren, erhob sich Kain wider seinen Bruder Abel und schlug ihn tot.
Da sprach der Herr zu Kain: Wo ist dein Bruder Abel? Er sprach: Ich weiß nicht; soll ich meines Bruders Hüter sein?
Er aber sprach: Was hast du getan? Die Stimme des Blutes deines Bruders schreit zu mir von der Erde.
Und nun: Verflucht seist du auf der Erde, die ihr Maul hat aufgetan und deines Bruders Blut von deinen Händen empfangen.
Wenn du den Acker bebauen willst, soll er dir hinfort seinen Ertrag nicht geben. Unstet und flüchtig sollst du sein auf Erden.
Kain aber sprach zu dem Herrn: Meine Strafe ist zu schwer, als daß ich sie tragen könnte.
Siehe, du treibst mich heute vom Acker, und ich muß mich vor deinem Angesicht verbergen und muß unstet und flüchtig sein auf Erden. So wird mir's gehen, daß mich totschlägt, wer mich findet.
Aber der Herr sprach zu ihm: Nein, sondern wer Kain totschlägt, das soll siebenfältig gerächt werden. Und der Herr machte ein Zeichen an Kain, daß ihn niemand erschlüge, der ihn fände.
So ging Kain hinweg von dem Angesicht des Herrn und wohnte im Lande Nod, jenseits von Eden, gegen Osten.

*1. Mose 4, 3–16*

*Welche Erfahrungen, die auch heute noch jeder machen kann, werden angesprochen?*
*Macht euch Gedanken über die Frage: Warum er und nicht ich?*
*Diese Geschichte erzählt in einem Bild, wodurch Zorn, Haß und Neid ausgelöst werden können. Wodurch werden bei dir solche Gefühle ausgelöst?*
*Kain bäumt sich gegen seine Strafe auf. Was empfindest du dabei?*
*Suche die Textstelle, die Hoffnung gibt!*

## *Bin ich mein Bruder?*

Ich bin
Kain
der Bruder
und Abel

Ich bin
der Kessel
das Kochen
und die Glut

Ich bin
die Faust
das Opfer
und der Schlag

Ich bin
der Haß
die Lüge
und der Schmerz

Ich bin
Abel
der Bruder
und Kain
Ich lebe

*Gerd Wiesner*

Wollen habe ich wohl, aber das Gute vollbringen kann ich nicht. Denn das Gute, das ich will, das tue ich nicht; sondern das Böse, das ich nicht will, das tue ich.

*Römer 7,18 und 19*

*Die Bilder stellen ein und denselben Menschen dar. Sucht einen Titel! Bedenkt die Texte und die Bildfolge auf dieser Seite im Blick auf die Geschichte von Kain und Abel. Denke für dich darüber nach, ist die Kainsgeschichte auch deine?*

**Wenn Menschen über Menschen herrschen**

Als freie Männer und Frauen aus der Wüste kamen die Israeliten um die Jahre 1100–1000 v. Chr. ins Land Kanaan. Keiner herrschte über sie, niemandem waren sie untertan. Mit der Seßhaftwerdung jedoch kamen die Auseinandersetzungen und Kämpfe um die Frage: Brauchen wir einen König?
Der erste, der sich – letztlich erfolglos – zum König machen wollte, war Abimelech. Er ließ alle 70 männlichen Mitglieder seiner Sippe umbringen, nur sein jüngster Bruder Jotam entkam. Auf einer Volksversammlung auf dem Berg Garizim ließ sich Abimelech zum König ausrufen.

»Jotam, dem man das berichtet hatte, stieg auf den Gipfel des Berges Garizim und rief zu ihnen hinunter: »Hört mich an, ihr von Sichem – wenn ihr wollt, daß Gott euch hört! Einst kamen die Bäume zusammen, um sich einen König zu wählen. Sie sagten zum Ölbaum: ›Sei du unser König!‹ Aber der Ölbaum erwiderte: ›Soll ich vielleicht aufhören, kostbares Öl zu spenden, mit dem man Götter und Menschen ehrt? Soll ich über den Bäumen thronen?‹ Da sagten die Bäume zum Feigenbaum: ›Sei du es!‹ Doch der Feigenbaum erwiderte: ›Soll ich vielleicht aufhören, süße Feigen zu tragen? Soll ich über den Bäumen thronen?‹ Da sagten sie zum Weinstock: ›Sei du es!‹ Doch der erwiderte: ›Soll ich aufhören, Wein zu spenden, der Götter und Menschen erfreut? Soll ich über den Bäumen thronen?‹ Schließlich sagten sie zum Dornenstrauch: ›Sei du unser König!‹ Und der Dornstrauch erwiderte: ›Wenn ihr mich wirklich zu eurem König machen wollt, dann bückt euch und sucht Schutz unter meinem Schatten! Sonst wird Feuer von meinen Dornen ausgehen, das sogar die Zedern des Libanons verbrennt!‹
Als Jotam zu Ende gesprochen hatte, floh er vor seinem Bruder Abimelech.«

*Richter 9,7–15*

***Hat die Fabel nach 3000 Jahren an Aktualität eingebüßt? Deute sie!***

(Foto: Hainz Bretz, München)

Wer andere böswillig bedroht, muß davon abgehalten, und wenn das nichts nützt, bestraft werden. Der älteste Versuch dazu ist die Blutrache, wie sie auch heute noch in einigen Gesellschaften praktiziert wird.
In den alten biblischen Überlieferungen kann man diese Regel ebenfalls finden, so in Vers 15 der Geschichte von Kain und Abel.

»Und Lamech (ein Nachkomme Kains) sprach zu seinen Frauen: Ada und Zilla, höret meine Rede, ihr Weiber Lamechs, merkt auf, was ich sage: Einen Mann erschlug ich für meine Wunde und einen Jüngling für meine Beule. Kain soll siebenmal gerächt werden, aber Lamech siebenundsiebzigmal.« *1. Mose 4,23–24*

*Hat diese Art der Abschreckung und Strafe Verbrechen verhindert?*
*Diskutiert Absicht und Wirkung von Abschreckung!*
*Stellt euch vor: Das Leben in Harmonie ist wie eine Waage, deren Waagebalken im Gleichgewicht sind. Nun wird einer an einem anderen schuldig, sein Waagebalken senkt sich. Der andere will nun nach dem Gesetz der Blutrache ausgleichen, was legt er auf seine Schale? Welche Folgen sind abzusehen?*

**Wenn du mir – dann aber ...**

*Melodie I*

*Melodie II*

Es reißt die schwersten Mauern ein,
und sind wir schwach, und sind wir klein,
wir wollen wie das Wasser sein,
das weiche Wasser bricht den Stein.

Raketen stehn vor unsrer Tür,
die solln zu unserm Schutz hier sein.
Auf solchen Schutz verzichten wir;
das weiche Wasser bricht den Stein.

Die Rüstung sitzt am Tisch der Welt
und Kinder, die vor Hunger schrein,
für Waffen fließt das große Geld:
Doch weiches Wasser bricht den Stein.

Komm feiern wir ein Friedensfest
und zeigen, wie sich's leben läßt.
Mensch! Menschen können Menschen sein:
Das weiche Wasser bricht den Stein.

*Musik: trad./Hans Sanders*
*Text: D. Hildebrandt, H.-D. Hüsch, G. Wallraff, Lerryn*

**Gott spricht Würde zu**

Während der Gefangenschaft des Volkes Israel in Babylon 587–538 v. Chr. könnte ein Israelit so gedacht haben:
Weißt du, was das heißt, Sklave sein?
Sklave sein,
du tust, was andere sagen,
nicht was du willst,
du willst träumen,
aber träumen ist hier verboten,
du willst denken,
aber Denken ist hier verboten,
du denkst nur noch, was erlaubt ist.

In derselben Zeit wurde dem Volk aber auch gesagt:

»Und Gott sprach:
Lasset uns Menschen machen, ein Bild, das uns gleich sei, die da herrschen über die Fische im Meer und über die Vögel unter dem Himmel und über das Vieh und über alle Tiere des Feldes und über alles Gewürm, das auf Erden kriecht. Und Gott schuf den Menschen zu seinem Bilde, zum Bilde Gottes schuf er ihn; und schuf sie als Mann und Weib ...
Und Gott sah an, alles was er gemacht hatte, und siehe, es war sehr gut.«

*1. Mose 1,26,27,31*

»Du hast den Menschen wenig niedriger gemacht als Gott, mit Ehre und Herrlichkeit hast du ihn gekrönt.«

*Psalm 8,6*

*Denke über Situationen nach, in denen du ähnlich gefühlt hast!*
*Was bedeutet es für Rechtlose, gesagt zu bekommen: Du bist nach Gottes Bild gemacht?*
*Von wem hast du ein Bild? Wozu hast du ein Bild? Wie verhält sich das Bild zur abgebildeten Person?*
*Der Mensch ist nach Gottes Bild gemacht, welcher Auftrag erwächst ihm daraus?*
*Geht dazu die Aussagen des Textes durch.*
*Wie könnte der Sklave nach diesem Zuspruch reden?*
*Wie kannst du nach diesem Zuspruch reden?*
*Schreibe die Gedanken auf!*

## *Schalom – ein Weg*

Schalom
grüßt mich einer – ich höre:
Friede sei mit Dir
Du sollst leben
in Übereinstimmung
mit Dir und Deinen Freunden
in der Gemeinschaft
in guter Nachbarschaft.
Erfülltes Leben – ein Weg

Schalom
grüßt mich einer – ich höre:
Friede sei mit Dir
Du sollst leben
ohne Angst und Gefahr
ohne Behinderung
ohne Unterdrückung.
Erfülltes Leben – ein Weg

Schalom
grüßt mich einer – ich höre:
Friede sei mit Dir – ebenbildliches Antlitz –
ganz Mensch sollst Du sein
in Freude und Trauer
in den Wirren des Alltags
und da wo Streit ist.
Leben in Würde – ein Geschenk.

Schalom
grüßt mich einer – ich höre:
Friede sei mit Dir
heil sollst Du leben
in Wohlsein
in Gesundheit
in Ruhe und Muße.
Erfülltes Leben – ein Geschenk

*Hans Heller*

*Schalom wird gewöhnlich mit »Friede« übersetzt.*

*Tragt zusammen, was im Deutschen mit Friede gemeint ist, und vergleicht es mit der hebräischen Bedeutung.*
*Schalom ist Geschenk und Weg. Untersucht den Text: Was kann ich tun, was können andere tun, was kann nur Geschenk sein?*
*Gestalte eine Farbkomposition, die für dich Frieden ausdrückt.*

## Hevenu shalom

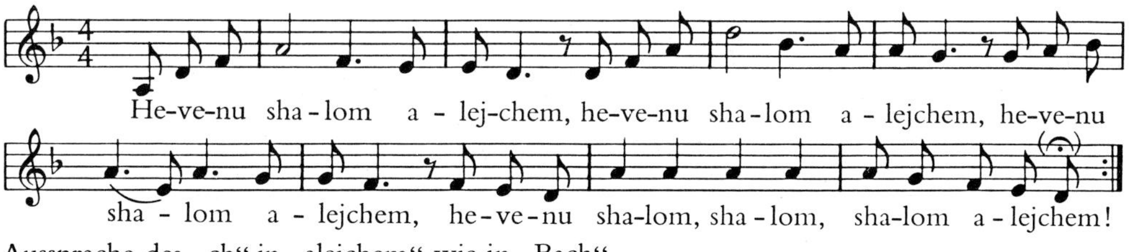


Aussprache des „ch“ in „alejchem“ wie in „Bach“
Worte und Weise aus Israel

*Die Übersetzung lautet:*
*Wir bringen Frieden euch allen ....*
*Wir bringen Frieden, Frieden, Frieden jedermann.*

## *Auf dem Weg zur Menschenwürde*

**Wie du mir, so ich dir (nicht)**

Die Blutrache als Abschreckung versagte, und Israel erinnerte sich der Gebote, die der Herr Ihnen gegeben hatte:
Du sollst Gott deinen Herrn lieben, und sei nicht rachsüchtig ... Du sollst deinen Nächsten lieben, wie Dich selbst.
Und vor allem: »Du sollst nicht töten!«
Und sie erinnerten sich der besonderen Würde, die Gott ihnen zugesprochen hatte. Wenn einer am anderen schuldig wird - und das ist unausweichlich - soll der Mensch würdig bleiben: menschenwürdig. Darum galt fortan auch nicht mehr das Gesetz der Blutrache. Ein neues Gesetz trat an seine Stelle:
Entsteht ein dauernder Schaden, so sollst du geben Leben um Leben, Auge um Auge, Zahn um Zahn, Hand um Hand, Fuß um Fuß, Brandmal um Brandmal, Beule um Beule, Wunde um Wunde.

*2. Mose 21,23-25*

*Über dieses Gesetz reden wir oft herablassend: Das ist doch die grausame alttestamentliche Vergeltungsregel »Wie du mir, so ich dir!« Stimmt das wirklich? Bedenke, daß es heißt »du sollst geben . . .« und daß es sich dabei um ein Bildwort handelt, das für alle Schuldsituationen gilt. Worin ist das Prinzip »Auge um Auge« der Blutrache überlegen?*
*Stellt Euch wieder die Waage vor: einer wird am andern schuldig. Kommt nach diesem Gesetz die Waage ins Gleichgewicht? Vergleiche mit dem Gesetz der Blutrache!*
*In unserer abendländischen Rechtsprechung gibt es den Begriff der Verhältnismäßigkeit der Mittel und der Strafe oder des »Maß für Maß«. Richtet sich auch unsere Rechtsprechung nach dem »Auge um Auge?«*

## *Protokoll eines Falls*

Anruf meiner Frau, nachmittags 14 Uhr auf der Dienststelle: Sofort nach Hause kommen!
Mein Sohn und seine beiden Freunde haben vier fernsteuerbare Modellautos aus einer Lagerhalle im Industriegebiet gestohlen. Gesamtwert: ca. DM 1500.
Herr S., Blumengroßhändler und Vater eines der Jungen, hat es entdeckt. Außer den drei betroffenen Familien weiß niemand etwas davon, ganz sicher ist es jedoch nicht.
Und der Bestohlene? Das bleibt ganz offen.
Abends Kriegsrat. Die drei Sünder reden ausführlich über die Sache. Sprechen von dem Reiz, dem die Angst folgte. Wollten die Sachen schon loswerden, wußten aber nicht, wie. Einfach wegwerfen wollten sie die Autos schon mal, aber zufällig begegnete ihnen Polizei - Panik! Sind froh, daß es endlich auf dem Tisch ist, aber was jetzt?
Eingestiegen seien sie durch ein zerbrochenes Fenster, das sei schon zerbrochen gewesen - wer das glaubt? Wir Eltern sprechen von Einbruch, auch das noch!
Beratung ohne die Jungen. Klar, das muß bereinigt werden, aber wie? Niemand kennt den Bestohlenen näher, aber ein komischer, unberechenbarer Mensch soll er sein. Können wir ihm gegenüber mit offenen Karten spielen? Das heißt doch auch, ihm das weitere Vorgehen zu überlassen und das Schicksal unserer Kinder auch.
Ratlosigkeit macht sich breit. Es zeigt

sich – ja, wir haben Angst. Frau K. wegen ihres Mannes (leitender Angestellter), wenn er zurück kommt, sie redet offen von Polizei. Herr S., weil er zwar ein gutsituierter Geschäftsmann ist, aber als Italiener Vorurteile fürchtet. Er ist eher fürs Verschwindenlassen. Meine Frau und ich, weil wir zwar für Ehrlichkeit sind (Man muß zu seinen Taten stehen!), aber kommunalpolitisch und kirchlich doch eine Stellung haben. Wir wollen die Jungen zwar vor Schaden bewahren, aber ihnen auch nicht die Verantwortung nehmen.
Wir werden immer wütender und hektischer. Was soll geschehen?

Wir rufen die drei Jungen hinzu, damit auch sie an einer Lösungsmöglichkeit mitarbeiten.

*Diskutiert mögliche Lösungen des Falls.*
*Schreibt sie auf, und entscheidet euch für eine.*
*Bedenkt dabei auch die Regeln der Blutrache und die neue Regel: ». . . dann sollst du geben«.*
*Wie kann die Würde aller Betroffenen gewahrt bleiben?*
*Stellt euch weitere Schuldsituationen nach dem Prinzip des freiwilligen Schuldausgleichs vor.*

## *Die Thora bedeutet Leben*

»Dein Wort ist meines Fußes Leuchte und ein Licht auf meinem Wege.«

*Psalm 119,105*

Was die Thora – das wunderbare Gottesgesetz – für die Israeliten bedeutete und für die Juden bis heute bedeutet, wird in einer Legende deutlich:

»An dem Tage, da der Ewige, gelobt sei Er, die Erlösung der Welt bringen wird, wird Er sich zum Volk Israel, das so heftig verfolgt wurde, mit den Worten wenden: ›Meine Kinder, wie konntet ihr so leiden, während ihr auf diesen Tag wartetet?‹ Und die Söhne Israels werden ihm antworten: ›Herr, der Du der Ewige aller Welten bist, wenn wir nicht Deine Thora hätten, wären wir gewiß inmitten der anderen Völker verloren gegangen.‹ «

*Lest nach: 3. Mose 19,13 und 19,33; 25,35 und 25,39. Dort stehen einige Gottesgesetze, die über 2500 Jahre alt sind. Überprüft, ob sie heute noch aktuell sind.*

*Der Text des Liedes geht auf eine Friedensvision aus den Jahren um 580 v. Chr. zurück. Lest Micha 4,1–5.*

## *Mir ist angst!*

*Text: F. K. Barth/ D. Trautwein*
*Melodie: Bread and puppet theatre*
*Rechte: Burckhardthaus-Laetare Verlag, Offenbach*

## *Du stellst meine Füße auf weiten Raum, Ps 31,9*

**Schalom – eine Zusage**

Denn der Herr sagt in unsere Bedrängnis: ›Alle Not wird vergessen sein, ich bereite ihr ein Ende. Alles mache ich jetzt neu: einen neuen Himmel schaffe ich, und eine neue Erde.
Freut euch und jubelt ohne Ende über das, was ich nun schaffe! Ich mache Jerusalem zur Stadt der Freude, und seine Bewohner erfülle ich mit Glück. Niemand wird mehr weinen und klagen. Es gibt keine Kinder mehr, die nur ein paar Tage leben, und keiner, der erwachsen ist, wird mitten aus dem Leben gerissen. Wenn einer mit hundert Jahren stirbt, wird man sagen: ›Er war noch so jung!‹ Selbst der Schwächste und Gebrechlichste wird ein so hohes Alter erreichen.
Sie werden sich Häuser bauen und auch darin wohnen können. Sie werden Weinberge pflanzen und selbst den Ertrag genießen. Sie sollen sich nicht lebendig mühen, nur damit andere den Gewinn davon haben. Alt wie Bäume sollen sie werden, die Menschen in meinem Volk, und den Lohn ihrer Arbeit selbst genießen!
Die Frauen gebären ihre Kinder nicht länger für eine Zukunft voller Schrekken. Sie sind mein Volk, ich segne sie: Noch ehe sie zu mir um Hilfe rufen, habe ich ihnen schon geholfen.
Wolf und Lamm werden dann gemeinsam weiden, der Löwe frißt Häcksel wie das Rind, und die Schlangen nähren sich vom Staub der Erde. Auf dem Zion, meinem heiligen Berg, wird keiner mehr Böses tun und Unheil stiften. Ich, der Herr, sage es.‹

*Jesaja 65,16–25 (gekürzt)*

*Der Psalm wurde vor 2500 Jahren in der Zeit der babylonischen Gefangenschaft geschrieben. Er verheißt die Umkehrung der alten Verhältnisse in einem zukünftigen Reich Gottes.*
*Wer wird die Umkehrung bewirken? Heißt das, daß wir die Hände in den Schoß legen können?*
*Untersucht die einzelnen Punkte, die neu werden! Wogegen richten sie sich konkret?*
*Deutet die Bildworte im letzten Absatz.*

## *Das Reich Gottes ist mitten unter euch.*

**Schalom – eine Aufforderung**

Etwa 500 Jahre später wurde Jesus von den Pharisäern gefragt: Wann kommt das Reich Gottes? Und er antwortete: Das Reich Gottes kommt nicht so, daß man's beobachten kann; man wird auch nicht sagen: Siehe, hier ist es! oder: Da ist es! Denn siehe, das Reich Gottes ist mitten unter euch.

*Lukas 17,10–21*

Und zu seinen Jüngern sagte er: Ihr seid das Salz der Erde, ihr seid das Licht der Welt.

*Matthäus 5,13f.*

*Wo ist das Reich Gottes nach Jesu Aussage zu finden? Vergleicht dies mit dem Text aus Jesaja 65,22f. Wer wirkt mit?*
*Die Worte vom Salz und vom Licht sagt Jesus zu denen, die die Frohe Botschaft für sich in Anspruch nehmen. Lest dazu den Text auf Seite 95 oben.*
*Was heißt das: sich verhalten wie Salz oder wie Licht? Deutet diese Bildworte im Zusammenhang mit den Vorstellungen vom Reich Gottes.*
*Welche Konsequenzen ergeben sich daraus für das tägliche Leben?*

Unter diesem Titel hat die Evangelische Kirche in Deutschland 1981 eine Denkschrift ausgearbeitet. Die Denkschrift will auch auf die Frage eine Antwort geben, was »Kirchen und Christen jetzt für den Frieden tun können«. Deshalb stellt sie kirchliche Gruppen vor, die sich jede auf einem anderen Weg für den Frieden engagieren.

*1. »Ohne Rüstung leben«*

Die Gruppe zieht aus der biblischen Friedensbotschaft den Schluß, jede Rüstung und jeden Waffendienst abzulehnen. Sie sammelt Unterschriften unter den Satz: »Ich bin bereit, ohne den Schutz militärischer Rüstung zu leben. Ich will in unserem Staat dafür eintreten, daß Frieden ohne Waffen politisch entwickelt wird.« Zur Begründung heißt es: »Angesichts einer drohenden militärischen Selbstvernichtung ist die Bereitschaft zum Verzicht auf kriegerische Gewalt der spezielle politische Beitrag der einzelnen Christen und der christlichen Kirchen.«

*2. »Frieden schaffen ohne Waffen«*

Unter diesem Motto rief die Aktion »Sühnezeichen/Friedensdienste« 1980 erstmalig zu einer bundesweiten Friedenswoche auf:

»Unfrieden bedroht andere und uns ständig in vielerlei Gestalt. Der Frieden, für den wir arbeiten, kommt nicht über Nacht. Frieden wächst in einem langjährigen Prozeß, wenn wir uns gemeinsam mit Beharrlichkeit, Liebe, Phantasie und kritischer Kleinarbeit engagieren. Rückschläge bleiben nicht aus. Unsere kleinen und großen Opfer sind Schritte auf dem Weg des Friedens.«

Neben den kleinen vielen Schritten, die jeder im privaten Bereich auf dem Weg zum Frieden tun kann, wollen die Gruppenmitglieder sich »für weitere kalkulierte einseitige Abrüstungsschritte einsetzen auf dem Weg zur Abschaffung aller Atomwaffen«.

*3. »Sicherung des Friedens«*

Gegen diese Auffassungen bildete sich der Arbeitskreis »Sicherung des Friedens«, der zur Unterzeichnung folgender Sätze aufruft:

»Jedes Staatswesen ist verpflichtet, nach Kräften das Leben seiner Bürger und deren grundlegende Menschenrechte zu schützen. Dieser Schutz ist nicht nur gegenüber kriminellen Handlungen im Inneren, sondern auch gegen auswärtige Mächte erforderlich, die mit äußerer Gewalt die Freiheit und die Menschenrechte gefährden. Die Erhaltung und Wiederherstellung des Friedens muß dabei der leitende Gesichtspunkt sein. Soweit dafür eine militärische Sicherung möglich ist, bejahe ich sie. Ich bejahe vor allem jede Bemühung um Abrüstung auf der Basis eines ausgewogenen Kräfteverhältnisses«.

*Wo setzen die Gruppen ihre Schwerpunkte?*

*Findet in eurer Gemeinde eine Friedenswoche statt?*
*Welche Friedensinitiativen arbeiten in eurer Gemeinde?*
*Wollt ihr nähere Informationen, wendet euch an euren Pfarrer.*

## *Ich aber sage euch ...*

Die »Bergpredigt« ist eine Zusammenfassung der Botschaft Jesu. Matthäus hat sie in seinem Evangelium in den Kapiteln 5 bis 7 zu einer einheitlichen Rede gestaltet: »Als er aber das Volk sah, ging er auf einen Berg und setzte sich; und seine Jünger traten zu ihm. Und er tat seinen Mund auf und lehrte sie.« (Matthäus 5,1 + 2)

### *Liebet eure Feinde!*

»Ihr habt gehört, daß gesagt ist (2. Mose 21,24): ›Auge um Auge, Zahn um Zahn.‹ Ich aber sage euch, daß ihr nicht widerstreben sollt dem Übel, sondern: wenn dich jemand auf deine rechte Backe schlägt, dem biete die andere auch dar. Und wenn jemand mit dir rechten will und dir deinen Rock nehmen, dem laß auch den Mantel. Und wenn dich jemand nötigt, eine Meile mitzugehen, so geh mit ihm zwei. Gib dem, der dich bittet, und wende dich nicht ab von dem, der etwas von dir borgen will.«

*Matthäus 5,38–42*

»Ihr habt gehört, daß gesagt ist (3. Mose 19,13): »Du sollst deinen Nächsten lieben« und deinen Feind hassen. Ich aber sage euch: Liebt eure Feinde und bittet für die, die euch verfolgen, damit ihr Kinder seid eures Vaters im Himmel. Denn er läßt seine Sonne aufgehen über Böse und Gute und läßt regnen über Gerechte und Ungerechte. Denn wenn ihr liebt, die euch lieben, was werdet ihr für Lohn haben? Tun nicht dasselbe auch die Zöllner? Und wenn ihr nur zu euren Brüdern freundlich seid, was tut ihr Besonderes? Tun nicht dasselbe auch die Heiden? Darum sollt ihr vollkommen sein, wie euer Vater im Himmel vollkommen ist.«

*Matthäus 5,43–48*

Die Bergpredigt schließt mit den Worten Jesu: »Jeder nun, der diese meine Worte hört und sie tut, ist einem klugen Manne zu vergleichen, der sein Haus auf den Felsen baut. Und jeder der diese meine Worte hört und sie nicht tut, ist einem törichten Manne zu vergleichen, der sein Haus auf den Sand baute.«

*Matthäus 7,24,26*

*Lies auch die »Feldrede« des Lukas, und vergleiche sie mit der Bergpredigt des Matthäus.*
*Viele der Forderungen Jesu erscheinen kaum erfüllbar. Überprüft sie daraufhin, inwieweit sie im täglichen Leben eingehalten werden können. Bedenkt die Folgen.*

## *»Klug wie die Schlangen, sanft wie die Tauben«*

*Ben:* Also, ich bin begeistert. Der Mann hat recht.
*Alexis:* Begeistert? Ich nicht. So geht das nicht, das sind doch Hirngespinste: Wer mir eine Ohrfeige gibt, dem soll ich auch noch die andere Backe hinhalten? Ich werde mich hüten und mich zum Gespött der Leute machen!
*Ben:* Hör doch zu, Alexis. Nur einen Moment. Du bist Grieche, du kennst zu wenig von unserer Lebensweise, sonst könntest du verstehen, was Jesus meint.
*Alexis:* Da gibt es nichts zu verstehen!
*Ben:* Doch, doch! Versuch mal, mir auf die rechte Backe zu schlagen. Na los, versuch es! – Siehst du, es geht nur mit dem Handrücken. Und jetzt hör zu: Wenn jemand einen Juden mit dem Handrücken ins Gesicht schlägt, dann ist das eine Kränkung, eine Beleidigung. Der Schlag muß nicht einmal weh tun.
*Alexis:* Um so schlimmer, wenn du ihm dann auch noch die linke Backe hinhältst.

*Ben:* Im Gegenteil, das ist eine Chance: Ich reagiere anders, als er erwartet und bringe ihn dadurch in Verlegenheit.
*Alexis:* Na gut, Jesus sagt aber auch: Widersteht dem Bösen nicht. Willst du dich denn lieber ohne Gegenwehr erschlagen lassen?
*Ben:* Moment. Jesus sagt: »Seid klug wie die Schlangen und sanft wie die Tauben.« Er meint: Strengt euer Gehirn an! Überlegt, wie ihr auf eine Herausforderung antwortet: Nicht immer nur mit Empörung und Wut. Wo führt das hin? Probiert es einmal anders: Mit einer Geste der Überraschung, wie auch immer das ausgehen mag. Nur so könnt ihr eine Ausweitung des Streites verhindern.
*Alexis:* Da mag ja was dran sein. Aber dann soll ich meinen Feind auch noch lieben?!
*Ben:* Das kann ich verstehen. Aber gerade das hat Jesus erklärt. Er meint das ganz praktisch: Zwingt dich jemand, eine Meile mit ihm zu gehen, dann geh zwei Meilen mit ihm.
*Alexis:* Was? Warum soll ich in dieser Hitze freiwillig mehr laufen als nötig?
*Ben:* Du nicht, aber die Römer können hier jeden Juden zwingen, eine Meile weit ihre Lasten zu tragen. Wenn ich freiwillig eine zweite Meile mit ihm gehe, was denkst du, wie verblüfft er ist. Vielleicht gelingt es mir sogar, ihn in ein Gespräch zu verwickeln.
*Alexis:* Das kann ich auch tun, ohne ihn zu lieben.
*Ben:* Ich glaube, so etwas Übermenschliches meint Jesus nicht. Ich glaube, ihm genügt es, wenn ich es schaffe, daß mein Feind nicht mehr mein Feind zu sein braucht.
*Alexis:* Den Feind lieben, hieße also, den Feind zu entfeinden?
*Ben:* Genau, und dazu mußt du dir etwas einfallen lassen, nach unserer alten Regel: »Alles, was ihr wollt, daß es euch die Menschen tun, das sollt auch ihr ihnen tun.«

*Versetzt euch in eine Situation, in der du jemandem auch noch die »linke Backe« hinhalten würdest. Was kann damit alles gemeint sein: die linke Backe hinhalten? Spiele die Möglichkeiten des Reagierens aller Beteiligten durch: Was geschieht, wenn du zurückschlägst? Was könnte geschehen, wenn du Jesu Worten folgst?*
*Was ist damit gemeint: jemanden »entfeinden«? Welche Formen der Entfeindung sind denkbar? Kann Entfeindung auch heißen, jemanden gewaltsam von Unrecht abzuhalten?*
*Mit Jesu neuem Gebot sind wir am Ende der Entwicklungen: Es ist das höchste Gebot. Charakterisiert die Entwicklung.*
*Versucht die Reihe zu ergänzen. Geht dies mit dem Bild von der Waage?*

*Thomas Lehnerer, Zeitform der Heiligen*

*Die Eltern des Jungen Ganesh kamen aus Amerika als Entwicklungshelfer nach Indien. Ganesh wurde in Indien geboren, wuchs dort auf und ging dort zur Schule. Nach dem Unfalltod der Eltern muß er nach Amerika zurückkehren. Hier nimmt ihn seine Tante wie ihren eigenen Sohn auf. Als das Haus seines Urgroßvaters einer Schnellstraße weichen soll, erinnert sich Ganesh daran, was er über gewaltlosen Widerstand in Indien lernte. Am Tage vor der befohlenen Räumung des Hauses finden sich Ganeshs Schulfreunde im Garten der Tante ein.*

»Los!« flüsterte Tom ihm zu. »Sprich zu ihnen!«
Diese Aufforderung seines Freundes wirkte auf Ganesh wie ein Kommando. Eine wahre Flut von Worten brach aus ihm hervor. Er hatte noch nie so rasch, so ernsthaft gesprochen. Er erklärte den anderen, daß morgen die Polizei kommen würde, um das Haus in Besitz zu nehmen – aber nur, weil die Regierung nie bedacht hatte, wieviel es den Menschen bedeutete, die hier wohnten. Sobald die zuständigen Behörden dies aber einmal erführen und begriffen, würden sie die Schnellstraße über eine andere Route führen. So einfach sei alles. Natürlich müsse man die Verantwortlichen zunächst von der Notwendigkeit dieser Maßnahme überzeugen; sie müßten die Kraft der reinen Wahrheit verstehen lernen. Eben darauf beruhe Saryagraha, genau das könne es bewirken. Sein Vater habe ihm erklärt, daß Saryagraha weit mehr sei als eine Form zivilen Ungehorsams, nämlich eine Methode, einem Gegner überzeugend klarzumachen, daß er sich im Unrecht befindet. Um Saryagraha bieten zu können, müsse man zunächst die Wahrheit, das Recht besitzen – in ihrem konkreten Fall offensichtlich das Haus. Man besetzt es und weigert sich, es zu verlassen, komme, was wolle. In diesem Stadium reagieren die Gegner – die Verantwortlichen der Behörden – zunächst überrascht und versuchen herauszubekommen, warum man sich trotz des Risikos einer Bestrafung so halsstarrig verhält: Was kann denn schon an einem alten Haus so wichtig sein? Warum setzen sich Menschen auf die Veranda und weigern sich, den Platz zu räumen? Vielleicht beginnt man erst jetzt, die getroffenen Entscheidungen zum Abbruch des Hauses ernsthaft zu überdenken – und auf eine neue Weise, nicht bloß in Hinblick auf bestehende Gesetze und Verordnungen, sondern in Hinblick auf das Leben der Menschen, denen ihre Heimat so viel bedeutet.
»Sie werden dich rausschmeißen!« rief ihm einer der Jungen entgegen.
Ganesh schüttelte den Kopf. »Dann kommen wir zurück. Durch unsere Entschlossenheit erringen wir ihre Achtung.«
»Es wird also ein Sit-in!« rief ein anderer. Wieder schüttelte Ganesh den Kopf.
»Nein, es wird um mehr gehen, als nur dazusitzen. Das wirst du schon sehen.«
»Inwiefern wird es um mehr gehen?«
»Das hängt vom Verhalten unserer Gegner ab«, sagte Ganesh.
»Bleiben wir über Nacht hier?«
»Nacht für Nacht.«
»Und wie lange?«
»Bis die Regierung sagt, das Haus könne stehenbleiben.«
»Dazu kommt es nie«, kommentierte eines der Mädchen halblaut.
»Wie sollten sie auch jetzt noch ihren Entschluß ändern?« fragte Lucy Smith.
»Ist denn die Routenführung nicht bereits festgelegt?«
»Diese Straße kann verlegt werden«, erklärte Ganesh unbeirrt.
Lucy blieb hartnäckig. »Woher willst du das wissen?«

»Weil sie bisher nur aus einer Reihe von Linien auf Bauplänen besteht.«
Ein Junge stand auf, klopfte die Erde vom Hosenboden seiner Jeans und sagte knapp: »Ich will mit dieser idiotischen Sache nichts zu tun haben!« Er drehte sich um und ging.
»Eine Frage«, rief ein anderer. »Wie bringen wir unseren Eltern bei, daß wir etwas Ungesetzliches vorhaben?«
In der tiefen Stille, die nun folgte, konnte man die sommerliche Brise in den Blättern rascheln hören – als sei sie ein zufälliger Zaungast, der sich seine eigene Gedanken macht. Alle, Ganesh nicht ausgenommen, erkannten, daß dies die Kernfrage war. Wenn er darauf keine Antwort fand, würde keiner morgen wiederkommen.
Tom Carrington lehnte sich vor und sagte, noch ehe Ganesh den Zuruf erwidert hatte: »Sagt euren Eltern, ihr müßt einem Freund helfen, dem man Unrecht antut. Sagt ihnen das und versucht, nicht zu kneifen.«
Wieder blieb es lange Zeit still. Dann rief jemand: »Helfen? Okay, aber wozu eigentlich? Nur damit er in diesem häßlichen alten Haus bleiben kann?«
»Es bedeutet ihm eine Menge«, argumentierte Tom. Und dann, als erkenne er selbst erst jetzt die ganze Wahrheit, fügte er hinzu: »Es bedeutet ihm sozusagen alles.«
»Ehrlich? Wieso?«
Diesmal gab Ganesh die Antwort. »Weil ich zu diesem Haus gehöre. Weil ich mein Leben lang nirgendwohin sonst wirklich gehört habe.« Er überlegte. »Und weil meine Tante nichts auf der Welt besitzt als dieses Haus.«
»Hat noch jemand eine Frage?« wollte Tom wissen. Er stand auf. »Wenn nicht, treffen wir einander morgen hier froh und munter wieder.«

*Malcolm J. Bosse*

*Der Textausschnitt ist dem Buch von Malcolm J. Bosse: »Ganesh oder eine neue Welt« entnommen (Benziger Verlag 1983), das 1983 mit dem Deutschen Jugendbuchpreis ausgezeichnet wurde.*
*Mahatma Gandhi kämpfte gewaltlos gegen die Kolonialmacht England, die Indien rund 100 Jahre die Unabhängigkeit verweigerte. 1930 protestierte Gandhi mit vielen Indern gegen das Salzgewinnungsmonopol der Engländer: Die Inder zogen in einem langen Marsch zur Küste, und Gandhi nahm in einer symbolischen Geste trotz Verbots von dem Salz, das seiner Meinung nach den Indern und nicht der Besatzungsmacht gehörte.*
*Informiere dich über das Leben Gandhis und seinen gewaltlosen Widerstand. Hat Ganesh von Gandhi gelernt?*
*Jesus sagt: Seid klug wie die Schlangen. Haben Gandhi und die Freunde mit ihrer Aktion Aussicht auf Erfolg?*

## *Krieg und Frieden*

Ein Kind
antwortet
auf die Frage,
was es gerade spiele:
»Ich spiele
Krieg.«
»Warum
spielst du nicht
Frieden?«
»Wie spielt man
Frieden?«

*Setzt euch in Gruppen zusammen und überlegt, wie man Frieden spielen könnte. Nehmt für jeden Buchstaben des Alphabetes eine Zeile eures Heftes. Notiert hinter jedem Buchstaben ein, zwei oder drei Wörter, die für Dinge oder Verhaltensweisen stehen, die euch ängstigen, aufregen, ärgern oder aggressiv machen: A = Angeben, ausgelacht werden – K = Klassenarbeiten, etwas kaputt machen ... Besprecht in der Klasse das »Alphabet des Unfriedens«. Setzt dem ein Alphabet des Friedens entgegen. In welchen Situationen kannst du dich, können andere sich so verhalten, daß der Frieden nicht gestört wird?*

*Ist die Bildgeschichte ein Beispiel dafür, wie man jemanden »entfeinden« kann? Schreibt zu jedem Bild einen Satz oder eine Überschrift auf.*
*Das letzte Bild dieser Geschichte ist hier weggelassen. Malt und schreibt die Bildgeschichte weiter, und sucht für die Personen und ihre Geschichte nach einem langfristigen Frieden.*

In der heutigen politischen und wirtschaftlichen Situation ist es schwierig, eine für alle Christen verbindliche Position zur Frage von Krieg und Frieden zu formulieren.

Christen aber müssen Stellung nehmen zu folgenden Tatsachen:

- Stündlich werden 100 Millionen Mark für die Rüstung ausgegeben
- In jeder Stunde verhungern auf der Welt 1000 Kinder
- Es gibt weltweit mehr Sprengstoff als Nahrungsmittel
- Die Erde ist jederzeit vernichtbar
- Etwa 40% aller Wissenschaftler sind mit Rüstungsfragen beschäftigt

*Was können Christen zum Schutz des Lebens tun?*

*Bereitet unter dieser Frage eine Podiumsdiskussion vor, an der teilnehmen können: Vertreter der Bundeswehr, der Kirchen, einer Friedensinitiative, Vertreter eurer oder auch anderer Klassen.*

*Stellt euch in einen Kreis. Werft eurem Gegenüber eine Rolle Bindfaden oder ein festes Wollknäuel so zu, daß ihr den abrollenden Faden in der Hand behaltet. Bewegt euch mit dem fertigen Netz.*

*Legt das Netz auf den Boden, und wickelt es rückwärts wieder auf: Äußert dabei einen Friedenswunsch für euch.*

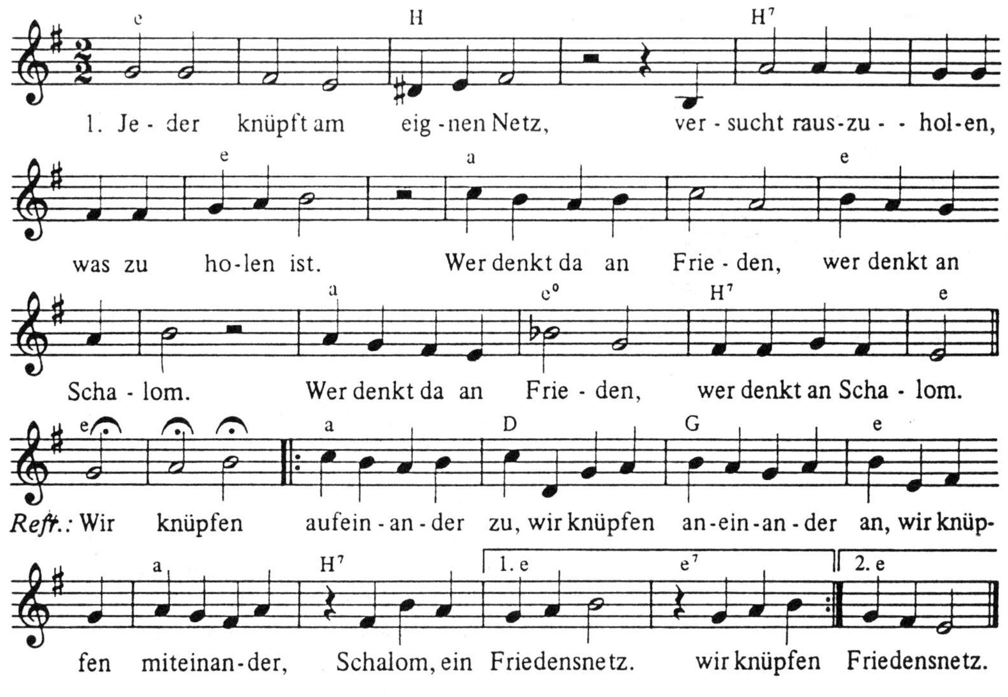

***Gott begegnen (Heller)***

Seite 2 Zu wem ...?: Hans Heller
Erfahrungen und Meinungen ..., aus: Karl Ernst Nipkow, Erwachsenwerden ohne Gott, in: Biracher Beiträge 3. 1986, S. 7ff.
Das deutsche Wort »Gott« ..., aus: Der große Duden, Etymologie. Bibliographisches Institut, Mannheim 1963, S. 229.

Seite 3 Ich habe kein Bild ..., aus: Karl Ernst Nipkow, Erwachsenwerden ohne Gott. a.a.O., S. 7ff.
Eine Anfrage: Dorothee Sölle, in: J. Schwarz, Grenzenüberschreitung. Am Eschbach 1982, S. 125f.

Seite 4 »Niemand hat jemals Gott gesehen ...«: Luise Schottroff, in Herbert A. Gormik, Du sollst in Freiheit leben. Christophorus/Burckhardthaus-Laetare, Freiburg/Offenbach 1986, S. 22f.
Gott ist ..., aus: Ernst Nipkow, Erwachsenwerden ohne Gott. a.a.O., S. 7ff.
Glauben ..., nach: Der große Duden, Etymologie. a.a.O., S. 225.

Seite 5 Gotteserörterer: Peter Hille, in: Kurt Marti/Gessler, Der Aufstand Gottes gegen die Herren. Radius, Stuttgart 1981.
Über Gott reden: nach Rudolf Bultmann

Seite 6 Wenn Rabbi Israel ..., aus: Sheldon B. Kopp, Triffst du Buddha unterwegs. Fischer TB, Fischer, Frankfurt/M., S. 23.

Seite 6ff Auszug – Befreiung: Hans Heller.

Seite 9 Ungenaue Auskunft: Ingeborg Drewitz, in: Horst Nitschke (Hrsg.), Wie war das mit dem lieben Gott. Gütersloher Verlagshaus Gerd Mohn, Gütersloh 1976, S. 19.

Seite 10 Vorschnelle Antworten: nach Felicitas Betz, Vertrauen auf Gott oder Vertrauen ins Leben? in: W. G. Esser (Hrsg.), Erschließung der Frage nach Gott. Herder, Freiburg 1970.
Wo die Liebe ...: Text und Musik: Siegfried Macht, in: ders., Daß Frieden werde. Kleine Lieder zu großen Themen. Don Bosco, München 1984.

Seite 11 ... und wie die Leuchten ...: Hans Heller.

Seite 12 Wie konnte er mir ..., aus: Harald S. Kushner, Wenn guten Menschen Böses widerfährt. GTB Siebenstern, Gütersloher Verlagshaus Gerd Mohn, Gütersloh 1986, S. 9f.

Seite 13 Eine Erklärung: Das Dunkle, nach: Shalom Ben Chorin, Jüdischer Glaube. Mohr, Tübingen, S. 90ff.

Seite 18 Wo ist Gott?, aus: Elie Wiesel, Macht Gebete aus meinen Geschichten. Herder, Freiburg, S. 23.

Seite 19 Friede: Hans Heller.
Wir haben ihn getötet, aus: Friedrich Nietzsche, Die fröhliche Wissenschaft. 3. Buch. Wissenschaftliche Buchgemeinschaft, Darmstadt 1966, S. 155.

Seite 20f Der Vater hat meinen ..., Siegfried Biernoth, in: Schönberger Hefte, Nr. 2/82.

Seite 22 Am Ende die Rechnung, aus: Lothar Zenetti, Sieben Farben hat das Licht. J. Pfeiffer, München 1975, S. 293.

***Wer bist du, Jesus von Nazareth (Heller)***

Seite 23 Christus im Elend: Manfred Kopp, Religionspädagogisches Studienzentrum Schönberg.

Seite 28f. Was war geschehen ...: Pinchas Lapide, Auferstehung – Ein jüdisches Glaubenserlebnis. Calwer/Kösel, Stuttgart/München 1977, S. 74.

Seite 30 Ein persönliches Glaubensbekenntnis, aus: Dorothee Sölle, Meditationen und Gebrauchstexte (1969), zitiert nach: Ev. Erwachsenenkatechismus, Gütersloher Verlagshaus Gerd Mohn, Gütersloh 1975.

Seite 30f Jesus, das Zeichen ...: Ernst Bloch, Das Prinzip Hoffnung (1959), zitiert nach: Gott kommt, NT. Neukirchner, Neukirchen, 4. Aufl. 1981, S. 89.
Mein jüdischer Bruder: Shalom Ben Chorin, Bruder Jesus. dtv, München 1982, S. 11.

Seite 31 Wer sich aus reiner ..., Mahatma Gandhi, in: Zeitschrift Harigam (1946), zitiert nach: Gott kommt, Tl.2, Einführung in das Neue Testament, a.a.O., S.88.
Ich würde ..., aus: Milan Machovec, Die Sache Jesu und marxistische Selbstreflexionen, aus: Marxisten und die Sache Jesu, zitiert nach: Gott kommt. a.a.O., S.90.

Seite 32 Ein neuer Mensch, nach: Shalom Ben Chorin, aus: Bruder Jesus. a.a.O., S.11.

Seite 35ff Und ich wäre so gerne ...: Hans Heller.

Seite 37ff Ein Traum wird wahr: Hans Heller, in: Der Evangelische Erzieher. Heft 2/81. M.Diesterweg, Frankfurt/M. 1981, S.143ff.

Seite 39 Ich bin der Meinung ...: Rudolf Bultmann, zitiert nach: Shalom Ben Chorin, a.a.O., S.108.
Jesus hat sich ...: Higgins, zitiert nach: Shalom Ben Chorin, a.a.O., S.108.
Jesus weiß ...: H.Baumann.

Seite 41 Die Arbeiter, aus: Lothar Zenetti, Die wunderbare Zeitvermehrung. J.Pfeiffer, München 1979, S.151.

*Weil der Mensch den Menschen braucht: Diakonie (Gadesmann)*

Seite 44 Der Traum vom gemeinsamen Leben: Frieder Gadesmann.

Seite 49 Texte von Wichern aus: Anpassung oder Wagnis. M.Diesterweg, Frankfurt/M. 1971, S,145.

Seite 51 Ein Politiker über Wichern: Theodor Heuss, zitiert nach: Diakonie 80/81. Ev.Verlagswerk, Stuttgart 1981, S.22.

Seite 54 Ein Baum mit vielen Zweigen: Frieder Gadesmann.

Seite 55 Die lieben Jungs vom Broadway: Christine Mattanch, in: Deutsches Allgemeines Sonntagsblatt, Nr.30 v. 28.7.1985, S.16.

Seite 56 Ein Spiel zum Nachdenken, aus: Misereor Fastenkalender 1987. Misereor Vertriebsgesellschaft, Aachen 1987. 14. März: Das Netz der Verstrickungen.

*Amos: Ich kann euch nicht mehr riechen (Gadesmann)*

Seite 58 Der Samaria Bote: Frieder Gadesmann.

Seite 59f Auf dem Markt: Helmut Bauer, Dorothee Kern, Sabine Sturm (Projektgruppe der Pädagogischen Hochschule Ludwigsburg).

Seite 62 Woran du dein Herz hängst: Martin Luther.

Seite 64 Das Jesuskind von Ostrowice, Friedrich Hoffmann, in: B.v.Heiseler (Hrsg.), Die heilige Zeit, J.F.Steinkopf, Stuttgart 1959.

Seite 68 Ich rede, wenn ich schweigen sollte: Text: Kurt Rommel, Melodie: Paul Bischoff, in: Neue geistliche Lieder, BE 285. Gustav Bosse, Regenburg.

*Zerstreut in alle Welt (Fabricius)*

Seite 74f Passah ist ein Fest ..., aus: Antoinette Becker/Elisabeth Niggemeyer, Meine Religion – deine Religion. Otto Maier, Ravensburg 1982.

Seite 77ff Nun standen wir ..., aus: Hans Peter Richter, Damals war es Friedrich. dtv, München 1974, S.70ff.

Seite 80ff Der Aufstand der Makkabäer: Joachim Prinz, in: Ders., Die Reiche Israel und Juda. Erich Reiss, Berlin 1936 S.125ff.

Seite 86 Es wird Tag werden: Martin Buber, aus: Beate Both, Dem Wunder die Hand hinhalten. Kiefel, Wuppertal.

*Explosion des Glaubens – Paulus (Machalet)*

Seite 88f Schauplatz: Christliche Gemeinde von Rom ...: Christian Machalet.

Seite 90 Nachdem Jesus am Kreuz gestorben war: Christian Machalet.

Seite 92f Eine Bürgerversammlung Gottes, aus: Walter J.Hollenweger, Konflikt in Korinth, in: ders., Konflikt in Korinth. Memoiren eines alten Mannes. Christian Kaiser, München 1978, S.10ff.

Seite 95 Einmal saß ich bei einer ...: nach John Kord Lagemann.

Seite 96 Informationen: Christian Machalet.

Seite 97 Onesimus flieht: Christian Machelet.
Seite 98 f Frau Beate S. traute ...:
Seite 99 Liebe ist nicht nur ein Wort. Text: Eckard Bücken, Melodie: Gerd Geerken, aus: Neue geistliche Lieder, Bd. III. BE 809. Gustav Bosse, Regensburg.

***Gehet hin in alle Welt (Machold/Fabricius)***

Seite 102 Zeittafel zur Mission in Indien ..., aus: Weltreligionen heute, Hinduismus. K. Batz HB, Benziger, Zürich 1979, S. 24.
Seite 104 Mission – aber wie: Monika Machold, aus: Unsere Gemeinde, die aus ..., Ziegenbalg, zitiert nach: Das Wort in der Welt. Schönberger Blätter, 25 Indien Intern Materialien RPSZ, Heft 4/1974.
Seite 105 Von Anfang an ..., aus: E. Beyreuther, Ziegenbalg. Evangelischer Missionsverlag, Stuttgart.
Seite 106 Eines jeden wahren Christen ..., nach dem Missionsprogramm des Justinian von Welz (1661–1668).
Wenn wir uns einem anderen ...: M. Warren, in: John v. Taylor, Du findest mich, wenn du den Stein aufhebst. München 1965, S. 9.
Seite 107 Ein indischer Hindu klagt an ..., zitiert nach: K. M. Panikkar, Asien und Herrschaft des Westens. Zürich 1955.
Seite 108 Ein deutscher Christ klagt an ...: M. Köstler, Stirbt Jesus am Christentum? Gütersloher Verlagshaus Gerd Mohn, Gütersloh, S. 75.
Seite 108 ff Ein Abend über den Hungen ...: Wolfgang Schreiber (gekürzt), in: Freuet euch. Sonderheft der Zeitschrift »Helfende Hände« des Diakonischen Werkes der Evangelischen Kirche von Westfalen, Bielefeld 1986, S. 28 ff.
Seite 110 Nimm von mir, Herr, die Heuchelei ...: Rev. Dr. theol. Johnson Gnanabaranam, Madras, Indien.
Seite 111 ... dann Missionar geh nach Hause! ..., frei nach: F. Pagura, in: Weltmission heute. Evangelisches Missionswerk, Hamburg 1985, S. 13.
Die Antwort der Kirche ...: J. Hermanns, in: »Indien«. © Misereor Vertriebsgesellschaft m. b. H., Aachen 1985, S. 38.

***Ein ganz neues Licht vom Himmel – Franz von Assisi (Fabricius)***

Seite 120 Lob sei dir ..., aus: Das Leben suchen 7/8 (HS/RS). M. Diesterweg, Frankfurt/M., S. 136.
Seite 121 Als der Vater erkannte ..., aus: Adolf Holl, Der letzte Christ. Franz von Assisi. Ullstein, Frankfurt/M./Berlin/Wien 1982, S. 51.
Seite 123 Eines Tages ..., aus: Adolf Holl, a. a. O., S. 70.
Seite 125 Es war zu der Zeit ..., aus: Adolf Holl, a. a. O., S. 12.
Seite 127 Eines Tages als Franz ..., aus: Adolf Holl, a. a. O., S. 69.
Seite 128 Als Franz ..., aus: Max Bollinger, Bruder Franz. Tatsachen und Geschichten aus dem Leben des Franz von Assisi. Otto Maier, Ravensburg 1984, S. 65 f.

***Wer teilt, schenkt Leben (Machold)***

Seite 134 Wir sind dir nie begegnet, aus: Luise Rinser, Mirjam. S. Fischer, Frankfurt/M. 1983, S. 166 f.
Seite 137 Und alle Leute, die man frug ..., Bertolt Brecht, aus: Die drei Soldaten. Ein Kinderbuch 9. Die drei Soldaten und der Weizen (gekürzt) (1939/31), in: Bertolt Brecht, Gesammelte Werke, Bd. 8. Gedichte 1. Werkausgabe. edition suhrkamp, Suhrkamp, Frankfurt/M. 1967, S. 352 f.
Seite 138 Liebes Kinderhilfswerk: Brief aus Wurfsendung Kinderhilfswerk v. 25. 5. 1984 Kindernothilfe e. V., Düsseldorfer Landstraße 180, 4100 Duisburg 28.
Seite 139 Papa, Charly hat gesagt ...: Eugen Helmlé, aus: rororo, Bd. 1. Rowolth, Reinbek 1975, S. 55 ff.
Seite 140 Pedro sitzt auf der Schulbank ...: E. Becker, in: D. Steinwede/Ruprecht, Vorlesebuch Religion. Kaufmann, Lahr 1978, S. 165 f.
Seite 141 Ich bin vierzig ..., aus: Frauen in der Dritten Welt. Texte und Fragen. EMW, Marburg.

| | |
|---|---|
| | Jedes Kind . . ., aus: Aktion BROT FÜR DIE WELT, Ländermonographie Indien. Stuttgart 1982. |
| Seite 142f. | Ein Ausländer in Deutschland, aus: Heft ›Ausländer‹. Verein für Friedenspädagogik, Tübingen. |
| | Arbeitskräfte wurden geholt, aus: Heft ›Ausländer‹. a.a.O. |
| Seite 143 | Ihr wißt nicht, wie . . ., aus: Förderzentrum Jugend schreibt. Täglich eine Reise von der Türkei nach Deutschland. Fischerhude 1980, S. 18ff. |
| Seite 144 | Vor vier Jahren . . ., aus: Im Gespräch. Edition Rau, Heft 3/85, S. 13. |
| Seite 144f | Wußten sie schon . . .: Wilhelm Willms, in: Armin Juhre (Hg.), Weil wir von Hilfe leben. Ermutigung zum Beten. Jugenddienst-Verlag, Wuppertal 1974, S. 158f. (gekürzt). |
| Seite 145f | Besuch in der Jugendstrafanstalt . . .: Monika Machold |

***Martin Luther: Befreit von Lebensangst (Gadesmann)***

| | |
|---|---|
| Seite 148 | Christliche Freiheit, aus: Martin Luther, Von der Freiheit eines Christenmenschen. |
| Seite 149 | Wir müssen dran: Ulrich von Hutten. |
| | Wir Bauern wollen . . .: Die 12 Artikel der Bauern. |
| Seite 152 | Als ich zwanzig Jahre . . .: Aus einer Predigt Martin Luthers. |
| Seite 153 | Wiewohl ich . . .: Martin Luther. |
| Seite 155 | Erinnerung an Martin Luther: Frieder Gadesmann. |
| Seite 156 | Ein Geschäft mit der Angst, aus: Karl Heinz Burbach/Helmut Mann/Rudolf Stielow, Renaissance - Reformation - Glaubenskämpfe. M. Diesterweg, Frankfurt/M. 1977, S. 29f. (gekürzt). |
| Seite 157 | Unser Herr und Meister . . .: Martin Luthers 95 Thesen (1517). |
| Seite 158 | Weil denn Eure allergnädigste . . .: Martin Luther vor dem Reichstag in Worms. |
| Seite 161 | Du hast gesagt, Martinus . . ., aus: Christine Brückner, Wenn Du geredet hättest, Desdemona. Hoffmann und Campe, Hamburg 1983, S. 29. |
| Seite 162 | Meiner freundlichen, lieben Käthen . . ., Martin Luther, aus: R. Zeller, Luther wie ihn keiner kennt. Herder, Freiburg/Basel/Wien 1982, S. 163. |
| Seite 163 | Ein feste Burg ist unser Gott . . .: Text: Martin Luther. |
| Seite 164 | Ich träume immer noch davon . . ., aus: Jörg Zink, Auf der Flucht zu den Vätern, in: Luther-Magazin. Hansisches Druck- und Verlagshaus, Hamburg 1983, S. 26f. (Ausschnitt). |

***Glaube braucht Gemeinschaft (Gadesmann)***

| | |
|---|---|
| Seite 166f | Das Experiment, aus: Deutsches Allgemeines Sonntagsblatt Nr. 20/1986. |
| Seite 169 | Wie es anfing, aus: Luise Rinser, Mirjam. S. Fischer, Frankfurt/M. 1983, S. 316f. |
| Seite 170 | Da kommst Du zu mir, Herr: Helen Stotzer-Kloo |
| Seite 172f | Was sich in wenigen Jahren: Frieder Gadesmann/Heinz Grosch. |
| Seite 176 | Ein Schiff, daß sich . . ., aus: Neue Geistliche Lieder, BE 285. Gustav Bosse, Regensburg. |

***Was steht in den Sternen? (Machold)***

| | |
|---|---|
| Seite 181 | Aton und der König, aus: P. Vandenberg, Nofretete. Scherz, München 1975. |
| | Der große Aton-Hymnus. |
| Seite 182 | Die lebensspendende Energie . . ., aus: Weltatlas. 5. Aufl. Das Beste, Stuttgart 1967, S. 6/7. |
| | Die Sonne ist der mächtigste . . ., aus: Linda Goodman, Astrologie sonnenklar. Scherz, München 1980. |
| Seite 183 | Es ist immer wieder beschämend . . ., aus: Rudolf Bossle, Charakterzüge der 12 Sternzeichen. Süddeutsche Verlagsanstalt, Ludwigsburg 1974, S. 134. |
| | Zwillinge . . ., aus: Linda Goodman, Astrologie sonnenklar. a.a.O. |
| Seite 186 | Euer Gott, wer ist er . . ., aus: Thomas Mann, Joseph und seine Brüder. Fischer TB, S. Fischer, Frankfurt/M. 1971, S. 1092ff. |
| Seite 189 | Und war dir nicht an der . . ., aus: F. M. Dostojewski, Der Großinquisitor. Bertelsmann, Gütersloh 1958. S. 16ff. |

*Ohne Wunder geht es nicht (Fabricius)*

Seite 192 So naiv kann man doch nicht sein: Peter Handke, in: K. Berg/S. Berg, Szenen für das 7.–10. Schuljahr. Kösel, München 1980, S. 57.

Seite 194 Die wunderbare Zeitvermehrung, Lothar Zenetti, in: ders., Die wunderbare Zeitvermehrung. J. Pfeiffer, München 1979.

Seite 197 Das griechische Heiligtum, in: A. Steiner/V. Weymann (Hrsg.), Wunder Jesu. Basel 1978, S. 49 ff.

Seite 200 f Die Gelähmte: Manfred Löhde, in: Schönberger Hefte. Heft 1/1985, S. 23 f.

*Kein Gott außer Allah (Fabricius)*

Seite 204 ff Mohammed verkündet ...: Paul Schwarzenau, in: Bote des einen Gottes – Berufung und Botschaft Mohammeds. Eine Unterrichtserzählung für die Sek. ZRP H3/1977, S. 82 ff.

Seite 208 f Die »fünf Pfeiler« des Glaubens im Islam: Hans-Martin Thelemann, in: Schönberger Hefte 1/1980, S. 4 f.

Seite 210 Legende »Der Gebetsruf«, in: Ibn Ishaq, Das Leben des Propheten. Aus dem Arabischen übertragen und bearbeitet von Gernot Rotter. Erdmann, Tübingen/Basel 1986, S. 112.

Seite 212 Legende »In Medina«, in: Ibn Ishaq, a. a. O., S. 107.
Die Moschee: Antoinette Becker, Meine Religion – Deine Religion. Otto Maier, Ravensburg 1982, S. 178.

Seite 217 f Ein Mädchen ist genausoviel ..., in: Weltmission 1982. Die Liebe kennt keine Angst. Evangelisches Missionswerk im Bereich der BRD. Mittelweg 143, 2000 Hamburg 13, S. 4.

*Es gibt keinen Weg zum Frieden – der Frieden ist der Weg (Fabricius/Heller)*

Seite 220 Es begab sich aber ...: 1. Mose 4, 3–16. Bibel nach der Übersetzung Martin Luthers.

Seite 221 Ich bin Kain ..., Gerd Wiesner, in: Schönberger Hefte, Nr. 1/85.

Seite 223 Lied: Europa hatte zweimal Krieg, aus: Liederkorb. Kunter-bund-edition, Köln.

Seite 224 Sklave sein: Hans Heller.

Seite 225 Shalom – grüßt mich einer ...: Hans Heller.
Hewenu schalom ...: Hewenu schalom. Traditionell aus Israel, in: Liederbuch für heute und morgen. tvd, Düsseldorf.

Seite 226 Protokoll eines Falls: Hans Heller.

Seite 227 An dem Tage, da der Ewige, aus: Leben aus der Thora. Ein jüdischer Gesichtspunkt, in: Peter v. d. Osten-Sacken (Hrsg.), Wie aktuell ist das Alte Testament? Beiträge aus Israel und Berlin. Institut für Kirche und Judentum, 3. erw. Aufl., Berlin 1985, S. 22 ff.
Ein jeder braucht ...: Text: F. K. Barth/D. Trautwein, Melodie: Bread and Puppet theatre. © Burckhardthaus-Laetare Verlag, Offenbach.

Seite 232 f Weil ich zu diesem Haus gehöre, aus: Malcol, J. Bosse, Janesk oder eine neue Welt. Benziger, Zürich/Köln, S. 156–158.

***Abbildungsnachweis:***

Umschlagbild: Anselm Kiefer, Buchen
S. 1: aus Das christl. Thema in der modernen Malerei, F. H. Kehrle Verlag;
S. 5: Stiftung Ada und Emil Nolde, Seebüll;
S. 9: © Cosmopress, Genf, 1989;
S. 15 und 85: aus Dialog mit der Bibel, Malerei und Grafik aus der DDR zu biblischen Themen. Evangelische Haupt-Bibelgesellschaft zu Berlin und Altenburg;
S. 17: © VG Bild-Kunst, Bonn, 1980;
S. 18: © Barlach-Lizenzverwaltung, Ratzeburg;
S. 21: © Cosmopress, Genf, 1989;
S. 23: Poln. Bauernschnitzerei;
S. 25: © VG Bild-Kunst, Bonn, 1980;
S. 27: aus dem Zyklus »Die Passion«, Dauerleihgabe im Kunstmuseum Düsseldorf, Otto-Pankok-Museum, Hünxe-Drevenack;
S. 29: Pinacoteca di Brera, Mailand;
S. 30: Schnütgen-Museum, Köln;
S. 33: © Cosmopress, Genf, 1989;
S. 34: S. Köder, Rosenberg;
S. 36: aus Christus der Menschensohn in der abendländischen Plastik, Herder Verlag;
S. 39: © VG Bild-Kunst, Bonn, 1980;
S. 43: aus Zeit-Magazin;
S. 44: G. Häring, Frankfurt;
S. 45: Diakonisches Werk, Stuttgart;
S. 46: Corpus Vitrearum Medii Aevi, Freiburg;
S. 47: G. Häring, Frankfurt;
S. 48: Archiv Historisches Museum, DDR-Berlin;
S. 49: Das Rauhe Haus, Hamburg;
S. 52/53: Rijksmuseum-Stichting, Amsterdam;
S. 54: G. Häring, Frankfurt;
S. 56: A. Wiedenmann, Frankfurt;
S. 58: A. Wiedenmann, Frankfurt;
S. 60: G. Häring, Frankfurt;
S. 61: Keystone-Pressedienst, Hamburg;
S. 62: Cartoon-Caricature-Contor, München;
S. 65: © Cosmopress, Genf, 1989;
S. 66: © VG Bild-Kunst, Bonn, 1980;
S. 67: aus: Klinger, Lusznat, Zacharias »Kinder vom Circus, Ravensburger Buchverlag Otto Maier GmbH«;
S. 69: Thomas Zacharias, Farbholzschnitte zur Bibel, Kösel-Verlag, München;
S. 71: aus Gelebter Glaube, GTB Sachbuch;
S. 72: IWU, Grünwald;
S. 75: foto-present, Essen;
S. 77: aus Die großen Religionen der Welt, © 1957 Droemer Knaur Verlag, München;
S. 82: aus Gelebter Glaube, GTB Sachbuch;
S. 83: aus Massada, Hoffmann & Campe Verlag;
S. 87: © VG Bild-Kunst, Bonn/Demart pro arte, 1980;
S. 89: aus Barocke Bildkunst in Itzehoe erzählt biblische Geschichte, Edition Kunst in Holstein;
S. 90/91: J. Zwick, Gießen;
S. 94: Haags Gemeentenmuseum, HV's-Gravenhage;
S. 101: aus Weltmission Heute, EMW, Hamburg;
S. 103: © 1979 by Benziger Verlag AG, Zürich;
S. 106: Kirche in Indien, Dia: Pfarrer D. Hammerschmidt, Münster;
S. 112/113: Misereor-Hungertuch aus Indien von Iyoti Sahi, © 1984 Misereor-Vertriebsgesellsch. mbH., Aachen;
S. 119/121: Roland Peter Litzenburger, Markdorf/Bodensee;
S. 124: T. Schneiders, Lindau;
S. 126: E. Alt, Saarbrücken;
S. 127: Besehung der Aussätzigen, Holzschnitt von H. Wechtlin aus dem »Feldbuch der Wundt-Arzney« des H. v. Gerßdorff (Straßburg 1519);
S. 128/131: T. Schneiders, Lindau;
S. 133: aus Politik der Partner, Bundesministerium für wirtschaftliche Zusammenarbeit, Bonn;
S. 136: Diakonisches Werk, Stuttgart;
S. 137: aus Loccumer Reihe Heft 1, Armut und Reichtum in der Welt;
S. 138: G. Häring, Frankfurt;
S. 141: Indische Frau, Wolf Kabel;
S. 142: G. Häring, Frankfurt;
S. 145: aus Karl Thylmann, Mensch und Werk, Bärenreiter-Verlag, Holzschnitt 1915;
S. 144: Karin Hoffmann;
S. 147: © Christophorus-Verlag/Verlag Ernst Kaufmann, 1982.
S. 152:, 153:, 158:, 163: aus Wir sind Bettler, Calwer Verlag;
S. 165: © VG Bild-Kunst, Bonn, 1980;
S. 166: Diakonisches Werk, Stuttgart;
S. 168: S. Eichert, Stuttgart;
S. 169: Emmausjünger, Email von Egino Weinert, Köln 1966, Benroner Kunstverlag;
S. 170: Holzschnitt »Ich habe euch aufgespielt und ihr habt nicht getanzt« von Sr. Sigmunda May, Saulgau;
S. 171: aus W. Küstenmacher, Ein Freitag im März, Burckhardthaus-Laetare Verlag;
S. 174/175: G. Häring, Frankfurt;
S. 176: Schiff und Christusmonogramm, aus Christl. Ikonographie in Stichworten, H. Sachs, E. Badstüber, H. Neumann, Koehler u. Amelang, 1980;
S. 178/186: aus Geschichten und Kulturen, Delphin Verlag;
S. 179/180: Ägyptisches Museum, Kairo;
S. 183: aus Der große Reader's Digest Weltatlas, Verlag Das Beste, Stuttgart;
S. 194: Ev. Zentralbildkammer, Witten;
S. 195: R. Schönthaler, Degerloch;

S. 198: Thomas Zacharias, Farbholzschnitte zur Bibel. Kösel-Verlag, München;
S. 199: © Docete Stichting, Hilversum;
S. 203: Bayerische Staatsbibliothek, München;
S. 206: dpa Bildarchiv, Frankfurt;
S. 209: bpk, Berlin;
S. 210–217: aus Die großen Religionen der Welt, Droemer Knaur 1957;
S. 213: Keystone-Pressedienst, Hamburg;
S. 219: © VG Bild-Kunst, Bonn, 1980;
S. 222: aus R. Seitz (Hrsg.); MASKEN – Bau und Spiel. Don Bosco Verlag München 1986[3];
S. 224: I. Steiger, München;
S. 231: aus Menschenbild. Christusbild v. F.j. van der Grinten, F. Mennekes, Verlag Kath. Bibelwerk;
S. 234: Aus »e. o. plauen, Vater und Sohn«, Gesamtausgabe © Südverlag GmbH Konstanz 1982
Mit Genehmigung der Gesellschaft für Verlagswerte GmbH, Kreuzlingen/Schweiz.

987654 32